四川大学双一流学科建设平台支持

城市社区公共服务治理的系统构建与优化策略

——基于系统动力学的研究

田 昭 著

人民出版社

自　　序

　　社区是城市的基本单元,社区公共服务是社区治理的重要内容,有效的社区公共服务治理更是实现国家治理体系和治理能力现代化的重要组成部分。在当前的社会发展中,城市社区公共服务治理的改善是破解当前"人民追求美好生活需要同不平衡不充分发展之间矛盾"的重要抓手,也是深化基层共建共治共享治理格局建设和激发社会活力的关键,更是实现党和国家政治战略和行政战略的重要载体。

　　对于社区的研究历来都是社会治理和公共服务的重要内容,当前的社区治理蕴含了多层的价值和诉求,既有政治层面的民主参与、也有行政层面的科学管理、更有社会层面共同体打造、还有经济层面的公共产品有效供给,社区已经成为实践现代治理的重要战略空间。

　　当前随着城市化的快速推进,城市社区已经突破了传统的单位制和街居制管理范畴,多样形态、复杂结构、资源分散、参与扩大成为了当前城市社区的主要特征。而这对当前的社区治理体制产生了新的要求,特别是社区公共服务供给不足与公众多样化、个性化需求之间的矛盾不断凸显。当前各个地方都在努力探索基于社区的公共服务治理体系,旨在解决社区公共服务治理中的参与冷漠化、治理主体内卷化、治理资源闲置化等问题,取得了大量的成就和实践经验。

　　本书的研究主要希望以系统视角来对社区公共服务治理进行解构,通过系统动力学研究框架来研究复杂因素、复杂行为、复杂关系下的社区公共服务治理结构形成、治理行为过程和治理运行管理,希望通过研究把握城市社区公共服务治理系统的结构、运行机制和作用机理,提出优化系统动力的策略,强化动力输出,增强城市社区公共服务治理有效性和可持续性,提升人民群众的满意度,推动建立共建共治共享的社区治理新格局。

　　本书的研究分为六章,第一章为城市社区公共服务治理系统的概念界定与理论基础;第二章为城市社区公共服务治理系统的研究工具选择;第三章为城市社区公共服务治理系统动力学的模型构建;第四章为城市社区公共服治理系统动力模型检验与模拟仿真预测;第五章为优化城市社区公共服务治理系统的策略设计;第六章为结语与展望。本书是我博士论文以及多年研究成果的集成,导师姜晓萍教授对整个研究过程进行了系统指导和耐心修改,再次表示真诚的感谢。期间四川大学公共管理学院的多位教授专家以及国内很多专家学者也对研究成果提出了意见和建议,亦在文中采纳,非常感谢他们。人民出版社的李椒元编辑为本书出版付出了大量精力,深表感谢! 最后还有我的家人,为我的研究提供了大力的支持和保障,也感谢他们!

目　录

引　言

第一节　研究背景与意义

一、研究背景

改革开放以来,伴随着我国经济社会的快速发展,城市化进程明显加速,根据 2010 年的第六次全国人口普查数据,截止到 2010 年我国已经有 100 万人口以上的城市 103 个,500 万人口以上的城市 10 个。2014 年,《国家新型城镇化规划(2014—2020)》提出要"城镇化健康有序发展,常住人口城镇化率达到 60% 左右,户籍人口城镇化率达到 45% 左右,户籍人口城镇化率与常住人口城镇化率差距缩小 2 个百分点左右,努力实现 1 亿左右农业转移人口和其他常住人口在城镇落户。"城镇化的发展同时也带来了城市管理问题,特别是当前所存在的典型"城市病"问题,成为制约城市建设和发展的重要障碍。

对此,2015 年 12 月 20 日,中央城市工作会议在北京召开,会议指出"城市发展要善于调动各方面的积极性、主动性、创造性,集聚促进城市发展正能量。要坚持协调协同,尽最大可能推动政府、社会、市民同心同向行动,使政府有形之手、市场无形之手、市民勤劳之手同向发力。政府要创新城市治理方式,特别是要注意加强城市精细化管理。要提高市民文明素质,尊重市民对城市发展决策的知情权、参与权、监督权,鼓励企业和市民通过各种方式参与城市建设、管理,真正实现城市共治共管、共建共享。"推动城市管理改革核心就在于调动城市的积极要素,其中关键则是实现城市治理动力持续稳定的输出,形成城市治理合力,保障城市治理的可持续性。

社区是城市的基本单元,社区公共服务是社区治理的重要内容,有效的社区公共服务治理更是实现国家治理体系和治理能力现代化的重要组成部分。在当前的社会发展中,城市社区公共服务治理的改善是破解当前"人民追求美好生活需要同不平衡不充分发展之间矛盾"的重要抓手,也是深化基层共建共治共享治理格局建设和激发社会活力的关键。

而当前的城市社区并未形成与公众追求美好生活需要相适应、与现代化城市治理体系相契合、与社会发展需求相一致的社区公共服务治理体系。社区公共服务治理中的参与冷漠化、治理主体内卷化、治理资源闲置化问题大量存在,社区公共服务品质不高导致公众的社区公共服务需求难以得到有效满足,人民满意的社会治理体系尚未完全建立。

基于此,本书期望以系统动力学研究框架对城市社区公共服务治理进行研究,通过把握城市社区公共服务治理系统的结构、运行机制和作用机理,提出优化系统动力的策略,强化动力输出,增强城市社区公共服务治理有效性和可持续性,提升人民群众的满意度,推动建立共建共治共享的社区治理新格局。

二、研究意义

(一)理论意义

城市社区公共服务治理是一个典型的系统问题,涉及的系统结构、系统行为和系统变迁,这使得城市社区公共服务治理无法通过简单"问题——对策"研究来解决社区治理和发展问题。本书以系统学的研究框架来研究城市社区公共服务治理系统,深入分析系统的结构、序参量、内外熵和动力要素,以对城市社区公共服务治理进行系统把握,并重新梳理城市社区公共服务治理发展历程。这为当前城市社区公共服务的研究带入了一个新的视角,有利于全面把握和了解城市社区公共服务治理的整体结构和发展变化。

同时本书以系统动力学模型建构方式建构了城市社区公共服务治理系统模型,并基于模型而对样本社区系统发展进行模拟仿真,对系统优化策略进行预测。将系统动力学的研究框架引入社区公共服务治理,从因果关系和反馈回路来研究社区公共服务问题扩展了传统上定性判断和定量数据分析的研究方法,丰富了研究路径,有利于进一步扩展对社区公共服务治理系统性、发展性的把握,有利于进一步寻找社区公共服务治理系统的发展规律。

(二)现实意义

传统的城市社区公共服务治理是以问题为导向的对策研究体系,通过诊断问题、分析问题的本质以及产生原因,提出对策建议。但是因为城市社区治理的复杂性,问题导向的对策建议往往因为配套措施的不完善而难以发挥效用,社区公共服务治理也经常面临着"拆东墙补西墙"的无奈局面。本书通过系统动力学的研究框架对城市社区公共服务治理系统进行研究,在实践上有以下的价值和意义:

一是对城市社区公共服务的治理问题进行系统分析,特别是通过系统要素的因果关系分析,能够全面把握社区公共服务治理中存在的问题,进而对城市社区公共服务治理能够有更深的认识,对其中的问题能够更系统的分析。

二是通过系统动力学分析软件对城市社区公共服务治理系统发展进行模拟仿真。这为城市社区公共服务的发展规划奠定了基础,也为社区公共服务治理的资源投入规划提供了参考建议,有利于对城市社区公共服务更好地管理和更有效地投入。

三是通过系统动力学软件对城市社区公共服务治理系统的优化策略进行预测,可以判断出不同策略对系统绩效的影响力度,这对于政府进行社区公共服务治理的策略选择提供了借鉴,有利于寻找最为有效的社区公共服务治理之道。

第二节　研究动态与述评

一、国外的研究综述

由于西方国家高度发展的城市化水平,社区公共服务治理并不存在明确的城市和农村之分。国外对于城市社区公共服务治理研究主要是以案例为基础的理论探索,并形成了不同理论体系下城市社区公共服务治理模式。

(一)国外公共服务治理的理论溯源①

实现公共服务的有效治理历来都是各个公共管理理论所追求的目标,从

---

① 田昭:《从"公众俘获"到参与共治:分享服务的内涵、机制与价值》,《上海行政学院学报》2017 年第 3 期。

理论发展来看,治理主体的合作关系以及由此形成的合作体系正是公共服务治理理论的变迁路径。

传统公共行政下的公共服务政府主导治理模式。传统公共行政所强调的等级、专业的官僚体制是一种典型的精英领导体制,正如韦伯所述"官僚体制的行政管理按其倾向是一种排斥公众的行政管理,官僚体制只要有可能,就向批评界隐藏它的知识和行为。"传统管理制对于公共服务的供给则坚持有限政府下的市场机制,即政府承担有限的公共服务供给职责,如亚当·斯密将政府职能归结为国防、司法以及建设与维持公共事业和公共设施,对于其他社会主体则强调市场领域的参与和行政领域的隔绝。欧文·休斯总结了传统公共行政的特征:行政部门处于政治领导人的控制之下;建立在严格的官僚制、等级制模式基础之上;由常任的、中立的无个性特征的官员任职;只受到公共利益的激励;不偏不倚地为任何执政党服务;不是制定政策,而仅仅执行政治官员做出的政策。① 传统官僚制下社会主体对于公共服务的影响主要表现为通过投票的政治行为影响公共服务的供给。

新公共管理理论及其实践将市场主体引入到公共服务治理体系之中,并创造了众多的公共服务治理工具,如公私合作伙伴关系、契约外包、凭单、内部竞争、顾客反馈等,大大提升了公共服务的供给效率,降低了公共服务成本,增加了西方政府的合法性基础。新公共管理理论关于公共服务治理的核心体现为由奥斯本和盖布勒提出的政府再造十项原则:起催化作用的政府;掌舵而不是划桨;社区拥有的政府,授权而不是服务;竞争性政府,把竞争性机制注入提供服务中去;有使命感的政府,改变照章办事的组织;讲究效果的政府,按效果而不是按投入拨款;受顾客驱使的政府,满足顾客需要而不是官僚政治的需要;有事业心的政府,有收益而不浪费;有预见的政府,预防而不是治疗;分权的政府,从等级制到参与和协作;以市场为导向的政府:通过市场力量进行变革。② 新公共管理理论强调了多元合作对于公共服务供给的重要意义,"说明

---

① ［澳］欧文·休斯:《公共管理导论(第三版)》,张成福译,中国人民大学出版社 2007 年版,第 20 页。

② ［美］戴维·奥斯本、特德·盖布勒:《改革政府:企业家精神如何改革着公营部门》,周敦仁等译,上海译文出版社 2006 年版,第 24—25 页。

了公共管理与私人管理之间具有相互学习的可能,打破了公共管理的神秘性,为日后的公共服务改革强调多主体参与提供了有力证据。"①同时,新公共管理也提出了社区对于公共服务供给的重要意义,认为"社区对其成员的责任关切超过了服务提供系统对其服务对象的责任关切","社区比专业人员更了解自己的问题"②,因此要实现有效的公共服务供给必须对社区的"顾客"们有一定的重视。

新公共服务理论在公共服务市场化的基础上提出了公共服务价值回归的理念,强调了公共利益、公民权在公共服务治理中不可替代的作用,并将公共服务治理概括为以下方面:服务而非掌舵;追求公共利益;战略的思考,民主的行动;服务于公民而不是顾客;责任并不是单一的;重视人而不只是生产力;超越企业家身份,重视公民权和公共服务。③ 如果说新公共管理理论强调的是公共服务合作治理的技术合作,那么新公共服务则强调的是公共服务的民主治理,强调了公共服务治理中的公民权和公共利益的核心价值,这是公共服务本质属性的回顾。

治理理论提出了构建多元协同的公共服务治理框架,主要包括以下方面:一是着重研究公共服务中的社会自治,如奥斯特罗姆就提出了通过自主组织和自主治理来实现和保障有效公共服务供给的方案,并设计出了保障这一自主组织长期存续的基本原则。二是公共服务的整体性治理研究,强调通过制度的整合实现多元治理主体的对接与协同,以一体化的整体性制度设计实现对社会公共事务的无缝隙、无缺口、无遗漏治理,进而实现社会善治的目标④。三是公共服务的网络化治理研究,由美国著名学者斯蒂芬.戈德史密斯和威廉.D.埃格斯提出,他们将网络化治理界定为"政府的工作不再依赖传统意义上的雇员,而是更多地依赖各种伙伴关系、协议和同盟所组成的网络,它的主

---

① 杨雪冬:《公共权力、合法性与公共服务型政府建设》,《华中师范大学学报(人文社会科学版)》2007 年第 2 期。

② [美]戴维·奥斯本、特德·盖布勒:《改革政府:企业家精神如何改革着公营部门》,周敦仁等译,上海译文出版社 2006 年版,第 35 页。

③ [美]珍妮特·登哈特、罗伯特·登哈特:《新公共服务:服务而不是掌舵》,丁煌译,中国人民大学出版社 2004 年版,第 22 页。

④ 俞可平:《增量民主与善治》,社会科学文献出版社 2005 年版,第 146—147 页。

要特征是深深地依赖伙伴关系,平衡各种非政府组织以提高公共价值的哲学理念,以及种类繁多、创新的商业关系。"①强调基于多元主体、协同互动、资源共享和公共价值的网络合作体系建设,强调公共服务的合作供给。四是公共服务的合作治理研究。崔泰铉(Taehyon)认为合作治理是指通常来自多个部门的一组相互依存的利益相关者,是为了解决一个复杂的、涉及多方面的公共难题或情境而协同工作并制定相关政策的过程和制度。② 安塞尔(Chris Ansell)将合作治理定义为"一个或多个公共部门与非政府部门一起参与正式的、以共识为导向的、商议的、旨在制定和执行公共政策或管理公共事物及资产的治理安排。"③合作治理更多是体现为一种多元主体基于共同目标来制定公共政策、管理公共事物和提供公共服务的结构与过程。总体来看,治理理论下的公共服务主要包括以下内涵:治理是一个多元参与的决策过程,多元主体以平等的地位身份、基于不同利益诉求和专业化特征参与到公共服务的全过程;治理侧重用协商的方式来解决公共问题,倾向于多元主体通过协商搁置分歧、寻求合作的基础,共同来管理公共事务;治理是以共识为导向的,强调的是参与主体的公共利益,要求合理处理好公共利益与集体利益和个体利益之间的关系。

(二)公共服务治理的动力研究

对公共服务治理的动力研究一直来都是政治学和公共管理学科研究的热点主题,公共服务治理的动力解释和研究侧重分散在大量的研究学科之中。从研究主题来看,国外学者对于公共服务治理动力研究包括了对组织机构公共服务动力的研究,公务人员的公共服务动力研究、社会志愿者的公共服务动力,政治人物的公共服务动力以及社区一般公众的公共服务动力。从学科或者研究领域来看,其主要表现在以下方面:

---

① 〔美〕斯蒂芬·戈德史密斯、威廉·埃格斯:《网络化治理:公共部门的新形态》,孙迎春译,北京大学出版社 2008 年版,第 6 页。

② Taehyon Choi:Information Sharing,Deliberation,and Collective Decision-Making:A Computational Model of Collaborative Governance, Doctoral Dissertation of University of Southern California, 2011,p. 4.

③ Chris Ansell, Alison Gash: "CollaboratIve Governance in Theory and Practice", Journal of Public Administration Research and Theory, Vol. 18, No. 4,2008,pp. 543–571.

哲学视角下的公共服务治理动力研究。公共服务治理参与是以不同的哲学和伦理学作为研究起点的,主要研究公共服务治理的本质性问题。如下表所示,不同的理论根据自身的研究框架和政治意图论述了治理的动力根源,但在本质上都是在讨论权力分配以及基于权力分配的公共价值诉求对于多元主体的吸引力。

表 0-1　公共服务治理动力的哲学观点

主体特征观点	时代分布	哲学基础	对人为什么要参与治理	对社会为什么需要治理	治理的实现形式
本能说	古代和中世纪	伦理政治学社会有机体论	是人的本能的需要(灵魂上的或肉体上的)	统治者需要平民在精神上追随自己及在物质上提供服务	精英政治
理性选择学说	西欧资产阶级革命时期	人本主义、自然状态、社会契约论	是人的理性选择的结果	为了使社会契约得到政府和平民两个方面的共同遵守	理想化的民主主义,但带有一定精英政治倾向
功利主义学说	现代和当代	实证主义、使用主义	为了趋利避害	是统治者和被统治者共同选择的结果	具有较强的精英政治倾向
马克思主义学说	现代和当代	历史唯物主义	为了控制和影响公共权威,来维持或改变一定的生产关系,并使自己所属的阶级在这种生产关系中获益	未来顺应社会生产力发展的需要,实现真正的人民民主	民主政治

经济学视角下的公共服务治理动力研究。经济学层面的治理动力学研究主要强调的是利益获取、利益分配和利益保障,研究治理的经济动力问题。主要包括以下方面:

经济地位理论。该理论强调经济地位是公共服务治理的重要因素。该理论认为治理参与同一定的经济地位密切相关,也即经济地位以及经济资源在一定程度上决定了公共服务的治理。代表人物奥勒姆指出,实际上,目前一切有效的经验主义研究都证明,人的经济地位(SES)与政治参与之间存在着相当明确的关联。一个人在社会分层等级中折合为 SES 的地位预告,他的政治参与比率就越高。①

利益相关者理论。该理论强调公共服务治理中多元主体治理动力关键在于自身的利益保障和实现,基本假设就是具有利益相关者才会具有治理参与的动力,才能够实现治理参与的持续性。利益相关者理论源于企业管理和企业治理,但是已经深深影响到了公共治理和社会治理。所谓利益相关者,就是"没有他们的支持组织就不能存在的团体"②。利益相关者理论认为,利益相关者不仅会影响到企业的决策,还具有参与以及通过合作进行企业治理的动力。如美国经济学贾蒂儿就认为"我们原本只是认为利益相关者的观点会作为外因影响公司的战略决策和管理过程,但变化已经表明我们今天正在从利益相关者影响迈向利益相关者参与。"③同时,随着社会的发展,利益相关者更加注重自身权利和权益的保护,这就使得公司从管理者所属变为利益相关者所属,即"公司应归利益相关者共同所有,企业的全体利益相关者都应参与到公司治理,他们通过剩余所有权的合理分配来实现自身权益,通过控制权的分配来相互牵制、约束,从而达到长期合作的目的"。④ 利益相关者理论进一步扩展就形成了公共治理的研究路径,即在公共服务的治理中也存在着大量的利益相关者,这些利益相关者根据自身的利益选择相应的治理行为,这不仅影响着公共服务的治理体系,也决定着公共服务的治理行为。

退出-呼吁理论。该理论强调社会主体具有通过用手投票参与公共服务治理的压力和动力,即公共服务治理体系在一定程度上就决定了多元主体的动力及行为选择。美国经济学家阿尔伯特.O.赫希曼提出了退出-呼吁理论,

---

① [美]安东尼·M.奥勒姆:《政治社会学导论——对政治实体的社会剖析》,董云虎等,浙江人民出版社 1989 年版,第 331 页。

② [美]弗里曼:《战略管理——利益相关者的方法》,王彦华、梁毫译,上海译文出版社 2006 年版,第 37 页。

③ Dill.W.Public in Corporate Planning:Strategic Management in a Kibitzer's Word,Long Range Planning,1975(1),pp.57-63.

④ 杨瑞龙、周业安:《企业的利益相关者理论及其应用》,经济科学出版社 2000 年版,第 122 页。

认为在公众面对组织的时候除了退出这一用脚投票的机制以外，还包括了呼吁这一用手投票的机制。赫希曼在定义时说道，"这是一个颇为混乱的概念，从喃喃不平的嘀咕一直到狂暴的抗议活动都是其表现形式"①，它是"指消费者或会员为修正企业或组织的惯例、政策或者产出所做的各种尝试或者努力……可以是找人投诉，也可以群体请愿；可以向直属领导诉求，也可以越级上访以便纠正其下属部门的管理疏漏；既可以组织不同类型的团体抗议活动，也可以发动公众舆论进行围攻"。② 这意味着，任何形式的表达都可以看成呼吁的一种，不管这种表达是通过话语、文字、图片来完成，还是通过非退出的行动来完成。与退出的沉默截然不同，呼吁承载于沟通协商与参与的过程中。在公共服务治理中，多元主体的公共服务参与也正在从传统上的"用脚投票"走向"用手投票"，特别是在涉及自身利益的情况下，利用现代科学技术的呼吁已经成为当前社区公共服务治理的重要方式。

政治学视角下的社区公共服务治理研究：政治学层面的公共服务治理研究主要强调的是公共服务治理的政治属性问题，即包括参与、权力分配等方面的内容。主要包括：

基因政治学的研究。该理论认为公共服务治理的参与者具有一定的先天属性，这种先天属性所形成的个人特质对于公共服务治理参与具有典型特征，其潜在意义就是如何发现社区公共服务治理中有动力的主体。先天的性状与后天教育在个人的政治发展上都起到了相当的作用，许多政治意识与行为都不是偶发的，而是植根于人们内在的物质因素，而某些特定的基因差异则将会促使人们持有特定的政治观念。基因政治理论起源于 2008 年福勒等人发表在《美国政治学评论》上的文章，认为基因不仅仅只影响人们的政治态度与观念，还影响到人们的政治行为（尤其是政治参与程度）。通过对洛杉矶双胞胎选民的登记情况进行分析，他们发现与美国全国性的数据相比，洛杉矶同卵双胞胎在"参与政治"（political participation）以及"不参与政治"的程度上都比

①　A.O. Hirschman. Exit, Voice and Loyalty：Responses to decline in firms, organizations and states, Cambridge, MA：Harvard University Press, 1970, pp. 16-17.

②　A.O. Hirschman. Exit, Voice and Loyalty：Responses to decline in firms, organizations and states, Cambridge, MA：Harvard University Press, 1970, pp. 32-33.

异卵双胞胎高出 53%,很显然,基因在其中起到了明显的作用。① 基因政治学并不意味着"基因决定论",很多基因政治学者的研究并不排斥社会环境的因素,相反几位作者在文章中还特意强调,在整个过程中,只有当携带特定变体基因的人与社会环境(通常拥有很多朋友)同时存在并互动时,某种政治意识形态的结果才会显现。基因政治学学者认为"基因政治学的未来无疑是光明的",而且生物学也应该在政治学和公共管理学的研究中占有一席之地。

政治效能感研究。该理论认为公众对自身影响的预期是参与的重要动力,即多元主体的治理参与源于预期,这一预期即包括了对治理体系有效化的预期,也包括了对自身能力的有效性预期。政治效能感兴起于 20 世纪的美国,是研究公民政治行为因素和测量公民参与水平的重要指标。关于政治效能感的界定,最早的研究人员 Campbell 认为:"政治效能感是一种个人认为自己的政治行动对政治过程能够产生政治影响力的感觉,也是值得个人去实践其公民责任的感觉,是公民感受到政治与社会的改变是可能的,并且可以在这种改变中扮演一定的角色的感觉。"②强调了公民对于政治等公共事物参与的动力要素,包括公民能够、应该、可以在公共事物中发挥自身的影响力。

其他学科视角下的公共服务治理动力研究:包括社会学、心理学等从社会结构、社会文化以及心理倾向等方面对公共服务治理动力的研究。

社会资本理论。社会资本理论认为社会资本存量对于多元主体的合作治理具有重要的影响,社会资本影响着公共服务治理的实施环境,影响着公共服务治理的动力机制,社会资本是公共服务治理动力体系的重要因素。社会资本理论认为"社会组织的特征,诸如信任、规范和网络,它能通过促进合作行为来提高社会的效率"③。社会资本理论的代表人物罗伯特·帕特南在比较意大利南北地区历史文化传统和社会资本的存量后,揭示了社区"公共精神"与

---

① James H. Fowler,Laura A. Baker& Christopher T. Dawes,"Genetic ariation in olitical articipation,"American Political Science Review 2008,pp. 233- 248.

② Campbell,A.,Gurin,G. & Miller,W.,The voter decides,Row Peterson:Evanstone,1954,p. 187.

③ [美]罗伯特·帕特南:《使民主运转起来》,王列、赖海榕译,江西人民出版社 2001 年版,第 192 页。

治理质量的关系,考察了意大利众多社区社团组织和社团生活及其居民参与情况,并通过剖析社区"轮流信用"、互相换工、修建公共房屋以及生老病死的互助论证了地区(社区)社会资本,如信任、网络、声誉、规范等对公共服务提供的影响,认为社区社会资本对治理、对公共服务的提供具有重要作用。

公共服务动机理论。该理论重要研究公共服务治理参与者关于社区公共服务动机,即参与到公共服务治理的倾向,是当前国外研究公共服务的热点。西方对于公共服务动机从 20 世纪 90 年代开始,持续了近三十年的研究并未形成统一的概念界定和理论统一。公共服务动机理论的内容主要如下:首先,对于动机而言,学者都强调了其心理特征,即动机属于一个复杂的心理过程,且这一心理过程是随着外界因素变化而不断变化,学者佩里和怀斯就认为"公共服务动机个体对主要或完全由公共制度和组织引起的动机进行回应的心理倾向"。[①] 其次,公共服务动机是一种利他性的行为倾向,这与公共选择理论所强调的"利己主义"不同,公共服务动机也是内涵在人的本性之中的"善",学者瑞尼就认为公共服务动机是一种服务于团体、地方、国家或全人类利益的利他主义倾向。[②] 再次公共服务动机体现为一种信仰或者态度,这种信仰具有能够影响个人行为的作用,凡德纳比将公共服务动机界定为一种超越了自身利益和组织利益的信仰、价值观和态度,这种信仰、价值观和态度关注于更宏观层面政治实体的利益,并能激励个人在适当条件下采取相应的行为。[③] 最后公共服务动机具有激励特征,即可以通过一定的方式来激励公共管理人员的公共服务动机,进而影响其行为,克鲁森就认为公共服务动机可以理解为追求内在激励而非外在激励的倾向。[④]

(三)国外关于公共服务治理系统的研究

国外关于公共服务治理系统的研究主要是以政治系统学的研究框架进行

---

① Perry,J.L.&L.R.Wise,The motivational bases of public service,Public administration review,1990. 50(3),pp. 367-373.

② Rainey,H.G.& P.Steinbauer,Galloping elephants:Developing elements of a theory of effective government organizations,Journal of public administration research and theory,1999. 9(1),pp. 1-32.

③ Vandenabeele,W.,Toward a public administration theory of public service motivation,An institutional approach,Public management review,2007. 9(4),pp. 545-556.

④ Crewson,P.E.,Public-service motivation:Building empirical evidence of incidence and effect. Journal of Public Administration Research and Theory,1997. 7(4),pp. 499-518.

研究,主要经历了两个阶段:

一是以戴维·伊斯顿为代表的一般系统论。他以政治系统对于环境的适应以及存续为研究目的,将包括需求和支持在内的输入、包括积极输出和消极输出在内的输出和作为输出效果的反馈,作为分析变量,研究政治系统的运作过程。戴维·伊斯顿将政治过程作为了具有闭合回路的政治系统研究,强调了系统从输入到输出的运行过程。戴维·伊斯顿的系统性思想深入到了西方公共政策和社区管理体系,有大量的学者基于政治系统框架来研究社会的政策议程、政治行为和治理过程。

二是以阿尔蒙德为代表的结构功能主义,他认为政治系统的结构决定了政治系统的行为和功能,因此对政治系统的研究应该强调了政治系统的结构分析,并因此来研究系统的功能运行。阿尔蒙德认为政治体系的结构指的就是构成这一体系的各种活动,即具有某种行为、意图和期望的规则性的活动①。结构功能主义对西方学术界产生极大的影响,学者对于社区治理的关注更加关注社区的结构,包括了社区主体构成、社区的有序条件、社区的稳定基础以及社区的动力机制,这使得西方关于社区公共服务以及社区治理的研究更加丰富。

(四)国外关于系统动力学的研究

系统动力学创始人为美国麻省理工学院的福瑞斯特教授,是一门分析研究信息反馈系统的学科,也是一门认识系统问题和解决系统问题的交叉综合学科。从系统方法论来说,系统动力学是结构的方法、功能的方法和历史的方法的统一。它基于系统论,吸收了控制论、信息论的精髓,是一门综合自然科学和社会科学的横向学科。国外对于系统动力学的研究,已经逐步从技术问题领域转向了经济领域和社会领域的复杂问题。

其中彼得·圣洁将系统动力学应用于思维模式的研究,提出了系统思考理论,并以此创建了以五项修炼(个人进取、心智模式、共同愿景、团队学习和系统思考)为基础的学习型组织。约翰·斯特曼则以系统思考为基础建立了

---

① [美]阿尔蒙德:《比较政治学:体系、过程和政策》,曹沛霖等译,上海译文出版社1987年版。

商务动力学。国外的系统动力学研究方法应用到经济、社会、环境等各个领域，并形成了一些可以供研究使用的系统基模，如彼得·圣洁就提出了包括：反应迟缓的调节回路、成长上限、舍本逐末、目标侵蚀、恶性竞争富者愈富、共同悲剧、饮鸩止渴和成长与投资不足九个系统基模。[①] 这些基模虽为商业经济层面，但是公共管理极具借鉴价值。

综上所示，国外的城市社区公共服务治理研究因为公共服务治理和社区治理研究的成熟性形成了大量的研究理论和多样化的研究视角，公共管理的很多理论更是直接以社区作为了研究的载体和样本，具有很强的借鉴价值。但同时，国外研究行政生态环境与我国差异明显，社区治理的政治生态、社会生态和经济生态都与我国当前社区存在不同，这使得国外的很多研究理论在国内实践具有一定的局限性。

二、国内的研究综述

（一）总体研究情况

国内城市社区公共服务的研究伴随着我国的社区公共服务事业的发展，研究广度和深度不断扩展。对此本书基于 CNKI 文献数据库，以城市社区+公共服务为主题检索词，时间截至 2017 年 12 月 24 日，检索到了当前城市社区公共服务当前共计文献 1136 篇。

以时间序列来看，2002 年以前我国城市社区公共服务的相关研究较少，这与当时我国城市社区单位制，社区公共服务行政化密切相关。而 2002 年以后，随着市场经济的发展，大量外来人口流入城市，城市社会结构发生了变化，传统单位制、行政化的社区体制在市场化因素的冲击下呈现出了大量的社区问题。在此基础上，学术界对这个问题逐渐关注，并通过研究国外经验、挖掘本土特色、解剖个体案例等方式对城市社区公共服务从体制、供给机制、管理体系和绩效评估等方面进行了研究，形成了大量的研究成果，文献数量大幅增加。

---

① 张波、袁永根：《系统思考和系统动力学的理论与实践》，中国环境科学出版社 2010 年版，第 16 页。

从研究主题来看,城市社区公共服务的研究热点主题如下所示:

一是城市社区建设的研究。主要从城市社区建设的角度来研究城市社区公共服务的配置问题,研究内容包括社区建设的主体、社区建设的内容、社区建设的标准以及社区建设的制度设计等方面。代表学者包括陈伟东、李长健、徐昌洪、夏建中、魏娜、袁方成等。

二是城市社区管理和社区治理的研究。主要从制度主义视角研究社区治理的体制、机制和治理工具,探寻社区的治理模式和治理经验,探索社区治理的问题及改进对策,并对社区治理的未来发展趋势提出建议。代表学者包括陈伟东、吴晓琳、张大维、张洪武、郑杭生等。

三是社区公共服务研究。着重从公共服务的供给和需求两个维度,研究社区公共服务的特征、社区公共服务供给体系和供给机制、社区公共服务的满意度和效益、社区公共服务的模式以及具体的社区公共服务项目进行系统研究,代表学者包括杨团、陈伟东、田华、于燕燕、姚绩伟等。

四是社区公共服务设施的研究。主要从规划和标准化的研究来研究城市社区公共服务设施的配置问题,包括社区公共服务设施的规划原则、配置标准、分类管理以及供给机制等内容,代表学者包括张大维、谢忱、武田艳、邓凌云等。

(二)研究主题与主要观点

1.关于城市社区公共服务的研究

关于社区公共服务的内涵研究。社区公共服务是一个新的概念,其不同于社区服务,也不同于社会服务,学者对其的研究也充满了争议。当前对社区公共服务的界定主要如下:

一是从供给主体的角度进行界定,如杨团就认为社区公共服务就是指"现代社会为社区的需要而提供的社会公共服务,以及社区本身为满足自己的需求自行安排的共有服务。"[①]于燕燕认为"社区公共服务指的是政府及其组织,以及非政府组织所提供的不是为组织内部人服务的一种服务形态。"[②]田华从社区内外供给主体角度对社区公共服务进行界定,认为社区公共服务

---

① 杨团:《社区公共服务论析》,华夏出版社2002年版,第21页。
② 于燕燕:《社区公共服务模式的思考——百步亭社区公共服务的启示》,《学习与实践》2007年第7期。

包括"社区中的社会公共服务和为了社区的公共服务",前者由政府提供,后者主要有各类社区组织提供。① 孙彩红从治理视角出发界定了社区公共服务,"在政府主导(协调、整合)下,政府、社会、市场领域的多元主体为满足社区居民多样化多层次需求而提供的公共服务。"②

二是从受益范围的角度进行界定,如姜德琪认为社区公共服务是指"通过一定组织和形式,某一个社区或更大范围区域提供具有生产上的非排他性和消费中的非竞争性、福利性的物品和服务,满足社区居民生活和工作的各种需求"③。陈伟东提出了社区半公共产品的概念,认为社区公共产品是一种半公共产品,由于其受益范围有限,仅具有部分排他性和非竞争性。④ 徐永祥也将社区服务界定为社区的服务,认为社区服务是整个社会福利制度的重要组成部分,主要是指政府、机构和个人等在社区内开展的福利性服务和公益性服务,以及社区居民之间的互助性服务。⑤

三是从运行过程的角度进行界定,认为社区服务具有过程特征,强调社区服务的供给过程研究。唐忠新就认为,社区服务就是在党和政府的主导下,以不断满足社区成员日益增长的物质文化需要为目的,积极利用社区资源为社区提供福利性、公益性和便民生活服务的过程。⑥

关于社区公共服务的类别研究。对社区公共服务分类是实现社区公共服务有效供给和有效治理的前提,国内对社区公共服务类别的研究,分别从公共服务的供给主体、受益对象边界以及责任主体等方面进行研究。

一是根据供给主体的类型对社区公共服务进行分类,夏志强、王建军就将社区公共服务分为行政性公共服务、自治性公共服务、互助性公共服务和市场

---

① 田华:《社区公共服务:政府社会管理的新载体》,《云南行政学院学报》2005 年第 6 期。

② 孙彩红:《治理视角下的社区公共服务——基于深圳市南山区的案例分析》,《学习与探索》2015 年第 3 期。

③ 姜德琪:《关于构建城市社区公共服务供给平台的思考》,《湖北社会科学》2009 年第 3 期。

④ 陈伟东:《社区自治——自组织网络与制度建设》,中国社会科学出版社 2004 年版,第 100 页。

⑤ 徐永祥:《社区服务的本质属性与运行机制》,《华东理工大学学报(社会科学版)》2002 年第 4 期。

⑥ 唐忠新:《社区服务的思想与方法》,机械工业出版社 2003 年版,第 2 页。

性公共服务。① 其中政府是行政性公共服务的供给主体,社会自治组织是自治性公共服务的供给主体,社会组织和社区居民是互助性公共服务的供给主体,企业是市场性公共服务的供给主体。

二是根据服务的受益对象进行分类,根据社区的边界对公共服务进行分类,杨团就提出了社会公共服务的两个类别:社会为社区提供的公共服务和社区为自身所提出的共有服务。② 李凤琴在综合一些专家学者研究上提出了社区公共服务的两个类别,一是为某个社区及成员提供的公共服务,二是只为某个社区及成员提供的公共服务。③

三是从公共服务的属性上对社区公共服务进行分类,认为社区服务根据非排他性和非竞争性的特点可以分为完全具有公共产品的特征的福利性和非营利性的服务,也包括了部分由政府通过减免税收、落实优惠政策、提供场所设施等方式形成的部分有偿和低偿的服务。④

四是根据公共服务的内容进行分类,认为社区公共服务可以根据所涉及的内容领域进行分类,黄宇就将社区公共服务分为:基础性公共服务:为居民生活、社区内其他组织生存等活动所提供的基础性公共服务;经济性公共服务,为居民和其他社会组织在社区内从事经济或市场活动所提供的服务;社会性公共服务:为居民的生活、发展与文体娱乐等社会性直接需求提供的服务;公共安全性服务,为社区居民提供社区安全的服务。⑤

2. 城市社区公共服务治理模式变迁的研究

治理模式的转变意味着公共服务治理结构、治理机制和治理理念的转型,由于我国从新中国建立以来城市基层社会治理结构发生了重大的变迁,社区制逐步取代单位制和街居制成为当前社区治理的基本模式,社会的公共服务

---

① 夏志强、王建军:《论社区公共服务的有效供给》,《社会科学研究》2012 年第 2 期。
② 杨团:《推进社区公共服务的经验研究——导入新制度因素的两种方式》,《管理世界》2001 年第 4 期。
③ 李凤琴:《从权威控制到体制吸纳,中国城市社区公共服务模式转变研究》,南京大学 2012 年博士学位论文。
④ 郭安:《关于社区服务的涵义、功能和现有问题及对策》,《中国劳动关系学院学报》2011 年第 2 期。
⑤ 黄宇:《社区自治组织"内卷化"及其功能变迁》,《湖北社会科学》2009 年第 1 期。

治理模式也发生了重大的改变,这为我国的学术界研究提供了大量的素材,一些学者希望通过对变迁的把握来研究公共服务治理的未来走向。

从经济体制改革转型研究城市社区公共服务治理模式的变迁。主要研究我国从计划经济转型到市场经济所带来的巨大转型对社区公共服务治理的影响。唐忠新就研究经济转轨所导致的治理主体变化,他认为经济转轨是城市社区治理变化的根本动力,其从根本上瓦解了企事业单位尤其是企业作为基层社会管理之基本主体的条件,从而要求基层社会地域性党政组织和社区组织具备基层社会治理主体的职责;其所带来的城市人口结构的深刻变化,要求服务管理的属地化;其所带来了住房商品化,促使业主组织和物业服务开始成为社区治理的重要力量,这些都促使了社区公共服务治理模式的变化。① 夏建中②、陈伟东③等研究了经济体制改革带来的从单位人到社会人转型对社区公共服务治理模式的冲击,特别是单位制的瓦解造成了社区公共服务治理的真空,需要一种新的组织形态来承担社会动员和社会整合功能,需要建立一种新的城市基层社会管理体系。

从社会结构变化研究公共服务治理模式的变迁。主要研究城市化对社区公共服务治理的影响,快速城市化带来了社区结构的变化,原来以政府为主导的供给型公共服务治理模式需要转变。一是流动人口大量融入改变了城市社区的结构形态,人口流入带来了城市社区公共服务的巨大压力,同时流动人口的不稳定性也为社区公共服务供给决策带来了大量的困难。二是城市化造成了城市社区成为转型社区,传统社区的特征发生了重大改变,李志刚等人就认为转型社区具有流动人口与户籍人口利弊倒挂以及经济来源物业出租化导致了传统均质型社区转向异质化构成。④

①　唐忠新:《当代中国城市基层社会治理主体结构变迁——以天津市滨海新区为例》,《中国特色社会主义研究》2013年第5期。

②　夏建中:《城市社区基层社会管理组织的变革及其主要原因——建造新的城市社会管理和控制的模式》,《江苏社会科学》2002年第1期。

③　陈伟东:《城市基层社会管理体制变迁:单位管理模式转向社区治理模式——武汉市江汉区社区建设目标模式、制度创新及可行性研究》,《理论月刊》2000年第12期。

④　李志刚、于涛方、魏立华、张敏:《快速城市化下"转型社区"的社区转型研究》,《城市发展研究》2007年第5期。

　　从政治权力变化研究社区公共服务治理模式的变迁。改革开放以来,伴随着经济和社会的变化,我国的城市社区权力体系也发生了变化,我国城市社区治理中的权利架构经历着从单一权力主体的平面纵向管理结构向多元化权力主体地位的立体互动机构的转变。① 权力结构的变化带来了当前城市治理体系的变革,公共服务的治理模式从之前的行政主导的单一决策和供给模式转向多元协同下的共同决策和合作供给,公共事务的管理方式和运行机制都发生了重大的变化。同时权力变化也带来了社会参与的扩大化,居民参与已经成为当前基层治理的重要内容,公共服务项目的参与成为服务型政府建设的重要内容,居民参与服务主要通过两个方面,一是参与意见,二是参与实践,服务要把服务对象当作合作伙伴来设计,推动服务项目,提升合作的品质。②

　　3. 城市社区公共服务体系研究

　　当前国内直接研究城市社区公共服务治理系统的文献较少,但是基于系统论观点的体系研究较多,内含着系统的影子。对于社区公共服务体系国内尚未有统一的界定和明确的定义,国家对于社区服务体系和基本公共服务体系却已有了明确的界定。所谓社区服务体系,按照2011年国务院印发的《社区服务体系建设规划(2011—2015年)》对社区服务体系进行界定,社区服务体系就是指以社区为基本单元,以各类社区服务设施为依托,以社区全体居民、驻社区单位为对象,以公共服务、志愿服务、便民利民服务为主要内容,以满足社区居民生活需求、提高社区居民生活质量为目标,党委统一领导、政府主导支持、社会多元参与的服务网络及运行机制。③ 而基本公共服务体系,指由基本公共服务范围和标准、资源配置、管理运行、供给方式以及绩效评价等所构成的系统性、整体性的制度安排。④ 对于社区公共服务体系虽然当前学者对于社区公共服务体系并没明确的界定,但是学者对公共服务体系所涉及

---

　　① 董彪:《权力结构变迁下的城市社区治理问题研究》,《城市观察》2016年第2期。

　　② 彭惠青:《城市社区自治中居民参与的时空变迁与内源性发展探索》,《当代世界与社会主义》2008年第3期。

　　③ 参见《社区服务体系建设规划(2011—2015)》,中央人民政府网站,http://www.gov.cn/zwgk/2011-12/29/content_2032915.htm。

　　④ 参见《国家基本公共服务体系"十二五"规划》,中央人民政府网站,http://www.gov.cn/zwgk/2012-07/20/content_2187242.htm。

的内容、环节和过程却已经进行了比较深入的研究。

城市社区公共服务中的治理主体研究。这部分主要研究城市社区公共服务的主体网络结构情况、主体的职责定位情况和主体的治理能力情况。关于社区公共服务的治理主体,学者普遍认为应该构筑包括政府、社会和市场在内的社区公共服务多元供给体系。何继新从国家、市场和省情三重治理逻辑的视角提出来社区公共服务治理网络应该包含公共物品的提供者、生产者、运营者、监督者和消费者等多种角色相互交互的利益相关者,具体而言,就是国家、市场和社区多个组织实体和公众个体共同广泛参与其中。① 夏志强、王建军提出了不同网络主体发挥作用的阶段过程,政府要通过政治过程作出决策,确定社区公共服务的供给数量和质量标准,后以市场机制为杠杆,通过多种方式调动公营事业部门、私营部门等市场主体参与社区公共投资项目,竞争中完成社区公共服务的供给。② 主要如下:

对于社区公共服务中政府作用的研究。学者关信平就认为政府对社区服务法治能够也应该从两个方面起到作用,一是通过建立合理的法制框架和有序政府而为社区法治提供一个有力的发展环境,并规范社区服务的发展方向;二是通过对社区服务提供各种投入(财政资助)而直接支持社区服务的法治。③ 于燕燕将政府在社区服务中的作用总结为:制定社区服务政策,制定社区服务目标,拉动公民参与社区服务,建立社区服务的合作关系,社区服务责任的主体;政府的责任包括担当公共资源的管理者,公共组织的监督者,公民权利和民主对话的促进者,社区参与的催化剂以及基层领导角色。④ 赵一红从政府购买服务的角度论述了新时期政府的职能转变,认为现在政府通过职能分解、转移、委托和授权,从社会服务的提供者转变为社会服务政策的制定者、购买者和监督者。⑤ 王永红认为政府仍然是社区公共服务供给者,具体包

① 何继新:《城市社区公共物品供给多重治理逻辑:现实困厄与模式重构》,《上海行政学院学报》2016年第5期。

② 夏志强、王建军:《论社区公共服务的有效供给》,《社会科学研究》2012年第2期。

③ 关信平、张丹:《论我国社区服务的福利性及其资源调动途径》,《中国社会工作》1997年第6期。

④ 于燕燕:《政府在社区服务中的作用》,《北京社会科学》2006年第S1期。

⑤ 赵一红:《政府购买社会工作服务模式分析》,《社会工作》2012年第4期。

括:提供居民必需的公共产品、维护社区的治安和秩序,提供基本的社会保障。①

　　对于社区公共服务中社会自治组织的研究。所谓社区自治是指社区居民在党和政府的领导下,通过一段组织形式和参与途径,依法享有的对社区公共事务进行管理的权利,它是社区居民实现自我管理、自我教育、自我服务、自我监督的一种基层民主形式。② 夏志强、王建军就认为:在我国社区自治组织主要是社区居委会,它既是社区公共服务的重要主体,又是培育社区志愿文化、形成社区信念共同体的基石;社区自治组织提供公共服务的过程实质上就是社区自治的过程,对加强社区居民间的交往,提高全体社区居民的公共福利水平,具有不可替代的作用。③ 黄宇通过对社区组织内卷化问题的研究,提出社区组织应该取代街道办事处这个基层政府派出机构在社会建设中的主体地位,成为社区公共事务的管理者、社区公共服务事务的服务站和社区公共产品的提供者。④

　　对于社区公共服务中社会组织的研究。社会组织参与是当前社区公共服务治理的重要内容,当前的研究主要表现为社区公共服务中社会组织的定位问题和社会组织的建设问题。对于社区公共服务中的社会定位,党中央的文件明确指出要充分发挥社会协同的作用,从服务内容上来看,杨宏山⑤认为社会组织主要起到社会公益服务的提供者作用;从合作关系上应当承担协同服务的角色⑥;从社会结构上来说要承担政府与社会的润滑剂。对于社区社会组织的建设问题,彭穗宁认为要加强党组织对社会组织的政治引领,使之成为服务群众多元需要"最后一公里"的重要力量。⑦ 李强提出加强社会组织建设,应从引导社会组织承接政府职能转移、满足公共服务需求的单向逻辑,转变为强化社会组织公众参与以实现政社关系有序互动的双向思维,使社会组

①　王永红:《城市社区治理中政府的角色定位及其职能》,《城市问题》2011 年第 12 期。
②　唐亚林、陈先书:《社区自治:城市基层民主的复归与张扬》,《学术界》2003 年第 6 期。
③　夏志强、王建军:《论社区公共服务的有效供给》,《社会科学研究》2012 年第 2 期。
④　黄宇:《社区自治组织"内卷化"及其功能变迁》,《湖北社会科学》2009 年第 1 期。
⑤　杨宏山:《城市社区服务的多中心供给机制》,《理论与改革》2009 年第 3 期。
⑥　王颖:《扁平化社会治理:社区自治组织与社会协同服务》,《河北学刊》2014 年第 5 期。
⑦　彭穗宁:《基层党组织如何引导社区社会组织建设》,《学会》2016 年第 9 期。

织在提供服务的基础上积极探索民意整合和决策咨询功能的发挥,进而提高政府治理的民主化和科学化水平。① 张成军提出积极探索社会组织参与社会管理的新途径,着力从观念转变、机制完善、平台建构、人才保障和监督管理五个方面寻求突破,提高社会组织建设水平,为社会组织参与社会管理创造更加有利的基础条件和良好环境。②

对于社区公共服务治理中的企业研究。企业参与社区公共服务治理的研究主要包括以下方面:一是从企业社会责任的角度,认为企业具有典型的社区责任,需要承担公益责任,杨玉宏、杨敏从企业社会关系的角度来看,认为企业应当承担起社会责任,并以此作为与政府合作、寻求社会支持、承担社会道德和法律义务,增加社会公益的重要手段。③ 二是从社区企业参与的角度,田志龙等专门研究了企业社区参与过程中的合法性形成及演化过程,认为企业社会参与(CCI)战略随阶段发展对 CCI 活动起动态引导作用;CCI 过程中企业—居委会—志愿者的互动模式随行动者行为角色、行为动机和行为方式的转变而演化;社区能力的不同要素在不同互动模式的转换中向更高层面提升;CCI 过程中的互动直接形成企业内部合法性,同时,这些互动通过促进社区能力成长来形成企业外部合法性。④

对城市社区公共服务中的公众参与研究。主要包括一是以公共服务过程中的公民参与作为研究路径,将公共服务的过程与公共政策相联系,强调公共服务过程中公民对于公共服务诉求输入、过程调控和效果评估的参与。其中在政策输入研究中,主要研究了公民需求对于公共服务决策的输入机制,包括公民的需求表达和利益诉求表达,如万玲、何华兵就提出了创新基本公共服务中公众需求的表达机制,包括智库参与决策、听证制度、专业民调、大众媒体参

① 李强:《社会组织建设的内在逻辑与未来方向》,《广州大学学报(社会科学版)》2015 年第 2 期。
② 张成军:《加强和创新社会管理背景下提升社会组织建设水平的几点思考》,《社团管理研究》2011 年第 10 期。
③ 杨玉宏、杨敏:《企业社会责任视角下的残疾人社区服务——以武汉市 G 街道社区为例》,《科学社会主义》2013 年第 2 期。
④ 田志龙、程鹏瑶、杨文、柳娟:《企业社区参与过程中的合法性形成与演化:百步亭与万科案例》,《管理世界》2014 年第 12 期。

与平台以及公众的组织和参与路径等。① 彭正波也提出了公民参与公共服务决策所必须构建的需求显示机制、决策参与机制以及方案选择与评估机制。② 在过程调控阶段，主要研究公民对于公共服务的合作参与程度，既包括公民配合公共服务的执行、使用公共服务的成果，也包括公民自身参与到公共服务的供给和公共事务的治理之中。如学者汪锦军就按照公共服务过程中公众的作用发挥将公共服务过程中的公民参与划分为了矫正型参与、改进型参与和合作型参与。③ 在效果评估阶段，主要研究公民对于公共服务的反馈，表现为公民对公共服务的满意度研究，这也是当前公共服务中公民参与的重要内容。包括朱国玮进行的公众满意度测评理论和实证研究④，刘武等基于公共服务顾客满意度构建的满意度测评的结构方程模型⑤，陈振明⑥、王佃利⑦、朱玉春⑧、李倩等⑨分别就地方公共服务实践进行的实证研究。二是以公共服务属性和目标作为公民参与的研究路径，即将公共服务的属性作为公民参与的基础性要素进行分析，结合公共服务所要达成的目标，探索不同类别公共服务的公民参与路径和渠道。孙柏瑛在托马斯公民参与有效模型的基础上，从公民参与形式的政策议题性质和公民参与拟达成的目标两个维度，以分析公民参与有效性为研究方向，将公民参与分为：政府自主决策下的公民无参与或低度参与、以获取信息为目的的公民参与、以政策接受和支持为目的的公民参与

---

① 万玲、何华兵：《公众参与基本公共服务均等化的制度设计》，《云南行政学院学报》2013年第 3 期。

② 彭正波：《地方公共服务供给决策中的公众参与研究》，《经济体制改革》2009 年第 3 期。

③ 汪锦军：《公共服务中的公民参与模式分析》，《政治学研究》2011 年第 4 期。

④ 朱国玮：《公众满意度测评理论与实证研究》，《兰州大学学报（社会科学版）》2007 年第 3 期。

⑤ 刘武、刘钊、孙宇：《公共服务顾客满意度测评的结构方程模型方法》，《科技与管理》2009 年第 4 期。

⑥ 陈振明、刘祺、蔡辉明、邓剑伟、陈昱霖：《公共服务绩效评价的指标体系建构与应用分析——基于厦门市的实证研究》，《理论探讨》2009 年第 5 期。

⑦ 王佃利、宋学增：《公共服务满意度调查实证研究——以济南市市政公用行业的调查为例》，《中国行政管理》2009 年第 6 期。

⑧ 朱玉春、唐娟莉、郑英宁：《欠发达地区农村公共服务满意度及其影响因素分析——基于西北五省 1478 户农户的调查》，《中国人口科学》2010 年第 2 期。

⑨ 李倩、张开云：《农村公共服务满意度现状与对策——基于广东省农村公共服务调查的分析》，《社会科学家》2010 年第 6 期。

和由公民组织主动发起的公民参与。并根据这些类型提出了主要的公民参与形式,包括关键公众接触、公民调查、公民投诉、公民会议、公民听证或咨询委员会、公民论坛以及社区发展公司。① 三是以公民为研究对象来研究公共服务中公民参与,着重从公民的角度出发,研究公民参与公共服务的有效路径。如孙晓莉根据公民参与公共服务的动力因素,将公民参与公共服务划分为政府推动型、精英主导型和公众自治型,并总结了公民参与公共服务的基本形式,包括公共服务的评价、选择、决策和供给。② 杨敏根据公民参与动机和策略的不同,将公民参与分为依附性参与、志愿性参与、身体参与和权益性参与。③ 四是以公民参与机制的发展变迁来研究公民参与,主要从制度环境的角度来分析公民参与的有效形式。如姜晓萍、衡霞从参与机制的成熟度和公民参与的自主性出发将公民参与划分为以下三种模式:机制完善的公民自主参与、机制完善的公民假性参与和机制不完善的公民自发参与。④

4. 城市社区公共服务治理机制的研究

对于城市社区合作治理,当前的研究认为主要包括以下模式:一是政府主导的社区协同治理模式强调通过政府的主导功能,制定社区发展规划,完善社区组织建设和制度建设,加强基层社区服务就能解决单位制解体后转移出来的社会职能和社会事务⑤,就能实现社区公共服务的有效治理。二是社区自治推动社区公共服务治理模式,这种观点强调利用逐步完善的市场社会和基层民主自治体系,促成社区形成相对独立的自组织空间,在一定程度上形成能"自主"和"自为"的社会自我支持系统⑥,社区的自我支持系统能够实现公共服务的自我治理。三是社区合作伙伴的共治模式,这种模式强调包括政府在内的社区多元主体是一种具有网络化特征的合作治理模式,其中多元主体具有伙伴关系的特征,为了共同的使命而不断通过协同、合作,并寻找出最优化

---

① 孙柏瑛:《公民参与形式的类型及其适用性分析》,《中国人民大学学报》2005 年第 5 期。
② 孙晓莉:《公共服务中的公民参与》,《中国人民大学学报》2009 年第 4 期。
③ 杨敏:《公民参与:群众参与和社区参与》,《社会学研究》2005 年第 5 期。
④ 姜晓萍、衡霞:《社区治理中的公民参与》,《湖南社会科学》2007 年第 1 期。
⑤ 杨君、徐选国、徐永祥:《迈向服务型社区治理:整体性治理与社会再组织化》,《中国农业大学学报(社会科学版)》2015 年第 3 期。
⑥ 李友梅:《社区治理:公民社会的微观基础》,《社会》2007 年第 2 期。

的社区治理模式。这些模式的选择与社区治理理念、社区治理资源密切相关，并决定了当前社区公共服务治理的主要机制。

政府购买公共服务机制的研究。王浦劬就将政府向社会组织购买公共服务界定为：政府将原来直接提供的公共服务事项，通过直接拨款或公开招标的方式，交给有资质的社会服务机构来完成，最后根据择定者和中标者所提供公共服务的数量和质量，来支付服务费用。① 王名、乐园根据政府购买社会组织公共服务的过程中政府与社会组织的关系是独立性还是依赖性，购买程序是竞争性还是非竞争性，总结了政府购买公共服务的四个模式，分别为：依赖关系非竞争性购买、依赖关系竞争性购买、独立关系非竞争性购买以及独立关系竞争性购买。② 崔正认为政府购买社会组织公共服务促进了社会组织的发展，为社会组织提供了发展空间、政策指引和资金支持以及运行规范。③ 邓金霞以上海两个社区文化活动中心的案例实证考察了政府购买公共服务中的委托管理模式的运行机制，总结了相应经验。④

整体性社区公共服务治理机制研究。强调以整体性的视角重塑社区治理，解决社区公共服务治理中所面临的碎片化和分离化问题，增强社区公共服务治理的公共精神，实现社区公共服务的一体化供给、一站式服务，强调要建立社区公共服务中心，为公众提供便捷化的可及性公共服务。对此，杨君、徐永祥等学者就认为要构建服务型的社区治理，以整体性思维为核心，以社会的在组织化为实践逻辑，以善治为最终价值导向，在纵向上体现为党委领导、政府负责；在横向上表现为社会协同、公众参与、多元主体合作。⑤

网络化社区公共服务治理机制研究。当前的社区公共服务治理正在经历从网格化管理到网络化治理的转型，相对于网格化管理从上到下的社会管理

---

① 王浦劬：《政府向社会组织购买公共服务研究》，北京大学出版社 2010 年版。
② 王名、乐园：《中国民间组织参与公共服务购买的模式分析》，《中国浙江省委党校学报》2008 年第 4 期。
③ 崔正、王勇、魏中龙：《政府购买服务与社会组织发展的互动关系研究》，《中国行政管理》2012 年第 8 期。
④ 邓金霞：《政府购买公共服务的"委托管理"模式——基于上海两个典范社区文化活动中心的经验》，《中国政府采购》2015 年第 9 期。
⑤ 杨君、徐选国、徐永祥：《迈向服务型社区治理：整体性治理与社会再组织化》，《中国农业大学学报（社会科学版）》2015 年第 3 期。

特征,网络化治理强调的是社区多元主体基于伙伴关系的合作治理,强调的是多元主体基于互动协同的机制、资源共享的体系和公共价值的目标而对公共事务实现有效治理。[①] 社区的网络化组成结构为网络化治理的社区治理实践提供了天然的基础,郑杭生[②]、陈剩勇[③]、陈卓荣[④]等学者就论述了网络化治理在社区治理中的适用性分析,并提出了社区由当前网络化管理走向网络化治理的路径选择。当前网络化社区公共服务治理机制研究包括了四个层面,一是技术层面上的公共服务治理平台;二是价值层面上基层民主协商互动;三是应用层面上的精确服务;四是治理层面上的治理网络搭建和整合。

智慧社区公共服务治理机制研究。智慧社区是当前社区治理的重要内容,智慧社区源于 20 世纪八九十年代的社区与信息化融合,随着科学技术的进一步发展,特别是大数据、物联网和云计算等管理理念和管理技术的突破,智慧社区逐步从商业概念进入到政府理念,并逐步进入社区治理实践之中。对于智慧社区而言,社会服务是其基石和功能基础[⑤]。对于智慧社区公共服务治理的研究,当前研究主要集中在以下方面:一是智慧社区的技术研究,主要研究搭建智慧社区的技术平台,通过开放式、智能化的平台建设实现公共服务有效和精准治理。二是智慧社区的数据管理研究,主要通过对社区数据的收集、分析和挖掘获取社区公共服务需求,并通过需求管理实现社区公共服务的有效治理。三是智慧社区所依托的社区公共服务治理体制机制研究,主要研究智慧社区建设背后社区治理体系,包括社区治理的协同机制、分工机制和参与机制,研究期望通过体制机制设计实现社区公共服务的有效治理。

5. 城市社区公共服务治理的动力研究

社区公共服务治理动力是研究城市社区公共服务内生发展的重要研究路

---

① 姜晓萍、田昭:《网络化治理在中国的行政生态环境缺陷与改善路径》,《四川大学学报(哲学社会科学版)》2017 年第 4 期。

② 郑杭生、黄家亮:《当前我国社会管理和社区治理的新趋势》,《甘肃社会科学》2012 年第 6 期。

③ 陈剩勇、徐珣:《参与式治理:社会管理创新的一种可行性路径——基于杭州社区管理与服务创新经验的研究》,《浙江社会科学》2013 年第 2 期。

④ 荣卓、肖丹丹:《从网格化管理到网络化治理——城市社区网格化管理的实践、发展与走向》,《社会主义研究》2015 年第 4 期。

⑤ 宋煜:《社区治理视角下的智慧社区的理论与实践研究》,《电子政务》2015 年第 6 期。

径,当前的研究主要从以下方面开展:

一是关于社区公共服务治理动力的主体研究,主要研究社区公共服务治理过程中的主体动力情况,分别论述这些治理主体的动力源泉、动力特征及动力表现。王丽丽就基于城市社区管理的要素,研究了地方政府、驻社区企业、社区居民和非政府组织四个要素对社区管理的作用力和影响力,以及合成的域动力合力。① 邱宗忠等也就城市社区体育公共服务体系提出了政府引领服务动力机制、社区居民参与内驱动力机制、企业支持动力机制和非政府组织的聚合动力机制。②

二是关于社区公共服务治理动力的影响因素研究,主要研究社区公共服务治理过程中影响治理动力的因素。如王文彬对社区建设中影响动力的社会资本进行了研究,认为社会资本能够通过提升社区的凝聚力而增强社区参与动力。③ 张雷、张平研究了政治效能感对公共服务治理动力的影响,并提出了通过增强政治效能感提升治理动力的建议。④ 薛圣凡通过假设和验证,认为社区社会资本、社区党组织和居委会的治理能力、居民的公民性、社区精英和志愿者的正面作用对社区参与治理具有正面的影响。⑤ 汪碧刚认为制度因素是社区治理最为重要的影响因素,并基于 568 份问卷调查数据,从社区治理的政策支持力度、社区治理的政府支持力度、社区治理的激励机制三个方面出发,分析了社区居民对社区治理制度影响因素评价的差异。⑥

三是关于社区公共服务治理的动力机制研究,主要研究社区公共服务治理的动力机制,包括了动力的力量、运行机理和方式。陈云松从官方的迫切推

---

① 王丽丽:《城市社区管理创新的动力及其作用——一个场域理论视角的分析》,《城市法治研究》2011 年第 2 期。

② 邱宗忠、周涛、赵敬华、李建臣:《城市社区体育公共服务体系动力机制构建要素分析》,《体育与科学》2011 年第 5 期。

③ 王文彬:《社会资本视野中的社区建设:关系、参与和动力》,《吉林大学社会科学学报》2013 年第 5 期。

④ 张雷、张平:《提升社区治理中居民参与自治的动力研究》,《天津行政学院学报》2015 年第 3 期。

⑤ 薛圣凡:《社区治理模式的选择及其影响因素》,浙江大学 2016 年博士学位论文。

⑥ 汪碧刚:《制度因素对社区治理影响的实证研究——基于 568 份问卷数据的分析》,《南京社会科学》2017 年第 11 期。

动和民间的渐进需求两个方面总结了我国城市社区治理的二元动力机制,并指出了这一二元动力机制与一元决策机制之间的矛盾是当前社区治理动力不足的关键。① 王艳丽将城市社区治理的动力机制分为四个阶段:问题呈现阶段由核心行动者设定目标、建立沟通机制;利益赋予阶段是建立协同关系、赋予行动者权力;动员过程是核心行动者行使权力协同其他行动者参与社区治理活动;异议过程是由异议代表处理差异并协调各方利益。②

6.公共服务治理的系统动力学研究

系统动力学的国内的研究已经深入到企业管理和经济管理等社会科学领域,并形成了较为成熟的研究体系,部分学者已经将系统动力学的研究方法引入到公共管理的研究领域。陈宝胜以系统动力学的视角对公共管理模式的嬗变进行了研究,并认为"从系统动力学分析框架看,公平导向型价值理性与效率导向型价值理性之间的疏离、融合以及它们对管理技术理性的不同诉求为公共管理模式的形成与嬗变提供了直接动力。"③蔡飞、漆亮亮基于系统动力学方法对公务员素质进行了研究,并认为"系统动力学在公共管理领域的应用研究具有广阔前景。"④

在公共服务治理方面,王立华以系统动力学的视角研究了农村电子政务服务,构建了农村电子政务公共服务的系统动力模型,并进行了模拟仿真。⑤田伟等构建了我国卫生服务系统的系统动力学模型。⑥ 申亮等以系统学模型研究了公共服务外包中的协作机制。⑦ 另有学者还以系统动力学的方法研究

---

①　陈云松:《从"行政社区"到"公民社区"——由中西比较分析看中国城市社区建设的走向》,《城市发展研究》2004 年第 4 期。

②　王艳丽:《城市社区协同治理动力机制研究》,吉林大学 2012 年博士学位论文。

③　陈宝胜:《公共管理模式嬗变的系统动力学分析》,《安徽大学学报(哲学社会科学版)》2009 年第 4 期。

④　蔡飞、漆亮亮:《基于系统动力学的公务员队伍素质分析方法研究》,《电子科技大学学报(社科版)》2013 年第 5 期。

⑤　王立华:《基于系统动力学的农村电子政务公共服务研究》,《情报杂志》2011 年第 7 期。

⑥　田伟、栗美娜、张鹭鹭、马玉琴:《我国公共卫生服务系统的系统动力学模型研究》,《中国初级卫生保健》2009 年第 11 期。

⑦　申亮、王玉燕:《公共服务外包中的协作机制研究:一个演化博弈分析》,《管理评论》2017 年第 3 期。

了社区体育服务、城市公交服务、城市基本养老服务等。系统动力学的理念、思路、方法已经逐步开始在公共管理以及公共服务的研究中应用,并开拓了一些新的研究路径和方向。

三、国内外研究述评

通过文献梳理可以看出,当前对于城市社区公共服务治理主要集中于主体、网络和效果评估三个方面。其中主体的研究侧重于社区的多元治理体系以及治理能力,网络的研究主要侧重于主体之间的协同以及合作机制,效果则是强调城市社区公共服务治理的效果评估。而对城市社区公共服务治理则缺乏系统研究,虽然部分学者涉及了社区公共服务治理的系统,但仍然是以主体的动力要素进行研究,缺乏对社区公共服务的系统结构、系统行为进行研究,导致当前的城市社区公共服务治理研究仍然呈现出典型的"问题—对策"式的研究模式,主要表现在以下方面:

(一)城市社区公共服务治理缺乏系统研究。当前的城市社区公共服务研究主要是以解决问题的应用性研究,问题的分析也主要集中在主体性问题、机制性问题和资源性问题,强调通过责任管理、机制创新和资源供给来解决社区公共服务的治理问题。而对社区公共服务治理的系统性研究不够,没有从系统上对城市社区公共服务治理体系进行研究,对社区公共服务的问题也停留在表层的"检查式"研究,而没有深入的"诊断式"研究,这导致当前的研究无法对社区公共服务治理的目标、结构、功能和责任进行有效的界定,也无法对问题进行系统的把握和思考。

(二)城市社区公共服务治理缺乏内生性研究。当前的城市社区公共服务治理研究主要集中在外生性的因素分析和制度设计,期望通过外生的制度设计来解决城市社区公共服务治理问题。而对社区公共服务治理的内生性因素研究不够,虽然部分研究设计了社区公民参与的研究,但是并未系统发掘社区公共服务治理的内生性因素,这使得城市社区公共服务治理的内部动力机制研究缺乏,对城市社区公共服务治理的可持续发展贡献不够。

(三)城市社区公共服务治理的研究方法仍然不够完善。当前城市社区公共服务治理的研究更多停留在价值层面的理论探讨,虽然出现了部分基于实践调研而形成的实证研究,但是仍然未形成相对成熟的研究方法和研究模型,这种研究的分散性而不足以系统化支撑理论创新和政策制定,也无法发挥理论研究对实践的带动作用。

(四)城市社区公共服务治理的研究范式有待创新。当前城市社区公共服务治理主要集中在政治学层面上的权责建构、社会学层面上的网络关系研究以及心理学层面上的激励机制,这些研究为城市社区公共服务治理的规律总结、主体分析奠定了基础,但是在未来预测上有些不足。城市社区公共服务治理需要新的研究范式来推动理论创新,增强实践的指导作用。

对此,本书基于系统动力学的研究框架,研究具有耗散系统结构特征的城市社区公共服务治理系统,分析系统的动力结构、作用机理和方式,期望通过研究实践的创新重新解构城市社区公共服务治理系统、梳理城市社区公共服务治理系统的发展路径、构建城市社区公共服务治理的系统模型,以期更好地作用于实践。

第三节　研究路径与方法

一、研究路径

本书对于城市社区公共服务治理的研究主要通过系统动力学的研究框架,分析城市社区公共服务治理系统的结构、运行机制以及发展趋势。

系统动力学创始人为麻省理工学院的福瑞斯特教授,是一门分析研究信息反馈系统的学科,也是一门认识系统问题和解决系统问题的交叉综合学科。从系统方法论来说:系统动力学是结构的方法、功能的方法和历史的方法的统一。它基于系统论,吸收了控制论、信息论的精髓,是一门综合自然科学和社会科学的横向学科。系统动力学(system dynamics)运用“凡系统必有结构,系统结构决定系统功能”的系统科学思想,根据系统内部组成要素互为因果的反馈特点,从系统的内部结构来寻找问题发生的根源。系统动力学以现实世界为研究前提,不追求最优解,而是从整体出发寻求改善系统行为的机会和途径,通过观测信息建立仿真模型,进而通过计算机试验获得对未来系统行为的预测和描述。

　　系统动力学的研究主要包括以下的研究内容:一是系统的结构特征,这是系统学理论"系统结构决定系统行为"的基本观点,重点分析系统的构成、稳定机制、内外互动机制以及动力机制。二是系统的因果关系研究,通过将研究对象划分为若干个子系统,建立整体的关系网络,以系统观代替传统研究的元素观。三是建立流程图和构建方程式,通过指标设计形成系统的指标体系、指标体系的运行流程图以及方程式。最后,进行计算机仿真模拟试验,验证模型,并通过模型预测,为战略和决策提供依据。

　　本书即采取系统动力学的研究路径,研究路线图如下所示:

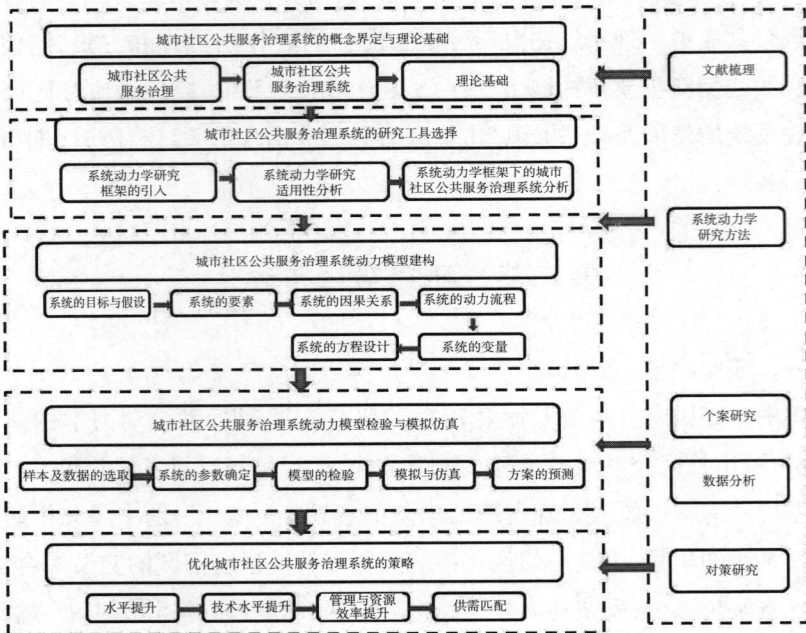

图 0-1　研究路线图

　　一是城市社区公共服务治理系统的基本概念和理论基础研究。通过文献梳理和政策梳理,确定城市社区公共服务治理的基本概念和内涵,确定研究的理论基础。

　　二是城市社区公共服务治理系统的研究工具选择。引入系统动力学研究框架,在分析可行性的基础上构建城市社区公共服务治理系统结构,并以系统动力学的理论和概念重新总结我国城市社区公共服务治理系统发展的路径和规律。

三是构建城市社区公共服务治理的系统动力模型。基于系统动力学的分析框架,界定城市社区公共服务治理系统的边界、要素、因果关系、动力流程,确定系统变量,并建构系统方程。

四是进行城市社区公共服务治理系统模型的检验与预测。选取成都市两个类型的社区进行个案研究,并以持续性的调查数据,确定系统参数,以调查数据对系统模型进行检验。在检验的基础上,根据预测的数据对系统发展进行计算机模拟仿真,得出系统发展情况,并对不同的改进方案进行预测。

五是建立提升社区公共服务治理系统动力的策略设计。按照预测结果,结合当前的实践情况,从提升社区公共服务参与水平、先进技术应用水平、管理贡献率、资源贡献率以及增强需求匹配五个方面进行制度设计,不断提升社区公共服务治理系统动力,增强系统绩效,实现系统目标。

二、研究方法

文本分析法。所谓文本分析法就是以描述和叙事为主,旨在呈现文本中原来就存在的结构性顺序和意义。本书的研究中将对城市社区公共服务治理制度变迁进行文本分析通过研究中华人民共和国成立以来的政策、文件、报告和相关研究成果,总结和归纳城市社区公共服务治理变迁历程。

个案研究法:为对本书设计模型的印证和预测,文章选取了成都市两个不同类型的城市社区,L社区和C社区进行个案研究,分析这两个社区公共服务治理系统的动力体系,运行机制,并采集相关数据,作为模型的检验和预测支撑。

问卷调查法。所谓问卷调查法,就是使用书面问卷的方式间接收集数据的一种方法,能够较为有效地获取大多数公众对于某一问题的看法。本书在研究过程中,对个案的社区进行了问卷的跟踪调查,通过问卷量表收集社区公共服务治理的相关基础数据,作为研究的面上分析。

访谈法。就是采用面对面访谈交流的形式,分别与选择的群体进行深入交谈,从而获得对有关问题的深入了解。本书在研究过程中,除了选择的个案社区,对大量的政府工作人员、社区居民、社会组织工作人员和社区企业人员进行了深入访谈,访谈过程中对政府工作人员、社会组织工作人员和社区企业人员使用了结构式访谈,对社区居民采取了非结构式访谈,以更为有效获取深入的信息。

观察法。观察法是指研究者根据一定的研究目的和提纲,用自己的感官和辅助工具去直接观察被研究对象,从而获得资料和数据的一种方法。本书在研究的过程中,深入个案社区之中,观察多元主体的治理过程和治理效果。

数据分析法。所谓数据分析法主要通过数学和统计学的计算方式对已有的数据进行分析,重点建立数据之间的关系,探索基于数据的要素之间的联系。本书在研究过程中,对所选取案例的相应数据进行了分析,并以此作为社区公共服务治理系统的主要参数。

计算机模拟法:计算机模拟是系统动力学的重要组成部分,主要通过计算机来对数据进行检测,并根据所设计的方程与参数,在代入的数据基础上进行结果模拟。本书在研究过程中运用了 VENSIM 软件进行了城市社区公共服务治理系统的因果图绘制、流程图绘制、编程以及模拟运算。VENSIM 软件是系统动力学研究的主要工具。Vensim 是由美国 Ventana Systems,Inc.所开发,为一款观念化、文件化、模拟、分析、与最佳化动态系统模型之图形接口软件。Vensim 可提供一种简易而具有弹性的方式,以建立包括因果循环(casual loop)和流程图等相关模型。

第四节　本书的创新和不足

本书主要基于系统动力学的研究视角来研究城市社区公共服务治理系统问题,通过建立系统思维来解构城市社区公共服务治理的结构、机制和动力,以系统动力学的研究框架重新来塑造城市社区公共服务治理系统的因果关系结构和动力流程机制,同时基于计算机模拟仿真预测社区公共服务治理系统的发展趋势以及改革完善的策略设计。与当前的主要研究相比,本书具有以下创新:

一是在研究的视角上更加注重城市社区公共服务治理的系统属性,即以系统的思维来研究城市社区公共服务治理问题,而非当前主要研究社区公共服务治理中的某一要素或几个要素之间的关系。系统的研究更有利于从整体上把握社区公共服务治理的情况,也能够对未来的发展趋势做出更为准确的预测,更便于从系统上来设计城市社区公共服务治理改善的策略。

二是在研究方法上使用了系统动力学的研究方法,即以系统动力学研究方法研究城市社区公共服务治理中的系统结构问题、系统要素问题以及系统机制问题,借用系统动力学关于信息反馈机制的研究路径更为准确地把握城市社区公共服务治理系统中各要素间的复杂关系。另外,利用系统动力学方法对城市社区公共服务治理系统发展及其改进方案进行计算机模拟仿真,从一个新的视角为当前的改革决策提供了路径。

三是在研究内容上把握了城市社区公共服务治理系统的全过程。在研究中,本书根据城市社区公共服务治理系统的特征,按照政治系统的过程理论,将治理全过程划分为三个子系统,分别为社区公共服务管理子系统、社区公共服务资金子系统和社区公共服务需求匹配子系统,涉及了社区公共服务治理的全过程,并基于这一全过程系统研究了提升社区公共服务治理系统动力的制度设计。

在研究过程中,本书虽然努力构建城市社区公共服务治理系统动力的模型,但是因为在资料获取、数据采集等方面存在的缺陷使得研究仍然存在以下不足:

一方面,因为社区层面缺乏常规的数据采集机制,且部分数据采集难度系数过大,本书的研究更多使用的是调查问卷的数据,虽然通过论证与实践具有一致性,但对于依赖于数据支撑的模型仍然存在支撑力度不足的问题,这也导致了本书所构建模型在应用中的局限性和困难性。未来模型的完善仍然有待于更多、更具持续性数据的支撑。

另一方面,本书对于社区公共服务治理系统的研究为了更为聚焦,因此在要素和指标选择过程中人为排除和忽略了一些指标,而事实中在复杂的社区公共服务治理中这些指标仍具有一定的作用,甚至在一定的情境中会发挥重要的作用,这也是本书通过系统动力学研究社会问题所难以回避的问题。

第一章　城市社区公共服务治理系统的概念界定与理论基础

城市社区公共服务是以城市社区发展为基础的,城市社区发展一定程度上决定了城市社区公共服务的发展和变迁动力。当前我国城市化所带来的城市社区迅速发展、分化以及结构变化也带来了城市社区公共服务的变革压力,促成了城市社区公共服务治理的发展和变迁。

第一节　城市社区公共服务

一、城市社区

社区一词,最早由德国的社会学家滕尼斯提出,他在《社区与社会》一书中将社区界定为:那些由共同价值取向的同质人口组成的,关系亲密,出入相友,守望相助,疾病相扶的,富有人情味的社会关系和社会团体。① 可以看出滕尼斯更为看重社区的社会属性,即社区居民具有同质性,社区通过归属感和凝聚力来实现居民的聚集,情感因素是社区的重要特征。

而随着经济社会的发展,尤其是工业社会中利益关系对传统情感因素的冲击,学者对于社区的研究和认识也发生了改变,美国社会学家菲利普斯就将社区界定为:居住在某一特定区域的,共同实现多元目标的人所构成的群体,在社区中每个成员都可以过着完整的社会生活。②

---

① 章人英:《普通社会学》,上海教育出版社 1990 年版,第 145 页。
② 方明、王颖:《观察社会的新视角——社区新论》,世界知识出版社 1991 年版,第 4 页。

国内学者对社区研究可以总结为三个层面,一是强调社区的社会属性,即研究社区作为生活共同体的特质及其实现路径,如最早将社区概念引入国内的吴文藻和费孝通,都强调社区的社会文化属性。费孝通先生就指出:社区是以认同为意愿、价值观念为基础的,血缘、邻里和朋友关系是社区成员之间合作的主要纽带,对其成员的行为控制通常是依据传统、习惯和乡规民约。① 二是强调社区的行政属性,研究基于行政区划所形成社区管理问题,包括社区公共服务的供给问题,社区规划与社区建设问题以及城市基层社会治理的问题,2000 年民政部《关于在全国推进社区建设的意见》就明确界定了城市社区的范围一般就是经过社区体制改革后做了规模调整的居民委员会辖区,社区建设也是指在党和政府的领导下,依靠社区力量,利用社区资源,强化社区功能,解决社区问题,促进社区政治、经济、文化、环境协调和健康发展,不断提高社区成员生活水平和生活质量的过程。三是强调社区的政治属性,研究社区的权力结构、权力运行机制、合作治理体系和公民参与等,林尚立教授就指出"在新世纪的中国政治发展中,社区正逐渐成为中国政治建设的战略性空间。"②四是强调社区的经济属性,将社区作为社会消费的一个基本单位,研究公共产品或公共物品在社区的配置问题以及市场商品在社区的消费问题。

在当前我国的社区在实质上是一个复杂的综合体,既有社会学意义上的结构性价值,也有管理学领域的功能性价值,更有政治学领域的权力性价值,还有经济学意义上效益性价值。这些属性叠加的基础上,社区被赋予了更多的职责和意义,社区的治理也成为复杂社会治理的综合体现。

本书所研究的城市社区具有上述所讨论的社区属性,并从政治价值、社会价值和管理价值对城市社区进行重塑:城市社区是城市的组成单位,承担着城市生产、生活的基本功能,是在城市功能区划的范围内由政府组织、社会组织、企事业单位组织和公民个人所组成的利益共同体。城市社区的特征如下:

第一,城市社区是城市的组成单位,是城市的基础和载体。因此,城市社区具备着当前城市的属性和特征,一是人口高度聚集,城市社区具有典型的人

---

① 费孝通:《关于当前城市社区建设的一些思考》,《上海改革》2000 年第 9 期。
② 林尚立:《社区:中国政治建设的战略性空间》,《毛泽东邓小平理论研究》2002 年第 2 期。

口净流入特征,随着城市化水平的推进,城市社区人口大量增加、人口密度不断提高,社区的承载力问题逐步出现。二是社会结构异质化,城市化带来的不仅仅是人口的集中,更是社会结构由传统熟人社会转向当前的利益社会,社会异质性增强,社区所强调的生活共同体基础在发生变化。三是专业化社会组织快速成长,传统的首属群体功能逐步被替代,"原先由首属群体所承担的生产互助功能,由于实现了社会化大生产,已经完全丧失;生活扶持功能由于现代城市各类生活服务组织的出现,也在逐渐减少;首属群体所具有的思想与情感交流功能,由于各类心理诊所、心理咨询机构的出现,也在一定程度上被取代。"①城市的特征决定了城市社区的特征,这也是城市社区与农村社区的重要区别。

第二,城市社区承担着城市的基本功能。作为城市的重要机体,城市社区支撑着城市经济社会发展,承担着城市的文化、福利和管理职责。具体功能如下:一是融入功能,社区承担着城市人口的重要融入功能,是实现人的城市化的重要载体。二是服务功能,社区承载着城市公共服务、基层市场服务和社会志愿公益服务的实践,是实现公众社会行为、市场行为和政治行为的平台。三是管理功能,社区是城市行政管理的基础,也是实现城市行政管理的最基层单位,城市的管理也是以社区为单位来推行管理的措施。四是政治功能,社区实践基层民主自治的重要平台,当前的基层民主自治就是以社区为范围来进行开展,社区成为中国政治战略的重要空间。

第三,城市社区是多元的利益共同体。城市社区是多元主体汇集的场所,政府、社会自治、企业事业单位以公民个人,既以社区作为生活和居住的载体,同时也以社区作为保障和自身利益的平台。社区兼顾了多元主体的利益诉求,也促成了多元主体实现合作与共治,存在广泛的利益博弈和利益协调,社区的治理过程一定程度上也就成为多元利益博弈和协调的过程。

二、社区服务

社区服务源于西方发达国家的社区建设,但西方国家却很少直接用社区

---

① 李迎生:《现代城市社会运行与发展的特点和趋势》,《北京社会科学》1997 年第 1 期。

服务这一词,而是更多出现了社会服务、社会福利、社区照顾、社区福利等词。国内对于社区服务的界定也是脱胎于 2000 年中办和国办转发的《民政部关于在全国推进城市社区建设的意见》中的社区建设概念。

国务院 2006 年颁布的《关于加强和改进社区服务工作的意见》提出要"以不断满足社区居民的物质、文化、生活需要为出发点,充分发挥政府、社区居委会、民间组织、驻社区单位、企业和居民个人在社区服务中的作用,整合社区资源,健全服务网络,创新服务方式,拓宽服务领域,强化服务功能"。并提出了要建立与社会主义市场经济体制相适应,覆盖全体社区成员、服务主体多元、服务功能完善、服务质量和管理水平较高的社区服务体系。虽然该《意见》并未对社区服务进行明确界定,但是强调了社区服务应该包括政府公共服务覆盖到社区,支持社区居委会提供社区公共服务、组织成员开展自助和互助服务、并为社区服务提供便利条件,培育社区民间组织开展社区志愿服务,鼓励各类组织、企业和个人开放单位服务设施、开展社区服务业务。①

2011 年国务院印发的《社区服务体系建设规划(2011—2015 年)》对社区服务体系进行界定,社区服务体系就是指以社区为基本单元,以各类社区服务设施为依托,以社区全体居民、驻社区单位为对象,以公共服务、志愿服务、便民利民服务为主要内容,以满足社区居民生活需求、提高社区居民生活质量为目标,党委统一领导、政府主导支持、社会多元参与的服务网络及运行机制。其中明确了公共服务、志愿服务和便民利民服务为社区服务的重要内容。②

2016 年由民政部、中组部、中央综治办、国家发改委等多部门印发的《城乡社区服务体系建设规划(2016—2020)》(民发〔2016〕191 号)提出要构建"机构健全、设施完备、主体多元、供给充分、群众满意的城乡社区服务体系,让城乡居民共享全面建成小康社会的发展成果",强调要巩固、发展社区服务现有设施基础和制度基础,依靠机制创新、技术迭代和动能转换,推动社区服务新业态新模式加快成长……努力形成多层次、立体化的服务格局。关于社

---

①　参见《国务院关于加强和改进社区服务工作的意见》,中央人民政府网站,http://www.gov.cn/zhuanti/2015-06/13/content_2878969.htm。

②　参见《社区服务体系建设规划(2011—2015)》,中央人民政府网站,http://www.gov.cn/zwgk/2011-12/29/content_2032915.htm。

区服务,仍然强调了基本公共服务、便民利民服务和志愿者服务的有效衔接。与以往不同,新的规划更加强调服务的网络化、制度化、智能化和共享性,提出了社区服务建设的 2020 目标,即"从我国基本国情和经济社会发展水平出发,按照全面建成小康社会以及加强和创新社会治理的总体要求,到 2020 年,基本公共服务、便民利民服务、志愿服务有效衔接的城乡社区服务机制更加成熟;社区综合服务设施为主体、专项服务设施为配套、服务网点为补充的城乡社区服务设施布局更加完善;网络联通、应用融合、信息共享、响应迅速的城乡社区服务信息化发展格局基本形成;以社区党组织、社区自治组织成员为骨干,社区社会工作者和其他社区专职工作者为支撑,社区志愿者为补充的城乡社区服务人才队伍更加健全。"①

可以看出,从当前国家政策文件对社区服务的界定来看,社区服务是由社区多元主体,包括政府、社区居委会、民间组织、驻社区单位、企业和居民个人,整合社区资源,以社区居民和驻社区单位为服务对象,以基本公共服务、便民利民服务和志愿服务为内容的服务过程。社区服务具有以下的特征:

一是从内容上来看,社区服务包括了基本公共服务、志愿服务和便民利民服务,基本公共服务具有行政属性、志愿者服务具有社会公益属性、便民利民服务具有市场逐利属性,这三种服务基本形成了社会服务的内容体系。因此,可以看出这里所界定的社区服务就是社会服务的社区化,以社区的地域边界来限定社会服务的边界。

二是从主体上来看,社区服务中政府、社会、市场和个人都参与其中,从社区服务所涵盖的内容来看,各个主体承担着社区服务的供给责任,而政府还承担着社区服务的管理者职责、社区居委会承担着社区服务的协调者角色。因此,社区服务具有多中心的供给特征,不同的主体在其中发挥着不同的作用,扮演者不同的角色。

三是从价值属性来看,社区服务包括了无偿服务和有偿服务。服务的价值属性由服务的特征所决定,有偿服务包括了完全市场化的市场服务和准公

---

① 参见《城乡社区服务体系建设规划(2016—2020)》,民政部网站,http://www.mca.gov.cn/article/gk/ghjh/201709/20170915006082.shtml。

共产品性质的公共服务,无偿服务则包括了基本公共服务和多部分的志愿性公益服务。服务的价值决定公共服务的管理方式,因此社区服务是典型的多样化管理模式

四是从对象上来看,社区服务以社区居民和驻社区单位为服务对象。社区服务具有明确的服务边界,并以此作为服务资源配置的要件。但现实中,社区服务中的大部分服务却并不存在服务边界的限定和约束条件,这也成为当前社区服务供给动力不足的重要因素。

三、公共服务

对于公共服务的研究最早是以公共物品作为对象进行分析的。关于公共物品(又称公共产品),休谟在其《人性论》中就指出,在自利的个人间存在某些共同消费的产品,这类产品的提供有坐享其成的心理及其可能性,这种心理只能由政府参与才能有效克服。[①] 而对公共物品进行深入研究则出现在经济学领域,如林达尔所提出的关于公共物品供给均衡数量和均衡税收份额,即所谓的"林达尔均衡点"。其中最为出名的则是萨缪尔森所提出的公共物品定义,他在《公共支出的纯理论》一文中指出,某种私人物品的总消费量的总消费量等于全部消费者对私人物品消费的总和,而公共物品的消费总量则等于任何一位消费者的消费量,即公共物品存在着非竞争性的特征。在此基础上马斯格雷夫将非排他性引入到公共物品的讨论之中,更进一步丰富了公共物品的内涵。布坎南也提出了更具现实价值的俱乐部物品。至此,公共物品理论完全形成,并成为研究公共事物治理的重要分析工具。

公共服务这一概念最早为莱昂·狄骥系统论述,他认为:公共服务就是指那些政府有义务实施的行为。任何因其与社会团结的实现和促进不可分割、而必须由政府来加以规范和控制的活动就是一项公共服务,只要它具有除非通过政府干预,否则便不能得到保障的特征。[②] 以弗里德里克森为代表的新

---

① 陈振明:《公共服务导论》,北京大学出版社 2011 年版,第 28 页。

② [法]莱昂·狄骥:《公法的变迁:法律与国家》,郑戈、冷静译,辽海出版社、春风文艺出版社 1999 年版,第 40 页。

公共行政学派则强调了公共服务的公共属性,认为凡是促成民主发展、培养公共精神以及维护社会公正和公共利益的官员行动或政府行为都是公共服务。E.S.萨瓦斯在其《民营化与公私部门的伙伴关系》一书中介绍了什么是政府公共服务:"政府公共服务顾名思义就是由政府安排并生产的服务。"①以登哈特为代表的新公共服务理论则直接将公共服务与公共官员直接联系起来,认为公共官员日益重要的角色就是公共服务,亦即要帮助公民表达并满足他们共同的利益需要,而不是试图通过控制或者掌舵使社会向着新方向的发展,并为公共利益承担起应有的责任。

关于公共服务的内容,一般认为凡是具有公共需求,且个人又无法解决的服务理应都属于公共服务的范畴。中国行政管理学会课题组就指出"政府公共服务主要包括经济性公共服务和社会性公共服务。经济性公共服务是政府为促进经济发展而直接进行各种经济投资的服务,如投资经营国有企业与公共事业、投资公共基础设施建设、对企业经营活动进行补贴等;社会性公共服务是指政府通过转移支付和财政支持对教育、社会保障、公共医疗卫生、科技补贴、环境保护等社会发展项目提供的公共服务。"但实践中因为涉及的内容过多,研究就将政府作为责任主体,且对社会公众具有刚性需求的基本公共服务作为了主要研究对象。陈海威从保障公民生存权、发展权、环境权、安全权等角度界定基本公共服务的构成,即底线生存服务(就业服务、社会保障、社会福利和社会救助);公众发展服务(义务教育、公共卫生和基本医疗、公共文化体育);环境服务(居住服务、公共交通、公共通信、公用设施和环境保护);公共安全服务(包括食品药品安全、消费安全、社会治安和国防安全等领域)②。中国(海南)改革发展研究院从公民应享有的生存权、发展权、健康权角度提出基本公共服务包括三个基本点,一是基本就业保障、基本养老保障、基本生活保障,以保障人的基本生存权;二是基本的教育和文化服务,满足基本尊严(或体面)和基本能力的需要;三是基本的健康保障,保障公民的基本

---

① [美]E.S.萨瓦斯:《民营化与公私部门的伙伴关系》,周志忍译,中国人民大学出版社2002年版。

② 陈海威:《中国基本公共服务体系研究》,《科学社会主义》2007年第3期。

健康需要。①

　　2012 年开始,国家开始了基本公共服务的明确界定。《国家基本公共服务体系"十二五"规划》就将基本公共服务界定为"指建立在一定社会共识基础上,由政府主导提供的,与经济社会发展水平和阶段相适应,旨在保障全体公民生存和发展基本需求的公共服务"。基本公共服务范围,一般包括保障基本民生需求的教育、就业、社会保障、医疗卫生、计划生育、住房保障、文化体育等领域的公共服务,广义上还包括与人民生活环境紧密关联的交通、通信、公用设施、环境保护等领域的公共服务,以及保障安全需要的公共安全、消费安全和国防安全等领域的公共服务。② 2017 年出台的《"十三五"推进基本公共服务均等化规划》界定基本公共服务是由政府主导、保障全体公民生存和发展基本需要、与经济社会发展水平相适应的公共服务,具体包括公共教育、劳动就业创业、社会保险、医疗卫生、社会服务、住房保障、公共文化体育、残疾人服务等八个领域的 81 个项目。③

　　综上可以看出,当前对于公共服务的界定仍然是以政府作为约束条件,基本上都是将公共服务与政府相结合,认为所谓公共服务就是政府的公共服务,政府责任成为公共服务界定的主要内涵,这一概念的界定方式承袭了西方国家强调公共服务非排他性和非竞争性的本质属性,一定程度上将公共服务与公共物品概念重复使用,公共服务仍然是经济学角度的最优效率供给模式。而在实践中,公共服务已经远远超越了经济学的学科边界,成为政治学、管理学、经济学以及伦理学的综合学科概念,公共服务需要进行概念的重新界定。在此基础上,黄新华将公共服务界定为满足公共需求和公共利益而向社会提供的物质产品和精神产品的总和。④ 李延均从公共事务的角度出发,认为公

---

①　中国(海南)改革发展研究院:《加快推进基本公共服务均等化》,《经济研究参考》2008年第 3 期。

②　参见《国家基本公共服务体系"十二五"规划》,中央人民政府网站,http://www.gov.cn/zwgk/2012-07/20/content_2187242.htm。

③　参见《"十三五"推进基本公共服务均等化规划》,中央人民政府网站,http://www.gov.cn/zhengce/content/2017-03/01/content_5172013.htm。

④　黄新华:《从公共物品到公共服务——概念嬗变中学科研究视角的转变》,《学习论坛》2014 年第 12 期。

共服务是以公共权力保障全体社会成员各项法定人权事务为基本内容,以实现社会基本公平和人道主义为目标,以税收为基本来源,以均等化为标准,以政府设立的公共事业机构为主要提供主体,向全民免费或低收费提供的具有法定性质的服务。① 这两个概念的界定仍然着力于通过特征的描述来界定公共服务,仍然是在描述公共服务相对于私人服务或者公共事务的区别,而对公共服务的根本属性却没有深入的回应。

本书认为要界定公共服务的概念,就是要剖析公共服务本身所蕴含的特质和属性。现代公共服务自身具有三重属性:一是公共服务具有政治属性,即公共服务是一个充满政治博弈的过程,中间存在着大量的参与、协同和冲突,公共服务管理体系的确定、公共服务管理方式的确定以及公共服务涵盖内容的确定都无不是政治活动的结果,即公共服务并不能完全局限为政府的行为。二是公共服务具有法律权利属性,即公共服务所回应的是公民的权利,包括公民的生存权、发展权和参与权,公共服务在本质上是保障公民权利的实现,而不仅仅是满足公民的需求,这也是公共服务不同于公共产品的重要特征。三是公共服务的经济和管理属性,公共服务是以公共资源回应公共诉求,资源的有限性和需求的多元性要求公共服务必须解决成本收益问题,公共服务的供给存在着最优模式探索的动力和压力。

对此,本书认为所谓公共服务,就是为满足公共需求和公共利益,保障公民权利,以政府为主导的多元主体依托公共资源通过治理框架向社会提供的各种产品、制度安排和行动的总和。公共服务的特征如下:

公共服务的主体是以政府为主导的多元主体,在公共服务的供给过程中,政府、市场、社会和公众个人承担着不同的职责,履行着不同的职能,并进行着不断的博弈和互动。按照当前网络化治理的观点,政府是公共价值的促动者;企业是公共价值的创造者;非政府组织是公共价值的提供者;公民个人是公共价值的实践者。②

---

① 李延均:《公共服务及其相近概念辨析——基于公共事务体系的视角》,《复旦学报(社会科学版)》2016 年第 4 期。

② Khan.J.,What role for network governance in urban low carbon transitions? Journal of Cleaner Production,Vol. 50,No. 1,2013,pp. 133-139.

公共服务以满足公共需求和公共利益为目标。公共服务满足公共需求作为管理目标,公共需求决定了公共服务的合理性,因此公共服务是必然以需求为导向的,这里的需求是公共需求而不是个人或群体的需求。同时公共服务以公共利益为价值目标,并持续寻求实现公共利益最大化的优化路径。

公共服务以保障公民权利为归着点。公共服务要保障公民的生存权、发展权和参与权,这是公共服务本身政治合法性的要求,也是建设法治社会的基本条件。保障公民的权利也就决定了公共服务不仅要体现为支撑公民生存的基本保障,还要为公民获得发展创造公平的机会,更要成为公民实现民主参与的重要平台。

公共服务以有效治理框架为支撑要件。公共服务不仅是供给责任的划分问题,还要求通过有效的治理实现服务的高效率与高效益。因此对于公共服务的治理就成为确保公共服务有效供给、实现公共需求有效回应、保障公共服务精准到位的重要保障。

公共服务具有多样的表现形式。公共服务可以表现为现实中的公共物品,如公共设施;也包括满足公共需求的公共行动和社会行为;还包括为保障个人生产发展和社会公平正义的各种制度安排。公共服务的多样表现形式是以公共性为前提和约束的,目标则是公共利益、公共需求、公平正义和社会发展。

四、城市社区公共服务

相对于社区服务和公共服务,社区公共服务的概念更加滞后于社区治理的实践,有研究指出,在现阶段中国社会转型时期,以市场为导向的社会服务模式占据主流地位,如何使社区公共服务的理念进入公共话语系统,是社会知识界和政府部门面临的紧迫任务。[①]

国外对于社区公共服务没有明确的定义,以通行的社区服务来概括所有立足于社区的服务,包括福利服务、公共服务和具有社会导向公民个人服务或称社会化的私人服务。[②] 国内对于社区公共服务概念的界定,以杨团最为代

---

① 高鉴国:《社区公共服务的性质与供给——兼议 JN 市的社区服务中心为例》,《东南学术》2006 年第 6 期。

② 纪茜、尹保华:《浅谈社区公共服务的概念》,《社会工作(学术版)》2011 年第 9 期。

表,她认为社区公共服务就是"现代社会为社区的需要而提供的社会公共服务,以及社区本身为满足自己的需求自行安排的共有服务。"①田华从社区内外供给主体角度对社区公共服务进行界定,认为社区公共服务包括"社区中的社会公共服务和为了社区的公共服务",前者由政府提供,后者主要有各类社区组织提供。②

通过以上学者的界定可以看出,首先社区公共服务并不同于社区服务,公共服务强调的是公共需求的满足,而社区服务不仅包括了公共需求还包括了便民利民服务所回应的个人需求,这两种服务在治理方式上完全不同,因此应对个人的服务,即所谓的私人服务社会化应该从公共服务的治理中被剥离出来。其次,社区公共服务不同于公共服务,社区的概念限定使得社区公共服务具有了明确的边界,包括:主体具有特定性——与社区具有利益相关性;服务对象具有边界性——以社区居民为服务对象;服务方式具有依赖性——社区特征决定了服务方式的选择。加上当前社区结构的变化使得公共服务需求多元化特征更加明显,社会高流动性使得社区公共服务对象不确定性增加以及社会民主的发展让社区公共服务参与动力和实践不断凸显,信息技术高速发展增强了公共服务的供给方式的变革,这使得社区公共服务的概念界定更具理论和实践意义。

社区公共服务的界定必须明确社区公共服务的特征,耿云就认为社区公共服务既不同于广泛意义上的社区服务,又与一般公共服务相区别,具有区域性、公共性、福利性和非营利性的特征,并提出了界定社区公共服务应明确的前提,包括城市社区受益范围内存在人们的公共需求,且这一需求能够在社区内给予满足;社区对公共服务的公共需求是一种集体需求,需要通过集体行动机制来筛选;生产或提供这种服务的有意识集体行动是完全出于自愿,或者对习俗和惯例的遵从,或者是国家的正式制度安排。③ 孙彩红从治理的视角设定了社区公共服务的基本框架:为社区提供哪些公共服务—公共服务决策或

---

① 杨团:《社区公共服务论析》,华夏出版社 2002 年版,第 21 页。
② 田华:《社区公共服务:政府社会管理的新载体》,《云南行政学院学报》2005 年第 6 期。
③ 耿云:《治理理论视角下的中国城市社区公共服务研究》,中国政法大学 2008 年博士学位论文。

需求表达机制；公共服务由哪些主体来提供—多元主体参与；社区公共服务通过哪些途径来提供—供给方式；社区公共服务是否满足需求—服务效果的监督评估。[①]

根据上述学者关于社区公共服务的概念界定，本书认为社区公共服务的概念界定，需要明确社区公共服务的以下特征：一是社区公共服务具有公共服务的属性，追求的是公共利益、回应的是公共诉求、使用的是公共资源，这是社区公共服务不能等同于社区服务的重要区别。二是社区公共服务具有边界属性，即公共服务被限定在社区的范围之中，即公共服务能够在社区层面被提供且受益对象也直接面向社区居民，这是社区公共服务不同于社会公共服务的重要区别。三是社区公共服务具有社区的特征，社区公共服务的目标在于满足社区的公共需求，公共需求的形成与社区的社会结构密切相关，因此社区公共服务的供给和管理具有典型的社区特征。

根据以上的先决条件和特征，本书认为的城市社区公共服务，就是为满足社区公共需求，维护社区公共利益，多元社会主体依托公共资源在社区层面上提供的各类公共服务的总和。社区公共服务包括满足城市社区居民基本生存权、发展权的在社区层面供给的基本公共服务，也包括社区本身为满足自身需求、实现自身发展的社区内部公共服务。具体而言，一是基本公共服务中在社区层面上提供的公共服务，包括基本劳动就业创业服务、基本社会保险服务、基本医疗卫生服务、基本社会服务、基本公共服务体育服务和基本残疾人服务。[②] 二是社区内部的公共服务，结合当前国内社区基本情况，这类服务主要包括：社区法律服务、社区安全服务、社区照料服务、社区儿童服务、社区物业服务、社区家政服务、社区信息服务等。城市社区公共服务是与城市结构变迁和城市发展密切相关的，当前的城市社区公共服务与传统的公共服务已经不同，城市社区公共服务虽然仍立足于社区，但是其作用范围已经超出了社区，而且社区公共服务正逐步从家庭不断剥离到社

[①]　孙彩红：《治理视角下的社区公共服务———基于深圳市南山区的案例分析》，《学习与探索》2015 年第 3 期。

[②]　参见《"十三五"推进基本公共服务均等化规划》，中央人民政府网站，http://www.gov.cn/zhengce/content/2017-03/01/content_5172013.htm。

会,这就要求当前城市社区公共服务必然是一个多元合作治理的体系。但是从实践来看,当前城市社区公共服务的治理呈现出行政主导、社会组织有限参与、企业功能闲置和公众参与不充分的状态。对此,党的十八届三中全会就明确提出了"必须着眼于维护最广大人民根本利益,最大限度增加和谐因素,增强社会发展活力,提高社会治理水平"。其中激发社会活力,就是要充分发挥多元主体在社区公共服务中的合作治理动力,通过系统结构调整、系统制度构建和系统条件优化提升社区系统动力输出,提升社区公共服务水平。

第二节　城市社区公共服务治理

一、城市社区公共服务治理的概念界定

治理一词具有很早的历史渊源和很多概念解释,而当前所谓的治理主要源于 1989 年世界银行报告所提出的非洲"治理危机"。相对于之前的治理概念,当前的治理不仅包括"政府及其行为",还包括了"政府与社会之间的伙伴关系"。在引入中国以后,治理的概念得到井喷式的发展,被广泛用于各个行业、各个领域。"治理一词如同发展一样,运用范围很广,但却很难给出一个确切的含义来对其进行解读,其原因是人们运用这些词的时候已经有了很多的默认和想象的含义,另一方面一个词语所带来的多重解释也表明其在学术研究上仍然具有的争议性和生命力。"①

对于治理的界定,全区治理委员会 1995 年在《我们的全球伙伴关系》的研究报告中认为:"治理是各种公共的和私人的个人和机构管理其共同事务的诸多方式的总和。"自此,世界各国也根据自身的实践开始了本国公共事务的治理实践,如下表所示,各国对治理的关注如下表所示。

---

① 包国宪、郎玫:《治理、政府治理概念的演变与发展》,《兰州大学学报(社会科学版)》2009 年第 2 期。

表 1-1　世界各国关于治理的界定①

国家	治理的界定	关注要素
美国	政府形成一个有效、负责人的公共管理过程的能力,这一公共管理过程是对公民开放的,是加强而不是弱化政府民主体制的	责任、开放、民主、自由
英国	权力与权威的使用以及一个国家管理其事务的方式;在政治的和经济的制度与组织中反映出来的公民与国家之间的关系;解决物质匮乏和无权的方式	参与、公正、得体、责任、透明、效能
瑞典	公共权威基于法治、回应、公开、整合、有效……负责和透明的权力实施以及公共权威与公民之间的关系	法治、回应、公开、整合、高效
澳大利亚	就是一个国家的资源和事务以一种开放、透明、负责、公平和回应公民需要的方式进行的有效管理	开放、透明、负责、公平、回应
加拿大	就是政府实施权力的有效、诚实、公平、透明和负责任	有效、诚信、公平、透明、责任
荷兰	政府、公民和企业之间的规则与协议	合作、参与、透明、诚信
全球治理委员会	治理是各种公关的和私人的个人和机构管理其公共事务的诸多方式的总和	多元、协同、责任、透明
世界银行	治理的机制包含三个要素:内部规则与限制;表达权与伙伴关系;竞争设施的参与、多种争议解决机制、某些市场活动的完全私人化等(1997 年报告)	言论和问责(VA)、政治稳定和杜绝暴力/恐怖主义(PV)、政府效能(GE)、监管质量(RQ)、法治(RL)以及控制腐败(CC)
联合国开发署	治理就是通过国家、公民社会和私人部门之间的互动,一个社会管理的经济、正式和社会事务所依靠的价值、政策和制度体系	参与、代表、责任、透明、回应、高效和平等
欧盟委员会	治理就是为一个国家的公平、可持续的经济社会发展而对一国所有资源进行的透明和负责任的管理	人权、民主化、法治、公民社会的强大和公共管理的改革
经济合作与发展组织	治理是对一国社会的社会和经济发展资源管理过程中使用政治权威对社会事实控制	管理、问责、透明度、腐败、参与、效率、法治、控制、获取信息和道德

---

① 参见俞可平:《国家治理评估——中国与世界》,中央编译出版社 2009 年版,第 67—72 页。

续表

国家	治理的界定	关注要素
欧洲援助	治理指一国社会中利益诉求、资源管理以及权力实施所依赖的规则、过程及行为	规则、权利、参与、程序、有效
国际货币基金组织	治理包含一个国家被管理和统治方式的所有方面,包括其经济政策和规则框架	管理、政策、规则

对于治理,我国的治理理论主要引介于西方,但其本身又是一套十分复杂且充满争议的思想体系,学者将其统称为治理理论。① 治理理论虽然内容广泛、理念多元,但其核心在于:去中心化、多元主体、伙伴关系、资源共享、结构网络化和过程互动化。俞可平总结了治理以及善治的八大特征,包括民主、法治、公平、责任、透明、廉洁、高效、和谐。② 治理理论被引入到各个领域,Kooiman 就认为治理是一个中立概念,治理可以分为三个层次,第一层次的治理是一种日常问题导向的治理;第二层次的治理关注制度的维护,是在政府、市场、社会层面讨论治理问题;第三个层次的治理即治理的治理,治理规范化的研究,同时也包括如何评价治理的问题。③ 治理在当前已经存在整合公共行政一应概念的可能,并满足着实践中的需要。④ 从这个层面上来看,治理更像是一种理念和方法,可以被广泛用作公共事务管理之中,其不仅应该被用于国家层面上的制度体系,还被用于政府、市场和社会各自内部的规则规范以及三者关系的处理。斯托克就指出"治理理论始于认识到公共行政的主体已经超越了多层级的政府机构,而延伸至社区、志愿部门和私人部门,这些部门在公共服务及项目实施中所扮演的角色是治理视角关注的重要领域。"⑤

①　包国宪、郎玫:《治理、政府治理概念的演变与发展》,《兰州大学学报(社会科学版)》2009 年第 2 期。

②　俞可平:《社会公平和善治是建设和谐社会的两大基石》,《中国特色社会主义研究》2005 年第 1 期。

③　Kooiman.J,Governing as Governmance,London:Sage,2003,pp. 3-43.

④　包国宪、郎玫:《治理、政府治理概念的演变与发展》,《兰州大学学报(社会科学版)》2009 年第 2 期。

⑤　[英]斯托克:《地方治理研究:范式、理论与启示》,楼苏萍译,《浙江大学学报(人文社会科学版)》2007 年第 2 期。

对此,本书认为所谓治理就是基于多中心理念而实现公共事务有效管理的一个过程,这个过程可以体现为一种制度的设计,也可体现为一种管理的方法,亦可体现为这个管理过程的结果。

城市社区公共服务治理是基于多中心理念的多元主体对城市社区公共服务进行有效治理的过程,包括了治理的制度设计、过程控制和效果管理。城市社区公共服务治理包含着以下的内容:

治理主体多元化,即在城市社区公共服务治理中已经不再是政府主观或者客观上的一元主导,包括社会、市场和公民个人已经参与到治理之中,并成为治理全过程不可或缺的力量。多元化的城市社区公共服务治理体系,包括了仍然履行治理责任和资源供给的政府主体,逐步起到治理主体作为的社区自治组织,专业化社区治理协同的社会组织、市场化公共服务供给的市场主体以及全过程参与的社区居民。多元主体要求社区公共服务治理是一个开放的系统,即能够为多元主体参与提供平台和保障,并能让多元主体履行治理权利。

治理结构网络化。城市社区公共服务治理已经由传统上的政府主导、多元配合的"单向型"行政关系转向多元主体有效协同的"网络化"伙伴关系。治理结构的网络化要求社区主体通过互动来实现公共利益共享和公共事务共治,核心在于多元主体之间要有一个基于共同使命和共同目标的互动体系,各主体依托社会网络良性互动合作,分享公共权力,管理公共事务,实现信息和政策问题的解决。

治理资源共享化。城市社区公共服务治理强调治理资源的共享化,即在社区的边界之内,要实现多元主体所掌握资源的共享化,充分发挥政府行政资源、自治组织社会资本资源、社会组织专业化资源、企业市场化资源和居民志愿资源的整合、共享和共同发展,增强社区治理的资源基础和支撑。

治理机制现代化。社区公共服务治理已经逐步从传统熟人社会的"关系式"治理走向现代利益社会和权利社会的法治化治理,治理的方式方法都因为权威理性化、利益分散化而发生转变,现代化的治理机制成为当前社区公共服务治理的必然趋势。治理机制的现代化要求建立法治化、专业化、智慧化的治理机制,要求社区公共服务治理主体在法治的刚性约束下,充分发挥专业化管理理念和方法、智慧化的技术手段不断提升治理水平。

二、中国城市社区公共服务治理发展历程与特色

我国城市社区公共服务治理是一个伴随着国家经济社会发展、政治体制改革和文化思想转变而变迁的过程。按照新制度经济学关于制度变迁的理论，社区公共服务治理变迁也是遵循了寻求最低成本和最优效益的制度体系的发展路径，基于治理目标转变、治理环境变化、治理方式进步而不断优化。

（一）改革开放以前：以单位制为主体的"支配型"公共服务治理机制

单位制源于长期以来中国共产党军事斗争的经验，"在战争年代，我们党形成了一套特殊的管理体制，即'公家人'管理，对以中共党员为核心的公职人员，包括党群团体、军队、政治机构和公营企事业中的成员，一律实行供给制，范围扩展到衣、食、住、行、学、生、老、病、死、伤残等各方面，依照个人职务和资历定出不同等级的供给标准。"①新中国建立以后，党在城市治理中也将单位制进行了扩展。特别是 1958 年 12 月，中共八届六中全会通过的《关于人民公社若干问题的决议》，指出：人民公社在城市中也在开始进行一些试验。1960 年 3 月 9 日，中共中央下发《关于城市人民公社问题的批示》，积极推广城市人民公社的组织试验和经验。至此，人民公社成为城市治理的主导者，成为城市社会生产、交换、分配和人民生活福利的统一组织者，人民公社成为城市公共服务的支配者。

单位制的公共服务治理模式是一种典型的单位社会化管理模式，这种模式适应了当时社会治理秩序遭受破坏，社会动力不足和公共服务资源匮乏的困境。通过地理层面的单位制，城市社区实现了对社会管理和公共服务的一体化管理体制，单位成为社区工作和生活的主导者，成为动员社区力量、配置社区资源、管理社区关系和供给社区公共服务的唯一主体，形成了单位社区化的局面。这种管理体制在中华人民共和国成立初期和社会主义发展初期，实现了资源的集中配置和社会动员，为新中国的经济建设和社会秩序恢复发挥了一定的效用。

---

① 杨晓明等：《中国单位制度》，中国经济出版社 1999 年版。

单位制的社区公共服务治理机制强调的是政社一体化的公共服务管制模式,即以政治动员和行政管理自上而下地推行城市公共服务治理,将行政权和财产权统一起来实现对公共服务的有效供给。单位制社区的公共服务治理主要表现为以下特征:

垄断式的公共服务管理体制实现了公共服务资源的高效配置。单位制社区的公共服务供给是典型的垄断式公共服务管理体制,单位承担了社区公众公共服务横向各种类型、纵向不同阶段需求的全覆盖,确保了公众对公共服务现实诉求和未来期望的满足,具有较高的公共服务满意度。同时单位制社区以单位主导的公共服务资源配置模式一定程度上解决了传统公共产品所面临的"诉求难以获取"和"偏好难以排序问题",实现了有效资源的高效配置。

公共服务的计划供给体系确保了社区公共服务的均等化。单位制社区实行的是典型的公共服务计划供给体系,且具有很强的集体主义倾向,公共服务配给具有明确的边界,对内实行较为均等化的权利保障,对外具有明确的排他性,形成了公共服务典型的"单位特征",增强了单位内社区成员的满意度和归属感,使得单位制社区具有很强的凝聚力。

垄断的公共服务供给模式弱化了公共服务的治理动力。单位制社区的公共服务由单位垄断供给模式属于典型的计划经济时代下的单位福利,公共服务由单位代替社会、甚至政府进行公共服务供给,单位成为社区公共服务供给的垄断主体。这种模式下,其他社会主体因为单位的垄断地位逐步被挤出公共服务供给体系;公众因为公共服务所具有的"单位行政分配"特色而成为被动的接受者,公共服务治理体系属于典型的一元体系,并同单位的经济社会地位变化而变化,缺乏创新的内生动力。

（二）20 世纪 80 年代到 21 世纪初期:适应社会结构变迁的双轨制社区公共服务治理机制

改革开放以后,中国的经济社会结构发生了重大变化,单位制管理模式面临着重大的冲击。由于经济结构的变化,一方面单位本身发生了重大的变化:单位对国家的依赖性、服从性减弱,自主性增强;单位之间的收入和资源占有情况差距迅速扩大、有的还表现得极为明显;虽然个人有了较大的流动权力和自主选择权力,但在很多方面个人更加依赖于自己的单位。① 另一方面,城市社会结构发生了重大变化,返回城市的"三下乡"青年、农村向城市的转移人口、新市场经济主体、因为国企改革而外流的原单位制成员等构成了城市社会的新结构体系。再次,原来的单位制社区已经难以对城市社会进行完全覆盖,城市基层社会面临着新的治理需求,也存在一定程度上的基层公共服务治理危机。

在此情况下,"单位办社会"的治理理念和社会实践逐步被放弃,将基层治理逐步移交给社区成为城市基层治理的主要路径。对此,国家从顶层设计上推动了社会治理的改革,一是住房商品化改革,使得居住逐步脱离原先的单位福利而成为一种具有保障和投资双重价值的商品,公众的居住逐步脱离了原先单位公共服务的辐射范围而提出了新的社区公共服务需求;二是社会保障社会化改革,80年代初民政部门就提出了社会福利社会办的口号,随后中国的社会保障体系改革启动,城市社会保障体系逐步由政府负责、单位落实向社会保障由政府服务、社会统筹的方向发展,社会福利和保障逐步从单位剥离;三是不断推动的国有企业改革,随着市场经济体系不断完善的要求,国企大量转型,由国家"包下来"、"管起来"的单位制再也无法延续下去。

在此基础上,由民政部门倡导和推行的城市社区管理体制逐步推行,1985年民政部门首次提出社区服务的概念,1987年,社区服务概念在全国范围内开始推广。20世纪90年代,社区服务开始升级为"社区建设"与国际逐步接轨,2000年11月,《中共中央办公厅、国务院办公厅转发民政部关于在全国推进社区建设的意见》,社区建设正式在全国推广,城市基层公共服务治理体制正式由单位制变革为地方政府和社区为主导街居管理体制。实际上,自新中国成立以来,街居管理体制就一直存在,早在1954年,我国就通过了《城市街道办事处组织条例》和《城市居民委员会组织条例》,从法律层面上确定了城市基层社会的管理体制和管理职能。但是由于单位制的兴起和"文化大革命"所引发的社会变革,街居制被单位制挤压而无法在城市基层社会治理中

---

① 华伟:《单位制向社区制的回归:中国城市基层管理体制50年变迁》,《战略与管理》2000年第1期。

发挥作用。改革开放以后,1980 年,全国人大常委会重新公布了《城市街道办事处条例》和《城市居民委员会组织条例》,明确了城市街道办事处的机构设置、职能范围和职责权限,街居制的城市基层管理体系逐步成为承接单位制和回应社会结构变迁的城市公共服务治理体系。相对于传统的单位制,街居制公共服务治理体系具有以下特征:

以市民为服务对象的公共服务治理体系,推动了公共服务的均等化。街居制以城市政府作为公共服务的责任主体、街道办事处和社区作为公共服务供给主体,不以职业身份来区分公共服务的供给对象,而以户籍作为公共服务可及性的依据,一定程度上实现城市内部的基本公共服务均等化,打破了职业身份对公民权利的附着性影响,实现了公民权利的平等性。但这种公共服务治理体系又催生了城乡基本公共服务非均等化的潜在问题,成为下一个阶段国家改革的重点内容。

以公共政策为工具的公共服务治理体系,适应了社会转型的公共需求。在街区制下,传统单位制的行政管理主导的管制型公共服务治理转向街区制下政府公共政策主导的供给型公共服务治理,公共服务从直接性供给转向间接性供给,这对政府把握公众需求和建立完善的公共政策体系提出了新的要求,也对社区作为执行主体如何面对复杂社会结构的执行能力提出了要求。以公共政策为核心的公共服务治理体系,适应了社会主义市场经济体系和传统计划经济体系的双轨制社会结构,一定程度上解决当时所面临的城市公共服务供给不足问题,适应了不同群体的公共服务需求,解决了当时的社会所面临的主要矛盾。但同时由于社会的剧烈变革和政府的公共政策水平问题,也在当时引发了公共服务供需不平衡的社会问题,公众虽然对公共服务具有一定的满意度,但是获得感相对于单位制的行政管理模式有所降低。

以政府为主导的公共服务治理体系,弱化了公共服务多元参与的动力。街区制下的公共治理是以政府为主导的公共服务服务供给和管理体系,由街道办事处和社区来执行,但在实践操作中,"社区建设已经转化为以服务政权建设为主要目标,并成为国家加强基层社会管理的重要方式"①,成为基层政

---

① 李东泉:《中国社区发展历程的回顾与展望》,《中国行政管理》2013 年第 5 期。

权的延伸。社区服务也逐渐成为地方政府为居民提供的一种基本公共服务，社区服务与基本公共服务的内容重叠，降低了社区服务的合法性基础，社区对于公众的吸引力在降低，社区的凝聚力在降低，多元主体的参与动力也呈现出"冷漠性"的特征。这与最初"社区服务要求的是社会的广泛参与，在参与中实现社会互动互助，进而分享共同参与的成果"①的参与分享理念存在偏差。

（三）21世纪以来：具有城市特色的参与式社区公共服务治理

随着经济社会的进一步发展，21世纪以来中国的经济社会结构进一步发生变化，街居制下的政府主导模式逐渐遇到基层公共服务治理的瓶颈。一方面，市场经济的进一步发展使得个人更加独立于社区，个体对于社区的依赖在降低，社区对于个人权利保障与实现的影响也在弱化，加之基本公共服务的政府主导供给体系，社区特色服务成为社区与居民有效互动的基础。另一方面，城市社会结构发生了重大改变，城市化所带来的大量人口涌入已经改变了传统城市的生态系统，户籍管理制度已经难以适应新的城市管理要求，社区成为城市治理体制创新的新突破点。在这种变化下，社区不仅成为基本公共服务的基层执行体系，也成为社区公共服务供给的发起主体，社区公共服务治理进入了一个新的探索时期。

当前城市社区的公共服务治理主要体现在两个层面上，一是城市社区治理系统结构之上，即社区中的各种利益主体在权责上是如何分工的，在关系上是如何互动的，在管理中如何衔接的。当前的城市社区治理系统主要包括三种治理模式，包括由政府主导的治理结构、社区自治型的治理结构和多元协同的治理结构。其中政府仍然在社区治理中发挥着不可替代的作用，但是社区自治组织的居委会已经逐步参与并发挥起社区治理的主导作用，另外市场主体、社会组织以及社区居民也都进入了社区公共服务治理体系之中。二是城市社区公共服务所涉及的领域，社区公共服务既包括政府作为主体的基本公共服务，还包括回应社区居民需求的社区公共服务，按照经典经济学的观点，公共产品具有典型的非排他性和非竞争性，也具备典型边界特征，即公共服务能够普及到何种范围。当前的社区公共服务基本上具有明确的边界范围，一

---

① 邓锁：《社区服务研究：近15年以来的发展与评析》，《甘肃社会科学》2000年第4期。

方面基本公共服务具有非排他和非竞争的纯公共产品特征,为所有的社区居民开放;另一方面,社区公共服务往往具有非排他性的准公共物品,社区的公共服务一般被限制在社区的空间范围和受众范围之内,在项目选择上则是以社区公共服务需求和供给的均衡点为基础进行配置,确保社区范围内公共服务特殊性和独享性。

当前城市社区的公共服务治理处于一个快速的变化之中,适应于快速城市化、市场经济体系建立所带来的社会结构变化,在国家城市管理战略的不断完善过程中,城市社区的公共服务治理已经发生了重大变化:

从治理内容上来看,社区公共服务的边界在延伸。公共服务的非排他性和非竞争性决定了边界的模糊性,传统上由于资源的有限性,社区往往通过行政权力来限制公共服务的边界,保障作为公共服务目标群体能够足够的获得公共服务。而随着当前社会开放性程度的不断提供,除了特殊基于身份的公共权利服务以外,社区公共服务边界在不断延伸,不仅社区内部,包括邻近和周边的社区也基本能够享受到社区的大多数服务而不被排斥。

从治理主体上来看,社区公共服务的供给主体在发生变化。传统上社区公共服务的供给主体主要集中为社区自治组织和社区的行政延伸机构,而随着近年经济社会的巨大发展,一方面社工组织作为公共服务供给主体进入到社区之中,社区公共服务的公益属性大大增强;另一方面服务企业进入到社区之中,当前大量社区公共服务已经由企业来承担服务的供给,以企业化的运营模式保障服务的质量;最后公众也成为社区公共服务供给主体和实践主体,并成为公共服务效用的决定因素。

从治理方式上来看,社区公共服务供给更加专业化。随着劳动分工和社会功能的不断细化,家庭的功能发生变化,原先的教育、养老、部分家务工作逐步从家庭生产转向了社会专业生产,社区对于专业化的服务机构越来越依赖。

从治理目标上来看,社区公共服务更具社会属性。社区是社区生活的共同体,社区的认同和社区凝聚力是社区公共服务的第一目标。但同时,社区还承担着社会基本单位的职能,因此社区公共服务的目标还应体现在为维护社会的稳定和发展做出贡献。

综上所述,我国的城市社区公共服务治理变迁是以治理目标的调整为基础的,经历了社会控制动员、社会管理服务再到当前参与式的社区公共服务治理模式,社区公共服务治理在治理主体关系、治理规则、治理方式方法方面不断调整,并进而形成了回应当前社会需求、适应当前社区环境和履行当前治理责任的社区公共服务治理体系。

第三节　城市社区公共服务治理系统

所谓系统,按照贝塔朗菲的界定,就是"相互关联元素的集"①。我国科学家钱学森将其定义为:相互作用和相互依赖的若干组成部分合成的具有特定功能的有机整体,而且这个系统本身又是它从属的一个更大系统的组成部分。②

系统的理念源远流长,但是作为一门学科的系统论,路德维希·冯·贝塔朗菲(Ludwig Von Bertalanffy)被公认为这门学科的创始人,其 1945 年发表的《关于一般系统论》论文奠定了这门学科的理论基础。系统论将研究对象看作一个整体,关心的是其内部各组成部分相互关系对整体行为的影响。与传统解决问题的理念和方法不同,系统学强调要通过系统思考来解决问题,即用系统的观点,在长时间和大空间范围内,动态看问题,关注系统结构,特别是系统结构所存在的非线性、反馈回路和延滞等特征。系统科学以系统作为研究对象,当前的系统科学研究已经逐步从以前研究系统遵循的机械运动规律转向遵循系统生成的演化规律,从对系统结构的静态分析转向系统生成过程的动态综合,其中耗散结构理论就是其具有跨越式发展的核心理论。

城市社区公共服务治理系统就是治理城市社区公共服务所形成的,由多元要素组成的功能有机体,是推动城市基层社会治理、确保城市公共服务有效供给、保障公民权益和回应公民诉求的重要支撑体系。城市社区公共服务治理系统在经济社会发展要求、国家宏观战略等外界因素影响下,寻求更为优化

---

① ［奥］贝塔朗菲:《一般系统论》,秋同、袁嘉新译,社会科学文献出版社 1987 年版,第46 页。

② 钱学森、许国志、王寿云:《组织管理的技术——系统工程》,《文汇报》1978 年 9 月27 日。

的公共服务治理路径也在不断地进行演化和变迁,系统结构不断完善,不断走向有序,是一个典型系统学中的耗散结构的系统。

一、城市社区公共服务治理系统的特征

(一)城市社区公共服务治理系统是一个开放的系统

城市社区公共服务治理系统内置于城市治理系统,其本身又是一个包含众多子系统的开放系统。其开放性体现在以下方面:一是城市社区公共服务治理系统受到宏观政策、经济社会制度变迁、城市规划与城市结构变化以及其他一些自然和社会因素的影响,社区公共服务治理系统也不断同外界进行交流和互动,包括治理资源、信息以及治理对象等不断发生变化,外界因素是影响系统变化的重要因素。二是城市社区公共服务治理系统具有自身的稳定性,社区公共服务治理系统是基于国家、城市和社区固有的政治体制、政策体系、文化体系和社会结构而形成的,系统结构在治理主体上受到政治体制的约束,在治理对象上受到社会结构和文化体系的影响,在治理方式上受政策体系的局限,而这些因素具有一定的稳定性,这促使了系统结构的稳定性,保障了系统的长续存在。因此,城市社区公共服务治理系统既具有系统内部的稳定性,又具有对外的开放性,存在形成耗散结构的基础。

(二)城市社区公共服务治理系统处于一种远离平衡的状态

城市社区公共服务治理系统远离平和状态。从参与者来看,社区公共服务治理系统既包括了具有资源垄断优势的政府及其行政延伸机构,也有拥有认同基础是社区自治机构,还有具有竞争优势的企业、专业特色的社会组织以及社区居民,每一个参与者在合作治理系统中都具有明显的差异和不同,占据着不同的地位,这种差异化是系统"力"形成的根源。同时,针对不同的公共服务内容,参与者主体也有不同,付出的精力和成本也有所差异,并会为实现个体或群体目标组建联盟,激发了系统中的"流",增加了系统的复杂性和多变性。另外,社区公共服务治理系统还受到外界因素的影响,特别是公共政策的变化会直接影响到系统的运动方向,交换熵流具有较强的效应,扩大系统内部的涨落,降低系统的熵值,从而不断推动系统走向新的有序状态。

（三）城市社区公共服务治理系统的随机涨落导致有序，并具有自组织现象

城市社区公共服务治理系统由于非均衡性特征，系统诸要素的差异形成了涨落出现的动力，形成了系统运行中（包括公共服务治理的合作体制、运行机制、质量控制机制等）出现各种各样偏差，造成了随机涨落的大量出现，这种涨落或因为系统本身的稳定性要素被限制或消解（如社区公共服务体系通过协商、行政权威以及投票规则将不稳定因素现在），或者因为一些突发的导火索以及一些耦合因素引起系统透明形成新的有序结构（当外界的重大变革在触发群体性事件而引发对一些合作服务项目的强烈抵制，如邻避设施建设问题，会导致新的治理结构）。另外，城市社区公共服务治理系统具有自组织的特征，受制于政治体制的制约、传统制度的路径依赖以追求稳定发展的目标诉求，导致非平衡运动的涨落，不论是微小涨落还是引发突变的巨涨落，都会在系统内部因素或一些外部因素的影响下逐渐趋于稳定，形成一种新的有序结构。

（四）城市社区公共服务治理系统要素间具有非线性特征

城市社区公共服务治理系统由于属于社会属性而存在大量的非线性因素。治理系统在演化中或存续中存在着大量的间断性与连续性、规则的变化和人的行为、基于利益变动的合作选择变化、宣传作用和典型效应、学习因素与集体行动等，这些因素无法通过线性模型来描述，有时甚至超脱于一般逻辑的描述范围。如危机状态下，多元主体的团体参与意愿更为强烈，动力更强，同时因为生存而对利益关注相对减少；一个好的社会风尚，往往超脱于利益约束，促使人民互助、合作，这些现象有时很难以固定的逻辑来解释和描述。因此，在多元要素的变动中，由于非线性约束，往往一个小的涨落波动就会被放大、扩散和传播，促使系统结构的突变，这便形成了系统走向有序的动力之源。

二、城市社区公共服务治理系统的构成要素

城市社区公共服务治理系统就是治理城市社区公共服务所形成的，由多元要素组成的功能有机体。城市社区公共服务治理系统具有系统的一般特征和要素：

系统的目标：实现城市社区公共服务的有效治理，就是要实现社区公共服务本身所要达成的目标以及所衍生的外部性目标，集中表现为社区公共服务需求的满足情况。要达到需求的有效满足，还需要有高品质的公共服务，即形成高品质公共服务的目标，具体包括社区公共服务高效性，即社区公共服务的供给具有高效率特征，公共服务的成本得到有效控制，对社区的效益得到有效保障；公共服务的公平性，即公共服务具有均等化和普惠性的属性，公共服务要能够满足社区内居民的需求，且满足这一需求的过程不受到非公平因素的限制；公共服务的可及性，即社区公共服务要能够比较容易得被获取以及受众具有对公共服务使用的较大机会，社区公共服务对于社区居民具有便宜性服务特征；公共服务的可获得性，即公共服务对于社区居民需求的满足程度，公共服务能够确保其被认可的合法性基础。

系统的结构：即城市社区公共服务治理系统的元素和它们之间相互关系构成系统的结构，即城市社区基于系统目标，在汇聚资源、共同参与、协同互动的基础上所形成的公共服务供给、管理和效果保障的结构体系。其中在主体上包括了社区党组织系统、地方政府延伸机构、社区组织机构、社区社会组织、企业和社区居民等，多元主体基于社区公共服务的有效供给所形成的权责分配体系；在运行上，包括了社区公共服务的供给、管理的服务的需求满足全过程运行体系；在资源上，包括了系统外部的资源投入和系统内部的资源开发。

系统的环境：即城市社区公共服务治理系统所面临的影响系统的环境要素的集合，这些环境要素通过影响系统要素或直接影响系统结构而对系统产生作用，具体到城市社区，就是开放性的城市社区所受到的社区之外包括人员、资金、制度、权威、信息技术等方面环境因素，这些因素通过系统因素注入系统，进而引起系统结构的变化。

系统的边界：即城市社区公共服务治理系统与系统环境之间的界线。城市社区公共服务治理的边界包含两个层面，一是公共服务的层面，不是所有的公共服务都在这个系统的治理之中，只包括了基本公共服务在社区层面进行供给和管理的服务以及社区内部公共服务的治理。二是社区层面，即公共服务的治理只在于社区的边界之内，物质化的公共服务以社区区域作为界线，非物质化的服务以社区居民作为服务的边界。

　　系统的行为：即城市社区公共服务治理系统随着时间的变化规律,包括城市社区公共服务治理系统随着时间变化所呈现的在治理体制、治理机制、治理方式方法等方面所呈现的规律性特征,系统行为由系统结构所决定,是系统内部各个组成部分相互关系作用的结果。

　　系统的功能：即城市社区公共服务治理系统所应该具备的能力,具体包括整合功能,系统需要对各个组成部门的职能、资源和行为进行协调与整合,确保系统功能优于部分功能叠加的目标。管理功能,对社区公共服务进行有效管理,提升公共服务的效率,确保公共服务的效益,保证公共服务质量。发动功能,对社区资源和社区力量进行有效动员,激发社区内外的力量和资源,扩大社区公共服务治理的基础。

第四节　城市社区公共服务治理系统的理论基础

一、耗散结构理论

　　耗散结构理论是由比利时化学家普利高津(I.Prigogine)在系统论和热力定律基础上提出的,研究一个开放系统由混沌向有序转化的机理、条件和规律。耗散结构理论一般用来研究距平衡状态相差较大的、流动的、开放的系统。该理论认为：一个开放的系统在达到一定的阈值,在于外界物质和能量的交换下,通过涨落,系统可能发生突变,由原来无序混沌状态转变到一种结构和功能有序的新有序状态。其中耗散结构是指开放系统通过不断与外界交换物质和能量,当系统内部某个或多个要素的改变积累到一定程度上的时候,在外界条件变化达到一定阈值时,外部条件会促使要素间有序与无序状态的差异作用力产生突变,系统可能从原来的混沌无序状态转变为一种在时间、空间或功能上的有序状态。耗散结构有以下特征：

　　系统开放性,即耗散结构理论研究的是一个与外界不断交换能量和物质的开放系统,这种开放系统中的要素会受到外界因素的影响,而且系统的结构也会受到外界因素的影响,甚至可以说外界因素对于系统的有序性具有重要的价值和意义。因此,在耗散结构的研究中,外界的因素将成为一个重要的研究领域,成为一个推动系统有序的重要变量。

系统的非平衡性。经典力学认为,系统的状态可分为平衡和非平衡两类,所谓平衡是指构成系统的要素在物质、能量等层面上均匀、无差异的分布状态,这种状态是最无序,也是最无活力的状态。而有序的系统结构只能是在非平衡的状态下产生,在时空分布上呈现出差异性的状态,这种状态才是一种有活力的状态。而耗散结构就是这种在远离平衡条件下系统与外部环境相互作用而形成的有序却非均衡的结构。

系统的有序性。耗散结构的系统是一种有序的结构,是系统内部各要素通过有规则联系而形成的结构。这种有序包括结构序和功能性两个层面。其中结构序标志系统结构的规则性和顺序性,又包括时间序和空间序,分别表示系统要素的时间和空间分布。功能序指系统与外部环境相互联系和作用过程的秩序和能力,它体现了一个系统与外部环境之间的物质、能量与信息的输入或输出的交换关系。①

系统运动性。耗散结构是一种动态结构,构成系统的要素会随着时空变化不断更新,促发系统从量变到质变的变化过程。耗散结构的运动受到熵的影响,即系统自身总是力图从熵值较小的状态向熵值较大的状态转变,即从有序到无序的转变;而开放系统则是通过系统与外界的交通,形成交换熵,促使系统走向有序。

本书的研究过程中,就是以耗散结构理论来分析城市社区公共服务治理系统,分析系统的结构、运行机制、熵流变化以及系统涨落,总结城市社区公共服务治理的特征和变化规律。

二、网络化治理理论②

"网络化治理"由美国著名学者斯蒂芬.戈德史密斯和威廉.埃格斯首先提出,他们认为"网络化治理是指政府的工作不再依赖传统意义上的雇员,而是更多地依赖各种伙伴关系、协议和同盟所组成的网络,它的主要特征是深深地

---

① 李继宏:《基于耗散结构理论的生态产业链网结构运行机制研究》,天津大学 2010 年博士学位论文。

② 田昭:《网络化治理在中国行政生态环境中存在的缺陷及其改善途径》,《四川大学学报(哲学社会科学版)》2017 年第 3 期,《新华文摘》2017 年第 18 期转载。

依赖伙伴关系,平衡各种非政府组织以提高公共价值的哲学理念,以及种类繁多、创新的商业关系。"①网络化治理的网络化,并非技术路径的互联网络,而是特指以社会关系为核心的社会网络。网络化治理,就是为了实现公共利益,社会成员之间依托社会网络互动协同,共同参与公共事务的一种新型治理模式。其核心内涵如下:

主体多元:网络化治理的主体是包括政府在内的多元主体协同网络。学者 Choong.C 与 Lam.S 就将网络化治理描述为与公共治理问题密切相关的网络关系,它是一种与市场化和等级制相对的社会组织的特定模式。② Swian-iewicz.P 也认为网络化治理中多中心的共同行动者通过制度化的合作机制,相互调试目标,共同解决冲突,增进彼此利益;行动者相互之间存在关联影响,行动者在考虑个人行动策略时需要兼容其他行动者的选择。③ Turnbull 将网络化治理中的网络界定为自治力量、市民社会合法性、商业利益、强制力、立法权、协调力、国家能力和国际组织。④ Khan.J 对网络化主体的功能进行了界定,认为网络化治理中政府是公共价值的促动者;企业是公共价值的创造者;非政府组织是公共价值的提供者;公民个人是公共价值的实践者。⑤ 国内学者田星亮更是直接将网络化治理定义为政府的横向协调的服务与提供服务的非政府合作伙伴的整合,是在垂直治理中添加横向协同联系。⑥

互动协同:网络化治理强调的是多元主体通过互动来实现共同目标的确定和公共事务的共治。Park H.J.A 和 Park M.J.将网络化治理界定为创新公共管理的一个互动过程,"网络"意指不同社会参与者的互动,互动的基础与

---

① 〔美〕斯蒂芬·戈德史密斯、威廉·埃格斯:《网络化治理:公共部门的新形态》,孙迎春译,北京大学出版社 2008 年版,第 6 页。

② Choong.C.&Lam.S., The determinants of foreign direct investment in Malaysia, A revisit. Journal of Global Economic Review, Vol. 39, No. 2. 2010, pp. 133-139.

③ Swianiewicz, P, An empirical typology of local government systems in Eastern Europe, *Journal of Local Government Studies*, Vol. 40, No. 1, 2014, pp. 292-311.

④ Turnbull, S.(2007) Analysing network governance of public assets, Corporate Governance, An International Review, 15 (6), pp. 1079-1089.

⑤ Khan.J., What role for network governance in urban low carbon transitions? Journal of Cleaner Production, Vol. 50, No. 1, 2013, pp. 133-139.

⑥ 田星亮:《论网络化治理的主体及其相互关系》,《学术界》2011 年第 2 期。

指向是信息和政策问题的解决。① 陈振明也认为,网络化治理是"为了实现与增进公共利益,政府部门和非政府部门(私营部门、第三部门或公民个人)等众多公共行动主体彼此合作,在相互依存的环境中分享公共权力,共同管理公共事务的过程。"②还有学者认为,网络化治理即可以是自下而上的社会治理过程,也可以由政府诱导外部力量共同推动。

资源共享:网络化治理的基础在于资源共享体系建立,通过资源共享发掘和整合社会资源,夯实治理的基础。Wilikilagi V 认为,网络化治理的行动过程是一个能力建设和知识共享的框架建立过程,其行动框架涵盖两个层面的内容,即关系构建中的互动模式和不同独立单元之间的资源流动。③ Koppenjan J.与 Klijn E.H.强调了网络化治理应当坚持的行动逻辑是资源、技能和策略的网络化合作。④ Awortwi N.指出网络化治理强调创新性的资源共享和能力开发,包括创新理念开发、技能范围拓展、一致性意见达成、资源集成运用等内容。⑤ Ateljevic J 等人认为,网络化治理就是对"物质—制度"资源和社会结构资源的协调利用。⑥

公共价值:网络化治理的最终目标是实现公共利益和公共目标,践行公共价值。Trah G.认为网络化治理倡导合作行动、交互支持、资源集约利用,追求公共价值的实现。⑦ James G.March 与 Johan P.Olsen.也认为网络化治理是一

---

① Park,H.J.A& Park,M.J.,Types of network governance and network performance:Community development project care, International Review of Public Administration, Vol. 13, No. 1, 2009, pp. 91-105.

② 田星亮:《网络化治理:从理论基础到实践价值》,《兰州学刊》2012 年第 8 期。

③ Wilikilagi, V., What is network governance and its implications for public policy formulation? Social Science Research Network.Available at:http://ssrn.com/abstract=1494757,2009.

④ Koppenjan,J.& Klijn,E.H.,Managing uncertainties in networks:A network approach to problemsolving and decision making,London:Routledge. 2004.

⑤ Awortwi,N.,*Getting the fundamentals wrong:Governance of multiple modalities of basic service delivery in three Ghanaian cities*,The Hague,the Netherlands:Shaker Publishers. 2003.

⑥ Ateljevic,J.,O'Rourke, T.& Poljasevic, B.Z., Local economic development in Bosnia and Herzegovina:Role of local development agencies, Balkan and Near Eastern Studies, Vol. 15, No. 3, 2013,pp. 280-305.

⑦ Trah,G.,*Business development services and local economic development*.Programme description of GTZ Local Economic Development & Business Development Services Programme.Pretoria:GTZ South Africa Office. 2004.

种网络参与者展开互动的制度化而非制度的架构,其基础是参与者之间的共同价值和公共目标。① 戈德史密斯、埃格斯也强调网络化治理中,为了最大化实现公共价值,政府应更加依靠外部组织,与其形成一种更密切的战略伙伴关系,以联合行动取代竞争,契约信任、合作共赢、组织分享是其互动的基础。② 孙健指出网络化治理的核心理念就是要实现多元主体的合作共治,其终极目标是为了增进公共价值。③ 刘波、王力立、姚引良等学者也认为网络化治理最终目标就是旨在提高公共服务的质量、效率,增进公共利益,满足公众需求。④

　　从网络化治理的核心内涵可以看到,该理论既有对新公共管理、新公共服务和治理理论的内涵传承,也在一定程度上努力弥补这些理论的不足,力图为回应不断变化的治理危机而寻找新的出路。新公共管理理论基于市场化理念解决了政府的职能分解问题,整合了社会资源,优化了政府的职能,提升了社会治理的动力机制;但并未解决服务的公共属性问题,也没有回应公民权利这一最终价值诉求。新公共服务理论以公民权为出发点和归属,解决政府的价值动机问题、巩固了政府所肩负的政治价值和伦理价值;但没有回应政府与公民如何达成共识的问题,也在实践中具有操作性的困难。治理理论基于多元合作的框架,创新了治理工具,优化了治理方式,提升了治理效率;但在应对资源集中、目标冲突方面还存在着诸多缺陷。网络化治理在吸纳这些理论合理内核的基础上,另辟蹊径,从社会网络的视角、以社会结构分析来寻找治理新路径,希望通过网络化的伙伴关系来解决治理体系中的合作机制问题,通过参与体系实现社会资源的整合,通过信用机制来降低协同的成本,通过互动协调体系来提升运行效率,通过共同学习机制来巩固合作基础。

　　网络化治理理论关于社会网络结构的研究对本书城市社区公共服务治理系统研究具有重要的借鉴价值,本书在研究过程中,对社区公共服务治理系统结构的研究部分,借鉴了网络化治理关系系统主体构成、协同运行机制以及资

---

① James G.March,Johan P.Olsen.Democratic Governance,New York:The Free Press. 1995.

② [美]斯蒂芬·戈德史密斯、威廉·埃格斯:《网络化治理:公共部门的新形态》,孙迎春译,北京大学出版社 2008 年版,第 6 页。

③ 孙健:《网络化治理:公共事务管理的新模式》,《学术界》2011 年第 2 期。

④ 刘波、王力立、姚引良:《整体性治理与网络治理的比较研究》,《经济社会体制比较》2011 年第 5 期。

源集成机制。

三、参与民主理论

参与民主理论是相对于传统民主理论而言的新的民主理论,与传统民主理论强调的代议制、精英主义不同,参与式民主理论提出了要推动普遍大众参与的真正民主理论,通过规范和科学的研究提升大众参与的规模,提供大众参与的效果。

参与民主理论由帕特曼教授在其《民主理论与参与》中最早提出,他认为民主和参与并不必然是相等的,传统的精英民主理论在本质上是排斥参与的,而"真正的民主应当是所有公民的直接的、充分参与公共事务的决策的民主,从政策议程的设定到政策的执行都应该有公民的参与。只有大众普遍的参与才有可能实践民主所欲实现的基本价值,如负责、妥协、个人的自由发展、人类的平等。"①

参与式民主理论随着信息技术的普及,特别是自媒体的产生而扩展了参与路径,西方社区治理运动的兴起更是为参与式民主理论开辟新的平台。因此西方的政治学家和公共管理学家更加重视参与民主理论的研究。代表理论如下:

阿斯汀的公民参与的阶梯理论②,根据政府与公民之间的权限划分,将公民参与分为三个阶段,第一阶段为政府主动型参与,主要表现为政府的完全操纵和宣传教育;第二阶段为象征性参与,主要形式为给予信息、政策咨询、组织形成、合作伙伴关系;第三阶段为完全型参与,主要形式为授予权力和公民自主控制。

Kingston 也提出了公民参与的阶梯模型,如图 1-1 所示,Kingston 将公民参与分为了六个层次,并将最底下的三层界定为低层次的公民参与,而将最上面的三层界定为高层次的公民参与。

托马斯在其《公共决策中的公民参与》一书中提出了公民参与中的随机

① ［美］佩特曼:《参与和民主理论》,陈尧译,上海人民出版社 2012 年版。
② 孙柏英:《公民参与的形式类型及其适用性研究》,《中国人民大学学报》2005 年第 5 期。

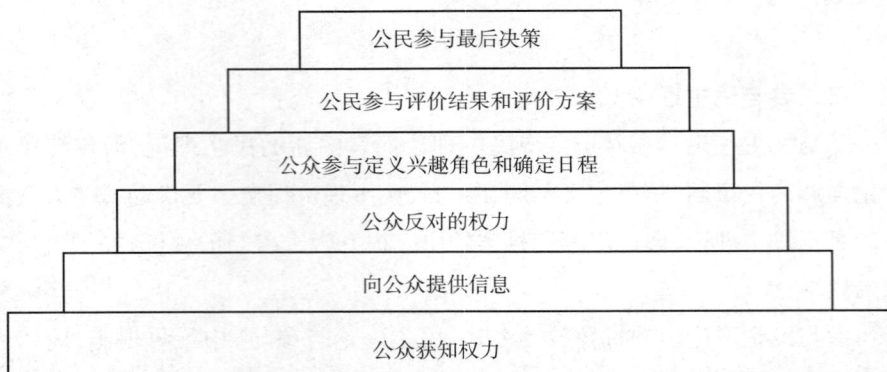

图 1-1 公民参与分层图

性的理论观点,"即将公民参与视为根据环境变化选择不同参与程度,采取不同参与形式的过程。"①托马斯将公民参与氛围以获取信息为目的的公民参与和以获取公民对政策的认可和接受为目的的公民参与,并为这两种不同参与程度的公民参与总结了相应的公民参与技术方法,这些技术方法包括关键公众接触、公民发起的接触法、公民调查、新沟通技术、公民会议、咨询委员会和斡旋调解。

综上可以看出,参与式民主理论强调了公众对公共事务的参与,而非仅仅是传统的选举和投票。公众的参与具有以下特征:一是公众的公共事务参与具有普遍性,即公众应该参与到所有的公共事务管理之中,这才是具有普遍价值真正的民主体系。二是公众的公共事务参与具有特定性:即不同的公共事务要求不同的参与模式和参与方式,不同的参与方式决定了公共事务的有效性。三是公众参与具有层次性,不同社会发展阶段和不同的行政生态环境决定了不同层次的公众参与。四是公众参与具有发展特征,随着民主的训练和公民学习,公众的参与水平将不断提高。

本书在研究过程中应用了参与民主理论,并以该理论作为城市社区公共服务治理系统中的公众参与分析框架和策略建议基础。

----

① [美]约翰·克莱顿·托马斯:《公共决策中的公民参与》,孙柏瑛译,中国人民大学出版社 2010 年版,第 23 页。

四、公共产品理论

公共产品理论是西方财政学的核心理论,也是当代公共经济学的基石,西方公共产品理论追根溯源可以追溯到霍布斯关于政府产生的观点,亚当·斯密也在国富论中关于政府职能的部分提到公共产品的相关理论。在发展过程中,林达尔均衡理论提出了公共产品的成本分担机制,即公共产品供应是讨价还价基础上形成的,最佳条件就在于个人愿意承担的成本份额等于 1。萨缪尔森提出了公共产品所具备的非排他性和非竞争性特征,并提出了基于这两种特征的公共产品供给模式。在塞缪尔森的基础上,布坎南提出了准公共产品的概念,并提出了当政府、私人、俱乐部和地方提供公共产品的总体供给框架。

公共产品理论具有丰富的内涵和分析框架,已基本上形成了当前公共产品和公共服务有效管理的研究体系。主要表现如下:

(1)公共产品的内涵研究提出了政府的治理框架。公共产品的内涵界定实质是在解决个人、社区、企业和政府之间的职责分配问题,并由此而形成了实践中的政府规模问题、政府职能边界、市场失灵、政府失灵以及外部性问题,这些都是现代治理所必然要破解的难题。

(2)公共产品供求机制的研究提出了公共产品的管理框架。公共产品的供求机制主要解决如何实现公共产品的需求匹配问题,并由此而形成了社会协同中公共产品的最优生产和供给选择问题、公共产品的分配问题、公共产品的需求管理问题、公共产品的可及性问题以及公共产品的搭便车问题,这些都是当前公共产品管理所要解决的问题。

(3)公共产品的运行机制的研究提出了公共产品的有效方式选择问题。公共产品的运行机制核心在于解决公共产品的效率和公平问题,其中效率问题涉及公共产品选择何种运行模式,包括市场化、社会化、专业化和智能化的选择;公平问题则涉及公共产品的均等化问题,而这正是当前公共服务治理体系所要解决的核心问题。

(4)公共产品的绩效管理研究提出了公共产品可持续性研究问题。公共产品绩效管理主要解决公共产品的效果如何以及如何改进。这涉及当前公共产品和公共服务的评估问题与可持续性问题,是当前实现公共服务有效、持续供给的重要话题。

本书在研究中借鉴了当前公共选择理论的研究成果,并将这些成果用于城市社区公共服务治理系统的结构分析之中,期望建立有效、有序和可持续的城市社区公共服务治理系统。

五、政治系统理论

政治系统理论是美国政治学家戴维·伊斯顿在政治学研究中运用系统分析方法提出的一种理论,集中反映在其著作《政治生活的系统分析》之中。该理论认为,公共政策是政治系统的产出,是对周围环境所提出的要求的反应。政治系统按照动力学的术语进行分析,把政治过程阐释为持续不断且相互关联的一连串行为,形成系统的流,并建构了动力反应模式。

政治系统理论认为政治系统是一个开放的、受到环境影响的系统。在政治系统的过程中,具有以下的要素,如下图所示:

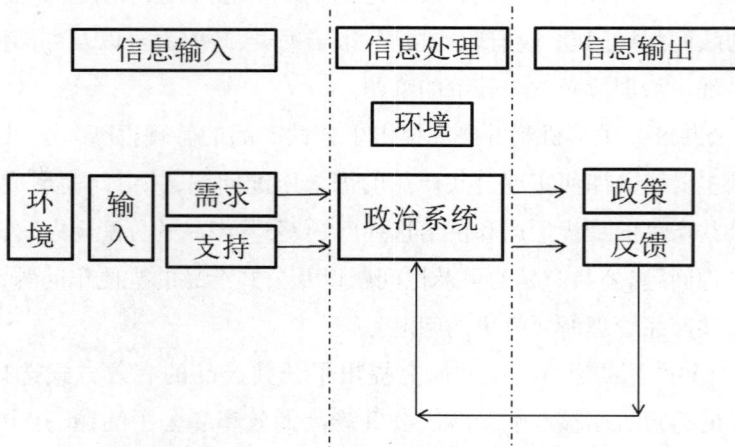

图1-2 政治系统运行过程图

一是环境,即由社会大系统中除政治系统之外的各种状况和条件所构成的其他子系统组成,包括社会内部环境(生态系统、生物系统、个人系统、社会系统)和社会外部环境(国际政治系统、国际生态系统、国际社会系统),环境会对系统产生输入的压力和干扰,是系统运行的起点。

二是需求,指个人或团体为了满足自己的需要和利益向政治系统提出的采取行动的主张,即公众和社会对系统所提出的需求,属于政治系统的输入要素。

三是支持个人或团体接受选举结果、遵守法则、纳税并赞同政府采取的干预行动以及对系统的资源支持,亦属于政治系统的输入要素。

四是输出,即政治系统的输出结果,主要表现为公共政策,是政治系统对社会作出的权威性价值分配。

五是反馈,反馈意味着公共政策(输出)可能改变环境,改变环境提出的要求,以及改变政治系统的自身特点。政策输出可能会产生新的要求,而这种新的要求将进一步导致政治系统的政策输出。在政治系统循环往复、不断变化的运动过程,公共政策源源不断地产生。

本书在研究过程中,特别是城市社区公共服务治理系统的流程研究过程中,使用了政治系统理论关于系统过程和系统要素的研究理论和方法。

第二章　城市社区公共服务治理
系统的研究工具选择

城市社区公共服务治理系统的系统属性要求其必须以系统论作为基础的研究框架和研究路径,其中系统动力学的研究方法适合于城市社区公共服务治理系统的特征,其本身的优势又能够有效解决城市社区公共服务治理系统所面临的结构特征、过程发展等问题,这使其具有研究的可行性。

第一节　系统动力学研究工具的引入

一、系统动力学简介

系统动力学(System Dynamic),简称 SD 模型,创始人为美国麻省理工学院的福瑞斯特教授,是一门专门研究分析系统的学科,也是一门认识人类复杂系统问题和解决系统问题的交叉综合学科。系统动力学自创始以来被广泛应用于企业经营管理、环境治理、工程管理、区域经济发展分析、资源利用和可持续发展等领域,被誉为社会经济一类系统的"战略与策略实验室"①。系统动力学模型的仿真模拟是一种基于结构功能的模拟,适合用于研究复杂系统结构、功能和行为之间的逻辑关系。通过模拟,可行分析剖析历史、分析现状和预测未来,是现代决策科学的重要组成部分。

系统动力学认为系统的行为模式受到系统内部信息的反馈机制决定,其

---

①　钟永光、钱颖、于庆东:《系统动力学在国内外的发展历程与未来发展方向》,《河南科技大学学报(自然科学版)》2006 年第 4 期。

通过因果关系采取反馈回路式的方法建立模型,利用 VENSIM 软件在计算机上进行仿真模拟,研究系统的结构、功能和行为关系,进行系统发展预测。系统动力学研究要求对于问题的分析和研究必须基于以下三个方面的要求,一是整体地看问题,二是动态地看问题,三是具有对复杂问题的分析能力。其中整体看问题,强调要以系统的角度来研究问题,不能仅看问题部分环节和某一方面,要对问题的全过程和全部方面进行深入的研究。二是动态看问题,要用动态的观点来研究问题,不仅要看系统发展的历程,还要预测和分析系统未来的发展路径和方向。三是对复杂问题的分析能力,即要能够把握系统包括要素以及之前的关系,建立系统的结构模型,利用计算机综合和快速技术能力来弥补人脑的缺陷,建立二者有效结合的模型,利用计算机来进行决策试验。

二、系统动力学研究的特点

系统动力学模型的优势在于其能够通过系统内部的因果关系和结构出发,建立规范的系统模型,并通过计算机仿真模拟技术建立模型进行仿真实验,从而达到优化系统运行机制的目标。与其他模型相比,系统动力学把世界上一切的系统运动看作流体运动,用因果关系图和系统流程图来反映系统结构,分析系统行为和预测系统发展。这使得系统动力学模型有以下优势:

一是擅长处理长期性问题。系统动力学是基于结构—功能的模拟,从系统因果关系上来研究系统的结构及行为,其具有长期性特征,能够用来研究和模拟周期性和长期性的规律。

二是擅长处理非线性关系的系统。系统动力学是一种定性研究与定量研究相结合的研究方法,其重要特点就是对事务之间的非线性关系进行分析,最大限度避免因为约束条件过多和假设过多而产生的研究不充分问题。

三是擅长在缺乏数据条件下研究系统。系统动力学主要侧重的是系统内部结构的研究,并通过系统内部机构所决定的信息反馈机制研究系统行为,而不仅仅依赖于数据分析来对系统进行研究。

可以看出,系统动力学研究虽然源于自然科学,但是更适合于社会科学的研究,特别是对于长期性、非线性、开放性的社会系统而言,系统动力学因为其自身特征能够把握这些问题的本质和内涵,也更能对系统发展做出预测。

三、系统动力学研究的主要内容

（一）系统的结构。系统论认为"系统结构决定系统行为"，系统结构的研究就成为系统动力学研究前提的起点。通过系统动力结构的研究，旨在分析系统的基本要素和运行的基本机制，了解系统，进而为系统的建模奠定基础。对于系统结构，系统动力学按照系统论的观点，研究系统的以下结构要素：系统的主体，即系统由哪些主体来组成，各个主体具有什么样的特征；系统的序参量，也即系统的目标，即系统良好运行结构所要达到目标；系统的稳定性要件，即系统能够保持稳定所需要的支撑调节；系统的内外熵流，即系统内外影响运行的因素；系统的动力机制，系统运行的动力来源和传导机制；系统的涨落，系统运行过程中所发生的突变现象。

（二）系统的模型。系统模型的构建是系统动力学的关键，主要解决通过简单的模型来反映系统的运行机制，反映系统的运行规律。系统模型的构建包括了系统的因果关系、反馈机制、运行流程和系统函数。其中系统的因果关系是基于系统结构分析变量之间的关系，反馈机制则是各个变量基于问题导向而形成的关系网，运行流程体现为系统运行的流程图，系统函数则是以表函数为主体的系统从动力输入到输出的全过程模型。

（三）系统模型的验证和模拟仿真。系统模型的检验和预测是系统动力学研究动态性的体现，也是系统动力学应用性价值的集中表现。系统动力学模型的最大特征在于通过计算机的模拟仿真，对系统发展做出预测。因此，有效的数据收集就可以通过系统动力学模型来预测系统发展，并对各种策略的效果做出检验，从而为实践策略的提出做出参考。

（四）系统动力学模型构建的主要工具。VENSIM 软件是系统动力学研究的主要工具。Vensim 是由美国 Ventana Systems, Inc. 所开发，为一款观念化、文件化、模拟、分析、与最佳化动态系统模型之图形接口软件。Vensim 可提供一种简易而具有弹性的方式，以建立包括因果循环（casual loop）和流程图等相关模型。使用 Vensim 建立动态模型，我们只要用图形化的各式箭头记号连接各式变量记号，并将各变量之间的关系以适当方式写入模型，各变量之间的因果关系便随之记录完成。而各变量、参数间之数量关系以方程式功能写入模型。透过建立模型的过程，我们可以了解变量间的因果关系与回路，并可透过程序中的特殊功能了解各变量的输入与输出间的关系,便于使用者了解模型架构,也便于模型建立者修改模型的内容。VENSIM 软件可以利用图示化编程建立模型,并对模型提供多种分析方法、进行真实性检验和相关预测,是一种非常有效的建模和模拟仿真工具。

第二节　城市社区公共服务治理系统动力学研究适用性分析

城市社区公共服务治理系统是一个典型的具有开放性、长期性、多重反馈、非线性和时滞性的复杂系统。当前对于城市社区公共服务治理系统的研究,主要集中在系统的主体如何界定、系统中的问题和矛盾如何解决、系统的运行流程如何去优化,但往往忽略了对系统结构的研究。这使得当前研究的问题具有很强的限制约束性,即问题的解决必须基于系统其他要素不变的假设条件,这使得很多社区公共服务治理问题的研究出现局限性。而系统动力学在研究城市社区公共服务治理系统中具有天然的优势:

(一)系统动力学比较适合研究城市社区公共服务治理系统的动态复杂性。城市社区公共服务治理系统是一个复杂的动态系统,受到内生性因素、外驱性因素的多重影响,各个因素之间亦存在着复杂的关系,特别是治理要素互为因果关系的特征使得一般的研究难以分清自变量和因变量。而系统动力学方法注重对系统内部动态结构及其变量关系的研究,可以用于城市社区公共服务治理系统复杂要素关系的处理。

(二)系统动力学比较适合在数据支撑不足的情况下对城市社区公共服务治理系统进行有效研究。城市社区公共服务治理系统研究的最大困难就在于数据获取,特别是客观数据在现行管理条件下更是难以有效监测,基层调研也因为各种限制因素数据准确性难以保障,这使得一般的模型运用因为数据缺乏而失去可行性。而系统动力学基于系统结构和系统因果关系的研究,对数据依赖性较低,通过跟踪性调研的主观数据就可以对系统进行推算分析,能够对城市社区公共服务治理系统进行模拟仿真。

(三)系统动力学可以用来预测城市社区公共服务治理系统的发展情况。

系统动力学软件运用因果关系基础上的数据反馈机制,可以对动力机制进行准确的反映,并因此来对社区公共服务治理系统发展做出模拟仿真。系统动力学研究方法还具有"政策实验室"的特点,能够为部分策略方案的实施做出效果预测,有利于为系统发展提供决策依据。

利用系统动力学对城市社区公共服务治理系统进行分析可以在一定程度上解决城市社区公共服务治理系统一直存在的系统性研究不足、整体性和动态性研究不够的问题。而同时系统动力学的研究分析框架也契合了当前城市社区公共服务治理系统的特征,使得研究成为可能。

系统动力学的结构研究契合了城市社区公共服务治理系统本质特征。系统动力学的核心在于通过系统的因果关系图和流程图来研究系统运行,即系统各个要素之间的关系以及这些要素关系的影响机制。而对于城市社区公共服务治理系统而言,系统的结构决定着系统行为,社区公共服务治理系统的主体机制、序参量目标、稳定性要件、内外熵流和动力机制的系统结构要素对城市社区公共服务治理系统发展规律起着决定性作用。因此,通过系统动力学来分析系统结构进而预测系统行为,这使得系统动力学研究的核心与城市社区公共服务治理系统的本质有一致性。

系统动力学的动态性研究契合了城市社区公共服务治理系统的动态性变化特征。系统动力学的重要特点在于以系统动力流程来对系统运行进行动态化处理,从而能够对系统进行动态化分析和预测。城市社区公共服务治理系统是典型的社会复杂系统,系统结构因为构成要素的多变性而具有动态性特征,这使得传统的一些研究方法在问题研究中经常遇到时滞问题从而影响政策效果,而系统动力学的动态性特征适应了城市社区公共服务治理系统这一特征,一定程度上解决了系统因为运动而带来的复杂治理问题,适应了城市社区治理系统的发展特点。

系统动力学的闭合研究契合了城市社区公共服务治理系统的治理特征。系统动力学重点研究系统的回路,即通过系统内部的反馈来研究系统运行机制和行为规律。城市社区公共服务治理系统是一个开放性的系统,内外因素的互动使得系统处于不断的运动之中,治理的特征使系统结构不断从无序走向有序,这也是城市社区公共服务治理系统的重要特征。城市社区公共服务治理系统的要素形成了大量的治理回路,这些回路要素之间具有复杂的非线性关系,使得传统的线性分析研究出现了障碍。而系统动力学非线性、闭合反馈回路便在一定程度上适应了城市社区公共服务治理的治理特征,开辟了系统治理的另一个研究路径。

第三节　系统动力学研究框架下的城市社区公共服务治理系统结构分析

系统学认为"系统结构决定系统行为",对系统研究的前提在于对系统结构的了解和把握。同样,作为系统学研究框架的系统动力学也必须对系统的结构进行研究,并基于系统结构来建立模型。城市社区公共服务治理系统属于典型的耗散结构系统,因此对其进行系统动力学分析就必须对其主体、序参量、稳定性条件、内外熵,动力机制和涨落方面进行全面分析,从而为系统的因果图绘制和指标筛选奠定基础。系统的结构分析内容如下:

系统的主体,即系统结构的构成者和系统行为的行使者。系统的主体决定着系统的权力配置,主体之间的差异往往成为系统动力的来源以及结构走向有序和发展的起点。

系统的序参量,即系统有序的标准,也是系统所要达成的目标。序参量是系统优化和发展的目标,也是评价系统的核心指标。系统的序参量会随着社会的发展而变化,也即系统必须具有适应外界环境的特征。

系统的稳定性条件,系统从无序走向有序的关键在于系统的非平衡性,但同时系统也受到稳定性条件的约束从而使得系统具有自身特征而不至于彻底颠覆。系统的稳定性条件源于系统的本质特征,也是系统能够形成和产生自组织的关键。

系统的内外熵,即系统内外影响系统变化和发展的因素,其中内部熵一般呈正值,对系统走向有序起到阻碍作用;外部熵可正可负,是系统保持活力的主要决定要素。

系统的动力要素,即系统能够有效运转和运行的动力来源,动力来源于系统结构的不平衡性,包括系统的内生力要素,即系统内部追求进步有序的动力,与系统序参量相关;系统的韧性力要素,即系统维持持续稳定的动力,与系统的稳定性条件相关;系统的内驱力要素,推动系统发展的内部动力,与系统的内部主体有关,也与系统内部熵有关,内部熵越大,内驱力越小;系统外推力要素,推动系统发展的外部动力,与系统外部熵有关。

系统的涨落,即系统发展和变迁的形态。系统的涨落因为系统的动力机制作用,根源则在于系统的内外熵影响,系统的涨落分为微涨落即系统的发展和系统的巨涨落即系统的变迁。

一、城市社区公共服务治理系统的主体

当前城市社区的公共服务治理是一种典型的公共服务治理系统,即多元主体为实现社区公共服务的有效供给,在汇聚资源、共同参与、协同互动的基础上所形成的公共服务供给、管理和监督体系。其构成的主要主体如下:

(一)社区党组织:社区党组织是"党的路线、方针、政策的执行者,社区政治生活和社会生活的组织者和直接参与者"[1]。在我国的政治体制下,党组织的核心领导作用在社区主要体现为政治领导功能、利益协调功能、监督指导功能和宣传教育功能,社区党员在社区治理中更是发挥着先锋带头作用。在社区的公共服务治理系统中,社区党组织主要发挥领导作用,具有确保社区公共服务治理系统置于党领导下的动力,即夯实政治领导基础的动力,对社区公共服务治理的各个方面实行包括宣教、协调和监督,实现党的意志对社区的影响。而社区的党员,由于具有共产党员先进性的特质,在社区公共服务治理中也发挥着重要的带头和领导作用,具有贯彻党组织意志和实现组织目标的职责,具有组织使命的公共服务动机,即范德纳比所判定的"一种超出个人和部门利益的信仰、价值和态度,它关注的是更广泛的政治组织的利益,并且激发个人在适当时候采取相应的行为。"[2]

(二)地方政府:直接参与城市社区公共服务治理的政府主要是区县级政府和街道办事处,在公共服务治理中,其主要承担基本公共服务以及一些辖区

---

① 马兆明、刘秀华:《社区党组织在社区治理中的功能定位》,《山东社会科学》2006 年第7 期。

② 李锐、毛寿龙:《公共服务动机文献综述研究》,《现代管理科学》2015 年第 2 期。

内都能受益的社区公共服务的供给职责。地方政府参与社区公共服务治理的动力来源于对各方需求回应的动力,包括三个方面,一是政治职责的履行压力,即政府必须履行国家公共服务供给的统一战略,这是政府机构处于行政管理体制下的职责要求。二是源于对地方公众诉求的回应,这是地方政府自身合法性的压力,地方政府为有效回应公众诉求,提升公众认同感,促进区域经济社会发展,也必须充分履行公共服务的职责,不仅包括国家规划的基本公共服务,还包括区域公共服务的供给职责,也包括了社区公共服务的监管职责。三是源于推进社会治理责任的分解,这是地方回应社区治理复杂性的压力,即地方政府在社区的公共服务治理中是在不断实现责任的分解工作,力图从全能的责任压力中解脱出来,通过撬动社会力量,推进多元治理,推动政府从传统管控向现代治理的转型,实现政府的"掌舵"角色。

(三)社区自治体系:社区自治体系包括政治层面的自治组织和经济层面的自治组织。其中的政治层面的自治组织就是按照我国所法律规定的城市社区自治机构——居民委员会,按照法律规定"居民委员会是居民自我管理、自我教育、自我服务的基层群众性自治组织","居民委员会应当开展便民利民的社区服务活动,可以兴办有关的服务事业"。① 社区自治机构是社区公共服务治理系统的核心,直接参与到社区公共服务决策、执行和监督评估之中,是其他多元主体融入社区公共服务治理系统的平台和桥梁。社区自治机构对于社区公共服务治理系统的参与具有明确的合法性动力机制,即社区自治机构因为面临着选举压力和认同压力而必须全过程参与到社区公共服务治理系统之中。居委会的参与除了作为部分基本公共服务的协同供给,还需要对一些社区服务给予直接供给,更需要为整个治理系统提供平台支持。另外,社区自治体系还包括了经济层面的自治组织——业主委员会及其机构,不同于社区自治组织以社区事务为治理对象,业主委员会及其机构以具有相同社区经济利益的小区作为治理边界,以共同的财产、资源和有偿服务为治理对象,业主委员会及其机构具有实现自身经济利益诉求的动力,与其他社区治理主体在本质上具有利益一致性,存在着合作的基础。

---

① 参见《中华人民共和国城市居民委员会组织法》,《人民日报》1989 年 12 月 28 日。

　　(四)社区企业组织:企业是以从事经营活动和以实现营利为目的的社会主体,其参与社区公共服务治理的形式是以市场交易为主体的。社区公共服务治理系统的企业组织包括直接从事社区公共服务供给的社区物业机构以及通过服务购买形式进入社区公共服务供给的服务类企业组织。社区企业在的公共服务治理动力来源于公共服务供给能够实现自身的经营目标,即实现企业的财务目的。企业组织参与社区公共服务的治理系统,一是基于与政府合作的自由经营保障,即政府要搭建起让企业参与公共服务治理平台,发挥企业在系统中的优势和特色,以引导的方式保障企业的经营自由,以制度规制保障企业参与的利益;二是基于市场行为所带来的利益保障,即社区公共服务中蕴含着企业的利益点,参与公共服务能够实现企业的利润获取,企业的利益能够得到满足。三是基于社会责任履行的使命要求,回馈社区已经成为全球公共治理的重要理念,企业参与社区公共服务治理系统正是其回馈社区,履行企业社会责任的重要内容,这也是现代企业经营必不可少的环节。

　　(五)社区社会组织。社区公共服务治理系统中的社会组织存在着两大类型,分别为社区内部的社会组织和承接社区公共服务的专业性社会组织,二者的区别在于参与社区公共服务治理的动机和方式存在差异。对于社区的社会组织而言,其是社区内部的成员基于共同的兴趣、意愿,为实现一定的群体目标,有目的、有计划建立起来的,符合相关法律规定的社会共同体,这类社会组织是社区公共服务治理的天然网络行动者,承担着部分社区服务的供给和社区公共服务的协作者角色,也是政府与公众沟通、协商和合作的重要桥梁;这类社会组织参与公共服务治理的动力源于兴趣或责任,通过自愿方式履行一些社区治理的职责。对于社区公共服务的专业性社会组织而言,其是随着社会发展而兴起的新社会治理力量,丰富了社会治理体系的同时,也成为治理理念落地生根的重要体现。专业性社会组织具有典型的公益属性,推动社会公益成为其动力源泉,志愿服务是其主要的公共服务治理参与模式,当前其主要是通过政府的服务购买在社区治理中发挥作用。社区的社会组织是现代社区有别于传统社区的重要体现,社会组织一定程度上将政府从社区解脱出来,通过其自身的公益、志愿和专业性成为社区公共服务治理系统的重要组成部分,虽然当前仍然存在着一些问题,但已经逐渐被党政部门以及公众所认可,是未来社区公共服务治理系统走向有序结构的关键。

（六）社区居民：社区是聚居在一定地域范围内的人们所组成的社会生活共同体。① 社区居民理所当然成为社区公共服务治理的出发点和最终的归宿点。社区居民参与社区公共服务被认为是实现社区共治的最终目标，即调动起最广泛的社会基础、调动最广泛的社会资源实现社区的有效治理。社区居民的公共服务治理参与具有典型的动力特征，一是利益驱动，居民参与公共服务治理是以保障和实现自身的利益为前提的，利益范围和程度决定了参与的广度和深度，在这个层面上来看，居民参与具有有限性，也有形成集体逻辑困境和公地悲剧的潜在倾向。二是制度驱动，社区治理属于城市基层社会治理中的社会自治部分，政府退出社区具体的公共事务而让社区实现自我管理、自我服务是当前我国基层社会治理的制度框架，这就要求社区的公共服务治理必须让社区的居民参与进来，当前我国的各地政府已经通过多元化的参与渠道、多样化的参与方式、多阶段的过程设计出了社区居民的参与制度体系，社区居民的参与水平也在不断提高。三是认同驱动，即社区居民基于社区的归属感和认同感而自愿参与到社区公共服务治理之中。认同驱动下的社区居民参与公共服务治理系统，一方面源于社区对于居民的吸引力，即社区居民因为情感因素愿意为社区做出某些贡献而非基于利益的计算；另一方面，源于个人的利他主义动机下的公共服务动机，即个人基于利他主义而对公共价值、公共需求和公共行为做出回应的倾向，在现实中表现为个人愿意投身于社区的公共服务参与之中，服务他人、服务社区。社区居民对于社区公共服务治理体系的参与也存在着条件约束，"一是需要民众在民主资源的基础上使其融入社区发展的过程；二是必须平等地分享参与带来的利益；三是必须参与决策制定程序，包括目标设定、政策方案的形成、执行和评估。"②

二、城市社区公共服务治理系统的基本序参量

序参量一般用来描述系统的有序程度，即一个好的社区化治理系统应该具

---

① 民政部基层政权与社区建设司：《中国社区建设年鉴 2003》，中国社会出版社 2003 年版，第 135 页。

② 胡慧：《社区自治视角下的居民参与有效性探析》，《社会主义研究》2006 年第 4 期。

有的标准,也就是系统所要达到的目标。其变化值用来反映系统从无序到有序的变化情况。城市社区公共服务治理系统的有序性主要体现为一个好的社区治理体系应该具备哪些核心的要素。对于社区公共服务治理系统,具有双重维度,一是社区治理的维度,强调构建社区共同体的目标;二是公共服务的维度,即要建立有效的公共服务管理体系,确保公共服务的有效供给,保障公共服务的可及性和可获得性。城市社区公共服务治理系统的序参量也包括两个部分,一是基本序参量,二是特殊序参量,其中的基本序参量是系统所具有的具有持续性、普遍性和基础性的有序条件;特殊序参量是系统所具有的适应特定时空发展的有序条件。城市社区公共服务治理系统具有以下的基本有序特征:

(一)职能科学:科学的职能配置和划分是实现有效管理的基础与前提。城市社区公共服务治理系统的职能科学配置主要表现为要充分发挥系统中政府的促动功能和兜底功能、企业的创造功能、社会组织的公共服务供给功能、社会自治组织推动自治的功能以及社区居民实践公共服务的参与功能。科学的职能配置要求系统做到以下方面:一是职能的设置要以公平正义和社区公共服务需求为基础,公共服务治理的职能设置要兼顾保障自由竞争和增强社会福利的社会公平正义诉求,也要以社区公共服务需求为导向设置普遍性和个性化相结合的公共服务治理职能,即职能设置要能够同时体现社会进步的长远目标和满足公共需求的现实目标。二是社区公共服务治理职能的分配要清晰明确,不同的主体在公共服务治理中所承担的职能要求要明确,不同主体间的职能要有明确的边界,具体事务工作要能明确地分配到不同职能主体之上,要形成较为清晰的职责清单,包括明确的职责主体、服务内容、服务标准和服务救济手段等要素。三是职能匹配,社区公共服务治理的职能分配应该结合不同治理主体的专业性特征、职能合法性基础以及治理能力进行配置,确保公共服务治理能够得到有效的履行,具体表现为社区的公共服务治理主体要具有一定的公共服务动机和公共服务能力,能够满足高效履行公共服务治理的要求。四是权责要一致,权力的分配要以职能的履行为目标,权力不能超脱责任,也不能因为保障不足而影响职能的履行,这就要求社区公共服务治理主体要具有充足权力性保障要素,包括拥有制度性的权力配置、具有认可度的社区权威和履行职能要求的资源保障。

（二）结构优化：所谓结构优化就是要建立其有利于合作协同的网络化社区治理结构体系，即建立起基于伙伴关系、互动协同、资源共享的治理结构。社区治理是最接近于治理原义的治理形态，它是由多元主体共同参与、管理、决策和协商的治理结构，具有基层草根性、利益相关性与主体多元性的特征。① 社区公共服务治理系统的结构优化主要表现在以下方面：一是社区主体的伙伴关系情况，即治理主体之间是否具有一个平等的关系定位，是否能够通过协商等方式来解决社区公共服务的治理问题；二是合作的运行机制，具有多元主体基于公共服务决策、供给、管理和监督的协同参与平台，且这一平台能够适应公共服务的全过程管理；三是多元主体的责任机制，多元主体之间要具有明确的责任划分机制，作为合作网络的主体不仅存在具体的事务性职责，也包括协同性职责，同时还应承担起基于公共事物完成的共同责任②。

（三）廉洁高效：廉洁高效是有效组织运行的关键，所谓廉洁就是城市社区公共服务治理主体需有效处理公共与私人、整体与部门之间的利益，以公共精神履行治理职责，确保治理目标的实现。而高效则是要求城市社区的公共服务治理能够快速、有效地回应城市社区的公共服务需求，保障公共服务的可及性实现公共服务的效益最大化以及满足公众需求的目标。廉洁高效要求社区公共服务治理必须坚持以下特征：一是公共服务治理具有公共责任性，即社区公共服务治理必须摈除私人利益和部门利益的非法介入，要以社区公共精神和公共目标为原则；二是廉洁性，具有预防廉政风险的制度性措施，没有廉政风险发生的明显制度性缺陷和非制度性因素；三是回应性，治理系统能够有效地在规定时间内完成公共服务的治理职责，能够有效满足社区公共服务需求；四是可及性，公共服务治理要实现对社区居民的方便可及，快速回应社区居民的诉求；五是成本性，公共服务治理要实现管理的成本控制，同时确保社区居民的获取成本相应降低，从而保障治理成本收

---

①　陈家喜：《反思中国城市社区治理结构——基于合作治理的理论视角》，《武汉大学学报（哲学社会科学版）》2015 年第 1 期。

②　姜晓萍、田昭：《网络化治理在中国行政生态环境缺陷与改善路径》，《四川大学学报（哲学社会科学版）》2017 年第 4 期。

益的最大化。

（四）持续学习：持续学习是系统能够得到长久存续和长远发展的根本与前提，以彼得圣吉为代表的学者提出了进行持续学习的学习型组织系统，并将终身学习、全员学习、全过程学习和团队学习作为学习型组织持续学习的基本要素。城市社区公共服务治理系统是适应城市社区公共服务需求的系统，其以社区公共服务有效回应、公共服务高效管理和社区善治为最终目标。而这些目标本身的动态性以及受到外界因素影响的多变性就要求社区公共服务治理系统要通过不断学习来满足这一变化。因此，城市社区公共服务治理系统在主观上具有通过学习以长久存续的动机，在客观上也有必须学习应对具体事务的压力。持续学习要求城市社区治理系统必须满足以下要件：一是具有学习的制度要求，即要建立明确的学习制度规范，保障持续学习的进行；二是学习的激励机制，学习需要得到有效的鼓励和激励，学习的激励需要通过具体的形式实现；三是学习的效果，学习的东西需要转化为具体的效果，需要建立学习的转化体系。四是学习的方式应该多样化，应该鼓励系统多样化的学习方式。

三、城市社区公共服务治理系统的稳定性条件

系统论将"整体大于部分之和"作为非线性作用下的协同作用。这种协同作用，正是系统对其子系统进行组织、协调、控制和规范的固有能力。协同作用确保了系统的稳定性，是系统实现结构有序的前提和基础。城市社区公共服务治理系统的协同作用主要体现为：

（一）共同的目标和愿景。共同的目标和愿景是城市社区公共服务治理系统效益的基础。社区公共服务治理系统的形成是以满足社区公民的公共服务需求为共同目标的，多元主体的合作机制、职责分工都是以实现共同目标为前提的。同时，社区公共服务同目标实现情况也是多元主体的合法性基础，因此，实现共同目标也是多元主体巩固自身合法性的要求。在此基础上，共同目标的存在客观上形成了对多元主体的责任压力，维持着合作治理的结构。另外，系统的愿景作为系统价值诉求的最高层次也对系统结构和运行会产生使命压力，使得系统难以脱离价值诉求而出现大规模的冲突和动荡，实现了系统

的稳定和有序。

（二）公平正义的规范。公平正义的社会规范是城市社区公共服务治理系统的保障,善治的基本原则是每一个系统主体所遵循和追求的基本价值,善治的基本要素包括合法性、法治、透明性、责任性、回应性、有效性、参与、稳定、廉洁、公正。[①] 社区公共服务治理系统也是无时无刻不在追求这些基本的价值诉求,并且以这些价值诉求形成了自身的行为规范,包括党章、法律、行业规范、组织管理办法、社区公约等等。这些行为规范一方面成为维持系统结构稳定性和系统行为稳定性的保障。另一方面,也成为规范系统各主体行为、调解矛盾冲突、促进有效合作的保障。

（三）相互依存的利益。相互依存的利益是城市社区治理系统的底线。城市社区公共服务治理系统是一个多元素构成,并相互依存的利益联盟。在系统中,每一个主体都在追求自身的利益,党组织有维护自身群众基础的利益诉求、政府组织有确保治理效益的追求、社区自治机构要保障社区对其认可的诉求、社会组织有追求公益和生存发展的需求、企业在追求利润、社区居民也在保障和实现自身的权利……这些利益的实现是以系统的存在为基础的。因此,系统虽然存在着利益冲突的现实,但是每一个主体又必须将冲突化解以实现自身利益实现的保障,即主体之间有矛盾,但是也时刻存在着合作的要素,这在客观上确保了协同作用的发挥。

四、城市社区公共服务治理系统的内外熵

耗散结构理论认为开放系统与孤立系统的本质区别是系统与外界之间有熵流的交换,普利高津认为对于一个有外界有能量和物质交换的耗散结构系统,熵可分为两个部分,一部分是系统内部由于必然过程引起的熵增加,另一部分为系统的内部熵流,其为非负特征;另一部分是系统与外界交换所引起的熵流其可为正、负,也可以等于零。对于城市社区公共服务治理系统而言,城市社区公共服务治理系统也具有内外互动过程中的熵流,内部熵流促成了系统有效的阻力,外部熵流成为系统有序的动力。

---

① 　俞可平:《治理和善治分析的比较优势》,《中国行政管理》2001 年第 9 期。

（一）城市社区公共服务治理结构的内部熵

按照耗散结构理论,系统内部无可避免会引发熵值的增加,随着时间的发展,系统熵值的增加会导致系统越来越无序、越来越均匀、越来越没有活力,当熵值增加到极大值时,系统将达到最无序的平衡状态。城市社区公共服务治理系统亦是如此,大量的因素长期积压导致了系统结构不断固化,系统运行成本不断增加,系统效益不断下降,系统活力逐渐不足,系统熵值不断增加。

社区公共服务治理内卷化。所谓内卷化,是指长期从事一项工作,并保持在一定的层面,并没有任何改变而导致的自我懈怠和自我消耗情况,社区公共服务治理在实践过程中也逐步出现了内卷化问题。一方面,由于社区治理结构和权力运行过程中长期所存在的"趋行政化"、"向上负责"等特征,社区公共服务治理主体往往在实践中不断向党政主体趋同,自身的差异化优势不断缩小,多元主体失去了最初的功能设计,职能更加单一,治理结构的活力在不断下降。另一方面,社区公共服务治理因为管理规则的限制,程序更加复杂,约束性要件不断增加,社区正常的服务工作受制于一些复杂的管理规则而无法及时、高效的开展,这更加增加了社区公共服务治理主体的工作困难,导致社区公共服务治理的内卷化效应。社区公共服务治理的内卷化弱化了公共服务治理系统的活力,降低了治理系统的积极性,造成了社区治理系统结构的僵化,阻碍了系统的有序化进程。

社区公共服务治理冷漠化。所谓冷漠化,是指在系统主体在从事公共服务治理中,或因为无法有效发挥作用、或因为搭便车等机会选择而在主观上对公共服务治理工作选择不作为的现象。实践中的社区公共服务治理系统就面临着典型的公地悲剧问题。由于社区公共服务治理属于国家基层治理的重要组成部分,也是政府实现有效城市治理的重要内容,政府行政"兜底"成为各个社区公共服务治理主体的基本预期。加上社区公共服务治理中,行政主体在职能定位、资源占有以及信息获取方面的巨大优势,多元主体参与治理的动力被削弱,并存在着集体行动逻辑的机会选择,即"除非集团成员同意分担实现集团目标所需的成本的情况下给予他们不同于共同或集团利益的独立激励,或者除非强迫他们这么做,不然的话,如果一个大集团中的成员有理性地寻求使他们的自我利益最大化,他们不会采取行动以增加他们的共同目标或集团目标。"①冷漠化导致了社区公共服务治理系统的无序化,系统结构逐步走向单一化,系统行为走向形式化,系统效益走向敷衍化,系统活力和积极性进一步削弱。

社区公共服务治理博弈化。所谓博弈化,就是社区公共服务治理系统因为缺乏公共理性,没有达成统一的目标、理念和准则,系统各主体为实现自身利益诉求而为争夺有限资源所进行的博弈。社区公共服务治理系统是以公共理性作为前提和基本原则的,所谓公共理性,就是社会各个行为主体,基于契约的公共精神,以公正的理念、自由而平等的身份在对公共事务展开博弈的过程中所形成的关注公共权力、公共权利、公共行为和公共之善的理性。② 而在实践中,社区公共服务治理中的公共理性缺失造成了多元主体基于不同的利益动机和行为逻辑而开展治理活动。实践中,政府在追求更为均等化的行政效益、社区在追求优势的区域效益、企业在追求更为丰厚的经济效益,在公共理性不足的情况下,这三种效益出现了偏差,各个行为主体也都开始以自身的利益作为行为的出发点,并开始形成多方的博弈局面。这种博弈成为影响社区公共服务治理系统熵值的重要因素,一方面博弈降低了系统的稳定性,有可能搁置和延滞某些服务的供给,增加了服务的成本,降低了服务的效益,这会增加系统熵值。另一方面,博弈又为系统增添了活力,有可能成为系统结构优化的助推器,成为潜在降低系统熵值的因素。

社区公共服务治理固态化。所谓固态化,就是因为社区公共服务治理长期缺乏变革的活力所形成的系统主体的利益固化、结构固化和路径依赖问题,成为阻碍系统变革的障碍。社区公共服务治理的固态化主要表现为以下方面:一是利益固化,社区公共服务治理逐步形成了利益固化的体系,从实践调查来看,社区多元主体在公共服务治理中具有将公共利益群体化和个人化的倾向,而且通过某些非正式的制度和潜在的社会规则在加固这一利益格局,如

----

① ［美］曼瑟尔·奥尔森:《集体行动的逻辑》,陈郁、郭宇峰、李崇新译,格致出版社、上海三联书店、上海人民出版社 2010 年版,第 3 页。

② 姜晓萍、田昭:《地方社会管理创新—突破和谐发展的行政障碍》,中国人民大学出版社 2014 年版,第 130 页。

调查中一些低保项目成为社区居委会"私相授予"的工具,社区的基础设施建设也成为固定群体的垄断对象。二是结构固化,一方面是社区治理参与体系固化,社区治理的参与体系因为制度因素而长时期处于一种治理体系之中,面对新的公共服务诉求,传统的治理结构在难以有效回应诉求,加之价值制度约束和利益固化也难以实现变革从而导致的公共服务治理问题和危机。另一方面,社区结构固化,社区社会资本不断降低使得社区结构优化因素在降低,社区结构逐渐固化为低信任度、低互动性和低聚合度的结构体系,使得公共服务治理的有效性大大降低。三是路径依赖问题,传统的社区治理模式深深影响着当前的治理方式,因为变革成本以及潜在的法制性问题,社区主体产生了深深的治理方式路径依赖,缺乏变革的动力,这导致公共服务治理方式难以满足当前社区居民的诉求和生活特征,使得公共服务的供给和需求不断脱节,降低了公共服务的效益。

（二）城市社区公共服务治理系统的外部熵流

城市社区公共服务治理系统的熵流是指由社区公共服务治理系统内外互动过程中的熵流,能够引起系统总熵值变化的熵流,这些熵流由可能为正、可能为负、也可能为零,并对系统的总熵值产生着影响。

1. 人力熵流

人力熵流包括社区公共服务治理系统受外界影响而导致的治理参与者构成情况、数量和质量变化的因素。社区公共服务治理系统的运行是以治理主体参与为基础的,那么参与主体的构成、参与程度、参与者的素质就对公共服务治理系统有着重要的影响。人力熵流对系统的影响主要是通过影响管理体系、管理者和管理方式,从而引发公共服务治理系统的波动。

组织熵流。城市社区公共服务治理系统,有着自身的组织结构体系,当前主要包括党组织、政府职能扩展机构、社区自治机构、企业事业单位与公民个体,但在实际的治理过程中仍然是党政机构和社区自治机构的二元治理体系,其他主体虽然逐步进入参与体系却仍然没有介入到真正的治理过程之中。而随着经济社会的发展,社会公共事务更加复杂,多元社会组织体系进入社区公共服务治理系统具有了必要性,同时随着社会结构的变化和社会组织的成长,社会组织更具有了合法性与可行性。多元社会组织体系的进入直接打破了传统社区公共服务治理系统,主体的协同问题、资源的分配问题、监督和评估的问题都发生了重大的变化,社区治理系统面临着突变的直接动力。新的组织介入主要通过以下的形式:一是直接为社区引入或成立新的组织,如社区成立新的社会组织直接从事某些公共服务的供给或外界社会组织直接承接某项公共服务的购买参与到社区公共服务治理之中,这类组织的介入将直接引发系统的权责体系、运行机制和资源配给的变更,系统动力机制直接发生变化。二是社区组织因为外界因素的影响而变更组织的功能,这也会引发系统的变化,但新的动力机制具有典型的传统依赖性,对系统的影响具有局限性。

人员熵流。城市社区公共服务治理系统除了组织管理体系以外,还有就是组织管理的人员变化而产生的熵流。人员是现代管理的核心,也是管理水平高低和管理效果的决定性因素。社区公共服务治理属于公共事务管理,其要求人员要在其中发挥能动性作用,而治理的人员反过来也决定着治理系统绩效。社区公共服务治理系统中新的人员主要包括:新的社区行政机构工作人员,这类人员直接负责社区政务公共服务的供给,并对其他社区治理人员具有直接的导向作用,特别是在行政内卷化的社区,这类人员作为政府代表与社会进行互动和沟通,具有行政权威性,对社区的公共服务治理系统具有引导甚至是"领导"作用。新的社区自治机构成员,这些成员由社区居民选举产生,在理论上是社区公共服务需求的表达者和社区利益诉求的维护者,具有社区的合法性基础,在社区公共服务治理中起到中枢协调的作用;但实践中,部分社区自治机构成员内卷化成为政府机构的附属成员,降低了系统的活力,增加了系统的熵值。新的社区公共服务供给参与者,这类主体主要来源于社区的社会组织和企业,这类群体的加入往往具有明确的利益诉求和实践动机,成为推动系统非均衡性的重要力量。最后,还包括社区新增的居民,这类群体进入社区往往带来了明确的需求,但对于公共服务治理则存在着典型的边际递减效用,加上本身在社区中的社会影响力不足以及对社区的归属感不强,往往成为社区公共服务治理的搭便车群体。

2. 资源熵流

资源熵流主要是指由于外界的资金投入的变化而导致的治理系统运行的变化,资金熵流受到经济社会发展整体情况、国家公共服务战略、社会福利制度、财税制度等多重因素的影响,具有一定的变动性,这为社区公共服务治理系统带来了不稳定性,同时也带来了动力变迁的活力。中国社区的典型特征在于因为社区自治体系的不完善而对外部资源具有依赖性,社区内部的"造血功能"不足成为大部分城市社区面临的困境,这也导致了外部资源的流入情况成为社区公共服务治理系统的最直接影响因素。社区公共服务治理系统的资源熵流包括:

财政资源熵流。财政资金直接承担着社区基本公共服务的全部供给责任和部分社区公共服务的供给职责,是社区公共服务持续供给和公共服务体系稳定运行的前提和保障。财政资金熵流对社区公共服务治理的影响包括以下方面:一是确保基本公共服务供给的财政资金熵流,投入基本公共服务的资金由国家的法律和相关政策所规定的,一般情况下不会发生过大的资金流入波动,平稳的增长是财政资金熵流的主要特征,也是社区治理主体和社区居民对基本公共服务供给的基本预期。二是专项性社区公共服务财政资金熵流,这类公共服务资金以专项政策为依托,主要解决社区阶段性、偶然性和突发性的公共服务诉求,财政资金具有突发性和间断性特征,为社区公共服务治理系统带来不确定性因素,能够起到调动社区活力,打破系统的均衡,降低熵值和催生巨涨幅的作用,对于系统突变具有重大意义,往往成为变革的起点。

社会公益资源熵流。这部分资金来源于社会公益组织,具有典型的临时性特征,也存在着孵化更多资金的潜在特性,公益资金的进入丰富了社区公共服务的资源配置,同时也强化了社会组织在社区公共服务治理系统之中的价值和作用,更加速了社区公共服务的社会化变革,成为影响社区公共服务治理系统的重要熵流。

企业资源熵流。随着公共服务市场化的改革以及政府购买公共服务的不断完善,企业逐渐成为社区公共服务治理系统的重要参与者,企业所带来的资金对社区公共服务的多样化、精确化进行了有效改善,也为社区公共服务的治理方式带来了有效补充,增强了社区公共服务治理系统活力,促进了系统变革,为新的有序系统结构奠定了重要基础;但同时企业资金的流入也引发了公共服务"公共属性"的回应性障碍,一些地方的部分公共服务异化为有偿的市场服务,成为引发公共服务治理系统的合法性危机。

3. 制度熵流

所谓制度,就是一定规范和规则的总和,正如诺斯所述"制度是为约束在谋求财富或本人效用最大化中个人行为而制定的一组规章、依循程序和伦理道德行为准则。"①制度对于公共服务和社会治理而言具有重大意义,新制度经济学强调制度的效益属性,即制度在降低交易成本、增进社会效益方面具有巨大效用,理应成为治理的重要工具。而同时政治学家更强调制度的规制属性,如亨廷顿所述"制度就是稳定的、受珍重的和周期性发挥的行为模式"。②因此,制度就成为现代社会治理的重要工具和手段,也成为社会治理的直接影响因素。社区公共服务治理系统除了通过制度对社区公共服务进行治理,其本身也受到相关法律、规章和公共政策等制度的治理和约束,这些制度变化的熵流也对系统会产生显著的影响。

制度熵流会影响到社区公共服务治理的生态环境。行政生态环境又称行政生态,是指处于特定行政系统边界之外,能够对该系统的存在、运行与发展产生直接或间接影响的各种实体、情势和事件的综合。③ 社区公共服务治理依托于社区所处的行政生态环境,包括政治与行政的开放程度、社会的发育程度、社区参与文化和公共理性成熟程度等,这些行政生态环境直接影响治理系统结构的完整性和有效性。制度的变迁对于行政生态环境产生的影响,一方面表现为制度直接改变行政生态环境,即直接改变行政生态环境的制度变迁,如建立政府程序民主的制度体系、社会组织孵化和成长的政策体系、社区公民参与的激励机制等直接对行政生态环境进行改善,进而引发社区公共服务治理系统的变化。另一方面,制度改变多元主体的预期,即多元主体会根据制度变化的情况产生对于未来的预期,并基于预期而做出行为选择,进行对行政生态环境产生影响。如政府推动了社区公共服务的社会化改革,那么社会便产生了承接社会改革的预期,这对社会组织和社区居民产生利好预期,并不断为

① ［美］道格拉斯·诺斯:《经济史上的结构与变革》,任剑涛、刘亚平译,商务印书馆2005年版,第227—228页。

② ［美］塞缪尔·亨廷顿:《变化社会中的政治秩序》,王冠华、刘为译,上海世纪出版社2008年版,第10页。

③ 丁煌:《行政学原理》,武汉大学出版社2007年版,第57页。

此而做出准备;而对于行政机构和企业这些有可能被替代的服务治理主体,则有可能降低其积极性,或者激发其通过其方式的参与,这间接改变了整个行政生态环境,并对治理系统产生重要影响。

制度熵流会直接影响到社区治理结构。社区公共服务治理系统源于社区公共服务需求的驱动,受到政策法规的支持和约束,并对社区结构和社区发展历史具有强烈的路径依赖。因此,制度的变化也对社区公共服务治理系统有着直接的影响。一方面制度是社区公共服务治理结构的支撑性条件,是社区公共服务治理系统的合法性来源,从法律层面上明确了系统的基本原则、组成结构、权责分配等要件,是系统正常运行的基础。同时,系统也是基于现有的制度体系所建立起来的,与制度体系相契合是系统有效运行的基础,制度的变化会导致系统结构基础的变化,也必然影响系统结构的调整与变迁。另一方面,制度是社区公共服务治理结构的约束性条件,制度规制了系统结构的底线和张力,决定了系统结构的边界和进入门槛,成为约束系统扩展、系统变革和系统越位与缺位规则。

制度熵流会直接影响到社区公共服务治理的作用方式。社区公共服务的治理方式具有四个层面的价值诉求,一是伦理层面的公平正义,二是政治层面的稳定持续,三是法律层面的合法有序,四是管理层面的高效可及。这些价值诉求都表现为制度设计,有些是明确的政策法规,有些则是约定的社会公德,这些都成为治理系统实现治理所要遵循的基本原则。在伦理层面上,公平正义的价值观念影响到公共服务治理方式的逻辑起点,即治理方式的选择是以实现社会正义为尊重目标,违反社会公平正义的方式则存在着源起漏洞而无法长久。在政治层面上,政治统治所要求的秩序也影响到公共服务治理方式的选择,包括政治生态环境、价值诉求和意识形态直接决定着公共服务的治理形式选择和执行方式。在法律层面上,合法性要求系统的治理方式必须置于法治之下,符合法治的精神,遵循法律的规定,严格执行法律的程序。在管理层面上,治理方式则是要遵循组织科学有效管理的管理规范,实现组织的目标。而这些因素归根到底都属于制度的范畴,并未因为社会发展和其他因素的影响而变化,社区公共服务治理方式也必须因此而做出回应。

4. 权威熵流

所谓权威,就是对权力自愿的认同、服从和支持。按照马克思·韦伯的说法,权威可以分为三个类型:传统型权威、卡里斯玛型权威和法理型权威,这三个类型权威的区别在于合法性来源的差异。其中传统型权威来源于常存的规矩和传统的合理性,其在根源上体现为对一种习惯和常规的神圣性信奉,具体体现为"统治者对'你凭什么统治众人'的回答是'历来如此'"。① 卡里斯玛型权威又称魅力型权威,权威来源于公众对领导者个人魅力的认可,并基于此而形成的一种影响力,其在根源上体现为对人的崇拜和信奉,本尼克斯就认为"卡里斯玛型权威确定为一位领袖人物与他的追随者之间的一种关系,这种关系的特点是深信该领袖人物的非凡理论和有一种松散的组织结构。"②法理型权威源于经由协商所确定的被大家所认可的制度,其核心在于服从自身所认可的制度规制以及权力规范,具体表现为"统治者对'你凭什么统治众人'的回答是'依法如此'"。③ 权威对社会治理的影响一般体现为威权机制,即通过已经确立的权威,个人或者组织将自身的意志施加到社会治理体系之中,并通过权威来吸附社会资源,形成了制衡体系受损而决策权力集中化与一体化现象。在国内,有学者将这种威权机制概括为"类似家长制主义,也就是统治者或家长把他们的意愿强加给社会成员而不顾及后者的意愿。"④

城市社区公共服务治理系统所面临的权威及其威权机制随着经济社会的发展发生了变迁,行政权威的弱化和自治权威的增强正是变迁的主要特征。当前城市社区公共服务治理系统由于自身的开放性,面临着外部权威的潜在影响,并成为系统变迁和优化的重要因素,具体如下。

党政权威。党政权威是我国当前国家治理体系中最为重要的权威力量,党政权威的确立源于其政治合法性基础,并在长期发展中不断巩固。党政权威在社区公共服务治理体系中起到决定性作用,这一方面是因为党和政府在

---

① 苏国勋:《理性化及其限制》,上海人民出版社1998年版,第198页。
② ［美］莱因哈特·本迪克斯:《马克思·韦伯思想肖像》,刘北成译,上海世纪出版集团2007年版,第255页。
③ 苏国勋:《理性化及其限制》,上海人民出版社1998年版,第195页。
④ 萧功秦:《萧功秦集》,黑龙江教育出版社1995年版,第69页。

社会治理中的领导和主导地位;另一方面则是党和政府对社区治理相对方依赖性,相对于其他社区治理主体,社区居民对党政权威更加信奉,也更加依赖党政权威对于自身利益诉求的回应力。在这种情况下,党政权威就一定程度上决定了社区公共服务治理系统的正常运行,党政放权则社区治理系统实现多元共治、党政授权则系统被吸纳,党政权威的变化和调整系统结构和运行体系也进行相应的变化。党政权威对社区公共服务治理系统的影响主要如下:一是政治动员,党政系统所发布的政治动员可以直接改变社区动力系统,顷刻间改变社区公共服务治理系统的结构。二是政策指导,党政部门出台的公共政策以及表达的政策倾向会直接影响到社区治理系统多元主体和社区居民的行为选择,从而对社区治理产生巨大影响。三是行为规范,党政系统倡导的行为规范也对社区具有很强的指导价值,可以引发社区规范系统的变化,进而影响到公共服务治理。四是功能替代,党政系统因为强大的资源配置力和坚实的合法性基础,能够对社区其他治理主体产生吸纳和挤出效用,形成垄断性的公共服务治理模式。

自治权威。自治权威源于自治机构本身的合法性,即自治机构从法理上来说是源于社区居民,由社区居民选举产生,并对居民负责。自治机构根植于社区,组成人员也来源于社区,并以社区作为服务边界,从理论上来讲,社区自治机构拥有社区公共服务治理的权威,并具有天然的合法性基础。另外,随着我国城市社区结构的变化,自治结构组成人员由传统的单位代表和乡贤走向共同利益的代理,城市社区自治机构的权威源于公共利益的维护和实现,自治结构更具有了直接实现和巩固自身权威的资源配置权力。但在现实中,社区自治机构一方面被党政机构所吸附,自治属性降低;另一方面,选举机制的不健全导致自治机构面临代表性缺陷,这使得自治机构的合法性基础减弱,自治权威无法体现。虽然自治权威存在着诸多的削弱因素,但是相对于以往绝对地位的行政权威,自治权威在社区治理中也在不断地增加。

专业技术权威。专业权威源于专业技术的不可替代性和难以复制性,随着科学技术的发展,特别是管理科学的发展,管理的技术已经成为城市社区公共服务治理的重要支撑力量。不同于以往社区公共服务所体现的资源分配性特征,当前的社区公共服务所呈现出的均衡性、高效性和共享性治理具有明确的理念和技术要求。这就要求专业的技术组织进入并融入社区公共服务治理体系之中,社会组织和企业便是代表,通过自身的专业技术水平实现社区公共服务的有效治理。同时也要求社区的行政延伸机构以及自治机构接纳与普及这种专业化的管理理念和技术,实现系统资源的整合以及行动的协同。因此,每一次管理理念和管理技术的变迁都对社区公共服务治理系统产生重大影响,如新公共管理理论和管理策略,就催生了社区公共服务的市场化模式,将企业和社会组织纳入系统之中,也增加公共服务的委托、购买等管理方式。而当前的社会正值社会转型和发展的关键期,新的技术革命和理念创新层出不穷,随时随地影响到社区结构和社区公共服务需求,而这些技术和理念必然要求专业化的组织介入,并对社区治理系统产生了巨大的影响。

人员权威。在城市社区公共服务治理中,所有的权威归根结底都体现在人的身上予以表现,而个人本身的因素对于这些权威则存在着加成和削弱的双重要素,也直接影响到社区公共服务治理的运行。个人权威除了体现为上述的党政法定权威、自治权威和专业技术权威的同时,还存在以下两个方面。一是个人德行品质,即个人作为社区组成人员所具备的个人道德操行和公共精神,作为社区治理系统的组成人员德行品质能够强化个人在公共服务治理中的感染力和影响力,降低公共服务治理成本。二是个人的社会关系网络,即个人在人际关系网络中因为熟悉度、可信任度以及可合作程度所对其他人带来的安全感、认知感等,这在基层社会治理中有着至关重要的地位。在此基础上,城市社区公共服务治理中存在着以下的个人权威形式:领导权威,这里的领导不仅包括社区治理系统中的领导,还包括社区外所涉及的领导,领导治理理念、资源配置能力以及工作意志在一定程度上对社区公共服务治理系统有着决定性作用,传统意义上的"父母官"在当前现实中仍然具有效应,与此相应的领导更替便是社区治理系统变迁的决定性因素。贤人权威,贤人政治是传统中国社会治理的重要模式,在现代社会贤人治理仍然在很多城乡社区中发挥着重要作用。现在的贤人不同于以前德高望重的宗室族长,随着社会价值的多元化,不同领域的领先者都成为现代基层社会的贤人,因此社区中的知识分子、致富能手、公务人员和长者都在社区中发挥着贤人的作用。"灰色权威",伴随着改革开放以来的经济社会巨变,自古存在的灰色势力在当前的社区治理中正以新的形式出现,但其对社区仍然具有很强的影响力,其具有权威的部分特征,但不是真正意义上的认同权威。

5. 信息熵流

对于信息,乌家培根据英国哲学家波普"三个世界"认为信息可分为三大类,一是有关客观物理世界的信息,即本体论意义上的信息,它反映事务运动的状态及其变化的方式;二是主观精神世界的信息,即主体论和认识论意义上的隐性信息,它反映人类所感受的事务运动状态及其变化方式,处于意识和思维状态;三是有关客观意义上概念世界的信息,即主体论或认识论意义上的显性信息,它反映人类所描述的事务运动状态及其变化方式,用语言、文字、图像、影视、数据等各种载体来表示,这三类信息需要经过不同程度的加工才能成为知识,但有时第二类和第三类信息也可能直接表现为知识。① 当前的社会是一个信息的时代,随着基层理论和科学技术的大发展,大量的信息被不间断的生产出来,知识更新更是以前所未有的速度出现,加上当前自媒体时代的多元化信息传输载体不断扩展,社区成为信息汇聚的洼地,并对社区的公共服务治理系统产生了重要的影响。

对于信息熵流,Wiener 就认为信息量实质上是负熵,即所谓的信息负熵原理。这里的信息负熵前提在于信息能够成为知识,并且社区的公共服务治理系统能够实现信息的有效整合。如果社区公共服务治理系统所面对的信息失去了知识属性,且无法被有效地筛选和整合,那么信息熵流将并不一定会形成负熵。就目前而言,社区公共服务治理系统的信息熵流表现为以下方面:

知识型信息熵流。即能够转化为知识的信息,按照作用来看其属于有用的信息。按照乌家培的观点,知识与信息存在并列、包含和转化的关系。② 成为知识的信息将会对治理产生巨大的作用,一方面知识会直接改变系统的治理理念,影响到系统的结构,如新公共管理理论、新公共服务理论和治理理论这些新的知识理念直接改变了社区公共服务治理系统的主体结构,社区从传统的行政单一治理体系走向了多元合作的治理体系;另一方面,知识会改变系

---

① 乌家培:《信息、知识及相关问题》,《科学决策》1999 年第 4 期。
② 乌家培:《信息、知识及相关问题》,《科学决策》1999 年第 4 期。

统的运行方式,如当前所存在社区公共服务委托、购买和合作的运行模式,社区公共服务供给的个性化、精准化运行方式都与新的知识密切相关。因此,知识熵流对社区治理系统具有负熵的作用,但是其是否发挥作用、作用发挥到何种程度,却取决于社区治理系统对知识的整合能力,即学习型系统的构建。所谓学习型系统,其概念来源于彼得·圣洁的《第五项修炼》,其强调了学习型组织的五项修炼:个人取向、心智模式、共同愿景、团队学习和系统思考,并将学习型组织界定为:一个不断创新和进步的组织,在其中大家得以不断突破自己的能力上限,创造真心向往的结果,培养全新、前瞻而开阔的思考方式,全力实现共同的抱负。① 因此,学习属性就成为社区公共服务治理系统利用知识熵流的前提。

鸡肋型信息熵流。这类信息属于食之无味、弃之可惜的信息,对于社区治理而言属于无用的信息。这类信息熵流在当前大量的存在,特别是自媒体时代的信息爆炸,每个人都是信息源且信息难以有效过滤的情况下,这类信息大量存在于当前的城市社区之中,类似于我们日常生活中的"闲话"。这类信息具有典型的社交特征,属于社区居民交往的重要领域,发挥着媒介的作用,在中国式的差序格局社区形态中必不可少且成为一种实现个人社会交往需求的重要工具。但对治理而言,这类信息并未有实质性的价值,但是信息的传播有可能出现两种发展轨迹:一方面成为社区推行公共服务治理的有效辅助手段,利于服务的供给和治理的实践,如调查中社区中"吹风"现象典型存在,即为实现一定的管理目的,治理系统往往通过一些非官方和非正式的方式传播潜在的治理方案,探索社区的反应,并作为是否执行还是修正执行某些方案的依据。另一方面则是成为社区公共服务治理的阻碍性因素,一些信息会异变为谣言,对社区公共服务治理系统产生负面的影响。对于这类信息,社区公共服务治理系统的关键在于信息搜集能力,即从这类信息中获取、筛选和整合出有用的信息,过滤和抛弃无用的信息,并作出有效的判断和方案设计。

干扰型信息熵流。即对社区公共服务治理系统会产生潜在正向熵流的信

---

① 张波、袁永根:《系统思考和系统动力学的理论与实践》,中国环境科学出版社 2010 年版,第 8 页。

息,即对社区公共服务治理会产生负向作用的信息。这类信息是伴随着信息社会和自媒体时代而产生的,其具有明显的个人化特征,即源于个人对社区事务的非科学、非真实和非全面的评论,并随着当前信息化媒介被快速传播,通过群体扩散而对社区治理系统产生影响,阻碍社区公共服务治理系统的正常运行。这类信息熵流分为两种类型,一是阻碍社区公共服务治理系统做出正确判断的信息,这类信息容易造成治理判断的失误,造成公共服务决策和执行与实际的脱节,出现治理无效问题。二是对抗社区公共服务治理系统的信息,相对于上述信息所引发的治理失误,这类信息有可能引发社区居民的混乱,产生一些对抗社区公共服务治理系统的对抗行为,并有可能酿成社区冲突。干扰型信息熵流要求社区公共服务治理系统在信息管理上面的引导力和统筹力,从而将干扰型信息进行有效的排除。

6.技术熵流

科学技术就是生产力这一理论已经被证实,生产技术革新和管理技术创新成为推动社会进步的重要力量,也成为当前社会机构的主要特征。作为生产力的技术创新必然要求与之相应的生产关系变更,在社区公共服务治理中就表现为基于技术创新的社区公共服务治理体系变迁,这也是推动社区变化发展的重要动力。从社区公共服务治理的角度来看,技术熵流,不管是生产技术还是管理技术,其在根本动力都体现为降低社会治理的成本,目标则在于提升社会管理的效率,其具有明显的负熵特征。

生产技术熵流。生产技术是以提升生产效率为目标的技术创新,生产技术创新历来都是经济发展的重要动力,也是社会进步的动力。对于社区公共服务治理而言,生产技术一方面带来了居民收入水平的提升,创造了更多的社会财富,为社区公共服务甚至整个社会公共服务的供给水平提升奠定了基础。另一方面,生产技术带来了社区公共服务运行方式的改变,有技术创新所带来的智慧社区已经成为未来社区建设的方向,智慧社区管理体系所实现的精准化公共服务供给解决了传统上公共服务无法有效突破的供需不匹配困境,成为社区公共服务变革的助推器。生产技术熵流对于社区公共服务治理的效用还取决于社区对于新技术的接受程度,新技术一般意味着大量的资金投入,而资金从哪里来则又回归到了社区治理的治理体制上来,需要公共决策来实现。

管理技术熵流。管理技术是以提升管理效率和效益为目标的技术创新，管理技术创新包括了管理理念、管理方式以及管理绩效的创新。与生产技术不同，管理技术创新带来的是软实力的增加，包括行政效率提升、服务质量提高、服务可及性增强等，管理技术往往成为社区公共服务治理执行力和社区凝聚力的关键。与技术创新所涉及的资金投入不同，管理技术面临的是传统管理的路径依赖，核心是社区公共服务治理系统的转型问题，涉及社区的固有利益和工作形态，存在着供给侧变革的障碍。

五、城市公共服务治理系统的动力要素

通过城市公共服务治理系统的分析可以看出，作为开放性系统的城市公共服务治理系统具有典型的耗散结构特征，系统在动力机制的作用下具有明显的变化特征。通过上述的分析可以看出，城市社区公共服务治理系统的动力要素主要表现在以下方面：

（一）促使系统结构优化的内生力要素

组织具有实现自身职能不断优化的内部动力，这既源于系统保证自身合法性的需要，也是系统适应经济社会发展有效履行职能的要求。促使系统结构优化的动力主要表现为系统的学习力和创新力，其中学习力主要解决系统能够获取新知识和新方法的能力，创新力解决推动系统结构优化的持续性问题。对于组织内生力的研究，本书借鉴 Gob Swee 组织学习力评价体系和国内吴价宝等学者所构建的学习指标体系，根据社区公共服务治理系统的特征构建了城市社区公共服务治理系统的系统内生力指标体系。主要包括：

目标性体系。即社区治理系统对于系统目标的认同程度，这决定了系统本身的合法性以及系统行为的合理性，也是当前学习型组织共同愿景和组织进行目标管理的重要内容。对于城市社区治理而言，目标性指标包括以下部分：一是系统成员是否具有实现居民美好生活的最终愿景，即要明确社区公共服务治理系统的最终目标是以治理来推动发展，通过发展来实现居民的美好生活宗旨。二是社区公共服务治理系统目标和任务的清晰程度，系统各成员是否能够及时、准确获知并理解系统的目标和任务。三是系统成员支持系统目标任务的程度，即系统的多元主体是否认可和支持系统的目标任务，是否和自己的认知与理解存在着偏差。四是系统成员对完成任务的信心,即系统成员是否有信心完成任务以及完成到何种程度的任务。

支持性体系。即社区治理系统对完成系统目标的支持情况,包括了从组织领导、资源投入和制度包容等方面对系统创新优化的持续性保障力度。包括:一是系统领导者对创新和风险的态度。即领导者如何看待成员的创新和创新风险的态度。二是系统的资源支持情况,即系统为自身发展优化和创新的战略性和预见性资源投入情况。三是系统的参与情况,系统成员是否能够参与到系统的决策之中,即系统成员的意见和诉求如何进行表达。四是系统对于新观念的接受程度,即系统能否及时、有效的接受新的观念。五是系统的情况,即系统对创新性观念的激励情况。

知识型体系。反映的是社区公共服务治理系统的学习氛围和学习能力,系统的进步和适应性发展必须以学习为基础,并通过持续性的学习习惯提升学习能力,如此方能有进步的空间和进步的动力,具体的要素包括系统获取知识的能力、共享知识的能力、共同学习的体系、学习的激励机制等。

合作性体系。即系统要素之间是否存在着合作的基础和空间。公共事务的复杂性界定了治理系统的复杂性,这就要求系统必须通过协作机制来实现治理的推进。从系统合作来看就要求包括主体协同、成员参与、组织文化等要素。

(二)促使系统组织稳定的韧性力要素

韧性这一概念最早来源于物理学,当前成为流行于生态学、工程学和心理学学科领域,并被政治学者、管理学者所关注。如学者柯林斯和波拉斯就指出韧性是组织的关键变量之一,并认为所有有远见的企业在其发展时期都会面对一些挫折和犯错误,甚至经历困境,但是其最为关键的一点是这些有远见的企业能够表现出明显的韧性,并通过韧性走出困境。[①] 对于系统而言,福克就指出,系统的韧性可以从三个层面来考量,第一层面是系统维持相同状态下吸收外界的扰动量,第二层面是系统自我组织(重组)的程度,第三层面是系统

---

① Collins J C, Porras J I. Built to last: successful habits of visionary companies. New York: Harper Business, 1994.

自我学习和适应能力,具有韧性的系统能够在外界干扰下仍然具有适应、学习和自我组织与相互作用等能力,其中系统之间相互影响的机制尤为重要,这也是系统韧性的价值所在。①

对于城市社区公共服务治理系统而言,系统的韧性力也主要表现在这三个层面,一是系统不受外界干扰的稳定力,即城市社区公共服务治理系统的内部要素能够对一般的外界干扰产生对抗和同化作用,对抗使外界因素无法对系统产生干扰,影响系统的外界因素被系统强行隔离;而同化作用则是系统通过对外界因素的吸纳和融合,将外界因素融入到系统之中,外界因素成为系统的一部分,从而无法对系统产生变革的压力。二是系统对于外界干扰的重组能力,这部分动力主要表现为社区公共服务治理系统因为自身所具有的愿景使命、目标任务、行为规制和路径依赖,即使遇到外界因素冲击而对系统造成冲击也能以自身的属性特征进行修复,从而确保系统的持续性。三是系统对于外界干扰的适应力,主要表现系统能够根据外界因素而调整自身的结构和行为,实现自身与外界的有效互动,是系统进行有序结构形成的关键。

(三)促使系统目标实现的内驱力要素

系统的目标实现源头在于系统的内部驱动力,按照马克思唯物主义观点,内因是事物发展的动力来源,决定着事物发展的根本方向;外因是事物外部条件,对事物的发展能够起到加速或延缓的作用。城市社区公共服务治理系统的动力也源于系统的内因,即内部动力决定了系统的动力。

利益驱动是系统运行的源发性动力,城市社区公共服务治理系统的内部动力也源于系统多元主体的利益驱动。从城市社区公共服务治理系统的结构主体来看,如下图所示,在图的上半区主要为社区公共服务治理系统的管理和服务力量,包括了党组织、政府职能延伸部门、社区企业和社区社会组织;下半区域则为社区的自治力量,包括社区自治组织、社区居委会和社区业委会。从利益构成来看,系统中有社区公共服务治理总体统筹、领导和协调的党组织,追求行政职能履行和科学行政效率的政府延伸职能部门,追求和维护群体与

---

① Folke.C.Resilience:the emergence of a perspective for social-ecological systems,Global Environmental Change,2006(3),pp.253-267.

团体利益的社会组织,追求市场利益的企业;维护自身合法性基础和实现社区自我管理、自我服务的社区居委会,实现共同资源管理和使用的业委会以及维护实现个人利益的社区居民。

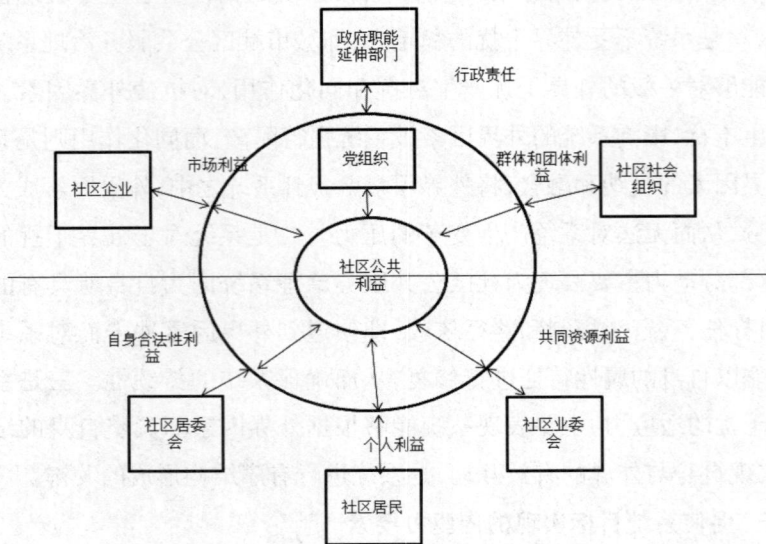

图 2-1 城市社区公共服务治理系统主体利益内驱力图

系统目标的实现就在于多元主体利益和社区公共利益的妥协,每一个系统成员都有实现自身利益的本质诉求和维护社区利益的合法性要求,这两者之间的矛盾形成了社区公共服务治理的驱动力,如果个体利益大于公共利益,那么社区公共服务治理系统将走向分离,公共服务共治无法实现;如果社区公共利益大于个体利益,那么公共服务治理系统得以维护,但是个体的动力将有可能被削弱。因此,社区公共服务治理系统的驱动力就来源于公共利益和系统成员个体利益的妥协。同时各个主体之间也存在着复杂的关系,加剧了社区公共事务管理的复杂性。

(四)促使系统职能履行的外推力要素

系统职能履行的外推力决定了系统的运行条件,能够对系统结构产生压力,促使系统的变迁,同时也能够对系统的运行产生加速和延缓的作用。对于城市社区治理系统而言,外推力既是系统稳定性的挑战,同时也是系统发展的机遇。具体而言,其外推力主要表现为系统的外部熵流因素,如下图所示,这些因素不断在影响和改变着系统结构、系统内部动力机制和系统行为方式,影响着系统目标的实现和系统有序结构的形成。系统的外部推力通过改变系统的理念、结构、行为方式影响到系统动力构成和动力机制,并推动了系统从无序结构向有序结构的变迁。

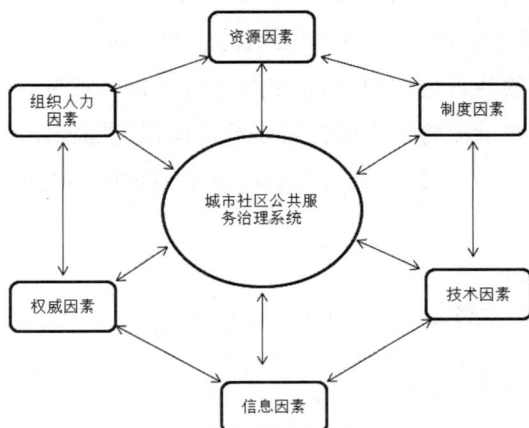

图 2-2 城市社区公共服务治理系统外推力图

系统的外推力要素主要表现为系统外部熵流,即外部熵流所包括的组织人力因素、资源因素、制度因素、技术因素、信息因素和权威因素。这些因素对城市社区公共服务治理系统产生外推力,一方面促使城市社区公共服务治理系统基于压力而履行职责,提升职责履行的效率和效果;另一方面推动社区公共服务治理系统的变革,即促使系统随着外部因素而进行回应与变革。

系统的外推力要素发挥作用也是基于特定条件为基础的,即外推力因素发挥作用必然会引发系统的反抗或者同化,这是系统自身保护作用的体现,与系统稳定性相关、也同系统价值目标以及利益构成相联系。只有当外推力累积到一定程度大于系统反抗力的时候,系统的外推力才会发生作用,直至新外推力内化为系统内部动力。系统的外推力是系统从无序到有序的重要因素,也是系统改革创新的重要契机,历来为学界所研究和重视。

六、城市社区公共服务治理系统的涨落现象

耗散结构系统理论认为,系统中某个变量或行为发生的变化,会促使整个系统演化呈现出涨落现象。系统涨落的发生源于系统内外熵流对系统及其子系统变量和行为的影响程度,涨落分为微涨落和巨涨落两种形态。其中的微涨落现象,就是当内外熵流对系统影响有限时,系统的序参量仍然控制在有效范围,系统协同作用仍然占主导地位,涨落相对于系统宏观量微不足道,系统仍然处于稳定发展的过程之中,系统变化仍然处于量的积累阶段。而巨涨落现象,就是在系统的演进过程中,当系统的外部条件突然变化或内部演变积累到一定程度时,一些熵流将会直接打破系统协同作用的控制范围,系统序参量发生变化,系统成为不同类型的结构,系统发生根本性的变化。系统的动力学方程可表示如下:

$$dx/dt = f(x, \lambda)$$

其中,X 为系统的序参量,λ 为系统的控制参量。其中 X 会随着 λ 的变化而变化。

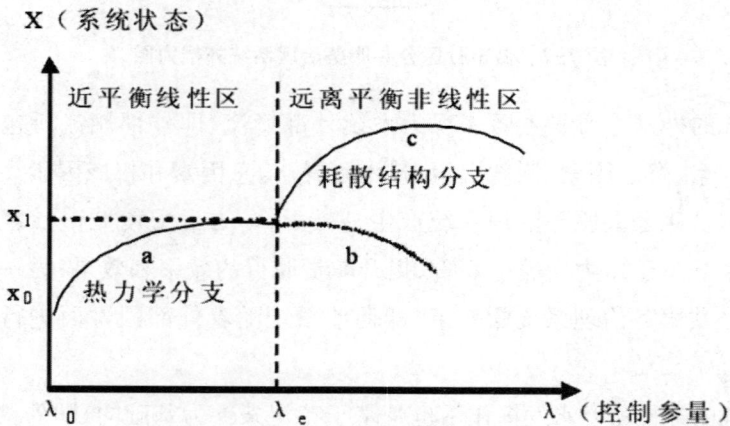

图 2-3　系统现象涨落图[1]

如图所示,(λ_0, λ_e,)区间属于近平衡线性区域,$\lambda \geqslant \lambda_e$ 时属于远离平衡

①　李继宏:《基于耗散结构理论的生态产业链网结构运行机制研究》,天津大学 2010 年博士学位论文。

的非线性区域，与 λ_0 所对应的 X_0 为平衡区域。当控制参量处于（λ_0，λ_e）时，系统处于热力学状态下的线性区域，系统的序参量随着控制参量的变化而有规律地进行线性变化（a 曲线），如外部因素作用不强烈，系统则倾向于平衡和无序的状态，系统属于热力学分支。而当系统控制参量 $\lambda \geqslant \lambda_e$ 时，系统呈现出非线性的变化（b 曲线），其中 λ 的变化随时会导致系统呈现新结构特征（C 曲线）。针对城市社区公共服务治理系统而言，序参量就表现为职能科学、结构优化、廉洁高效和持续学习，控制参量则体现为包括人力、资金、制度、权威、信息和技术的熵流。

在城市社区公共服务治理系统中，由于熵的动态性，导致系统序参量会随着熵流的变化而不断发生变化。这些熵流一方面会打破系统的平衡状态，另一方面也成为维持系统有序的动力。在正常情况下，这些熵流因素会被系统的内部熵因素和系统的协同作用耗散掉，系统会因为熵流因素而发生一些波动，但仍然处在倾向于平衡状态的区域。如社区公共服务外部资金投入的增加，会对社区公共服务在质和量上具有双重的影响，但是社区内部本身的内卷化、冷漠化和博弈化会使得增加的公共服务投入又被传统的决策模式、管理方式和分配方式所限制，增加的公共服务在各个治理环节被消耗，治理系统的绩效并未得到有效的改善和提升，系统因为这些因素的变化而出现了波动，但是仍然处于一般的微涨落状态，这也是当前大量公共政策难以落地和被有效执行的重要原因。

而当处于某些临界点的时候，大量的影响因素很可能会通过瞬间的涨落和扰动造成的偶然性激发系统的变迁，推进系统走向新的有序结构。在系统中，一项改革政策的出台、一项关键技术的突破、一次重大自然灾害的发生、一个重要市场机会的获得，都会引发系统的巨涨落，并对系统演化发展产生重大影响。① 对于城市社区治理系统而言亦是如此，如政策上的变革会直接打破城市社区公共服务治理系统的结构，如国家 2000 年出台的《民政部关于在全国推进城市社区建设的意见》中就明确提出将"单位人"转变为"社会人"的管理模式，城市社区公共服务治理系统从传统的单位主导负责的单一制行政化

---

① 刘范一：《供应链宏观环境的复杂性》，《中外企业家》2006 年第 10 期。

系统转向了政府主导的多元参与系统,系统发生了突变,僵化的行政管理系统转向了多元参与的有序机构。技术理念也是如此,互联网技术的发展和普及,改变了传统自上而下的公共服务供给导向治理模式,随着信息化带来的管理扁平化和自媒体下的公众广泛参与,当前的社区公共服务更多体现为多元参与的供需互动治理模式,公共服务治理系统的治理理念和治理方式发生重大改变,治理结构也从单一化的行政治理走向多样化的共享治理。因此,熵流因素会引发系统的巨涨落出现,并因此而导致系统的突变,进而形成更为有序的公共服务治理系统结构。

系统的涨落是系统持续保持动力的体现,涨落的基础在于系统结构的不平衡性,而发生根源则在于系统的动力机制,这种动力机制受到熵流的影响以及系统内部要素和协同作用的影响,因此对于系统动力的分析就成为系统涨落和系统变迁的根本性因素。

第四节　系统动力学研究框架下的城市社区公共服务治理系统发展路径

从我国城市基层公共服务治理系统发展来看,社区公共服务治理是从全能保姆式的单位制走向行政主导的街居制,再到当前多元参与的合作治理机制,社区公共服务供给中政府的责任在分解、权力在回笼,但是政府的影响在扩大,效用在提升。而社会主体,则是形成了一条从被动接受到局部参与,再到当前的共享共治,社会主体的参与深度和广度在不断扩张。而从系统动力的角度来看,我国城市社区公共服务治理呈现出以下的发展路径。

一、系统序参量调整:城市社区公共服务治理系统发展的源发动力

城市社区公共服务治理系统的序参量调整是应国家政治发展和治理体系变化的必然要求,集中体现为城市社区公共服务治理的功能定位变化以及因此而形成的治理体系状态变化。

(一)职能一元化向职能一体化的变迁

伴随着中国经济从计划经济走向市场经济,社会结构从传统权威导向走

向现代权利导向,城市社区公共服务治理系统的职能定位也发生了变化。早期单位制时代,城市社区主要面临着如何维护社会秩序和动员社会力量参与社会建设两大核心问题,在此环境下社区公共服务治理系统功能主要体现为公共服务分配、公共资源筹集和管理以及社会力量动员,在这种功能定位下单位成为社区公共服务治理的唯一具有合法性主体,单位制的社区公共服务治理通过行政管理方式实现了社区公共服务治理的功能。随着改革开放的不断深入,城市社区公共服务治理系统开始面临着社区生产功能分化所带来的社区资源匮乏、社区结构变化等核心问题,单位退出要求政府作为主导来承接社区公共服务治理的职责,随着社区自治组织的建立和健全,政府和居民自治组织构成了城市社区公共服务的治理系统,政府成为社区公共服务政策的制定者、资源的保障者和具体公共服务的执行者,社区自治组织成为社区结构中自下而上与政府对接的社区治理衔接体,承担着政府治理转接和社区自治的双重职责,政府和社区自治成为街居制下社区治理的双元驱动主体。而在当前的社区治理体系下,社区结构因为城市化进程进一步分立,个性化服务需求、资源供给不足以及社区公共服务可及性不够成为社区发展面临的核心问题,社区公共服务治理需要多元的公共服务主体参与到治理系统之中,通过专业化的优势解决个性化服务需求问题,通过资源整合来解决社区公共服务资源供给不足的问题,并通过一体化的一站式服务平台整合多元主体解决公共服务的可及性问题,社区公共服务质量也基于此不断提升和完善。因此,可以看出,城市社区公共服务治理系统经历了单一化全能式的单位制,政府和社区两元互动的街居制,以及当前的所正在实践的多元主体整合的一体化社区治理体系,社区公共服务治理主体在不断增加、社区公共服务治理机制在不断整合,其中多元化、可及性是其变迁的主要方向。

(二)集中式结构向分布式结构的变迁

我国社区公共服务治理系统经历了典型的从集中式结构向分布式结构的变迁路径。从早期的单位制社区到街居制社区,不管是单位还是街道和社区自治组织都是将向社区提供具有普遍和无差异性的公共服务作为自身的公共服务职能标准,这就要求建立集中式的公共服务治理体系,以行政权威保障公共服务的有效供给,确保公共服务的均等化和可及性,在此情况下我国的城市社区基本形成了以街道办事处为核心的,集成多元主体的集中式社区公共服务治理结构,公共服务治理系统呈现出典型的全能式治理,公共服务治理具有明显的行政命令式和单向式治理特征,城市社区治理体系也表现为"上面千根线,底下一根针"的集中式治理结构。而随着城市化的进一步发展,公民权利意识的进一步增强和参与手段的不断完善,城市社区呈现出更为复杂的多需求、多矛盾和多互动的公共服务治理局面,传统通过集中式机构的行政命令和单向治理手段已经无法有效回应公民的诉求。而以需求为导向的服务分类供给、以群体特征为边界的社会诉求回应成为当前城市社区公共服务的特征,这就要求建立分布式的公共服务治理机构,不同治理主体聚焦解决不同的社区公共服务治理问题,然后通过一体化的治理平台实现信息、资源、需求的整合,保障公共服务的可及性,降低公共服务的成本。因此,当前的城市社区公共服务正在经历着由集中式机构向分布式结构的转变,聚焦于解决具体问题的社会组织、企业逐步被引入到治理系统之中,行政延伸机构和社区自治机构着力解决综合性、基础性和权利性的公共服务诉求,城市社区公共服务逐步形成了基于回应需求的分布式结构特征,治理主体之间的关系也由传统的单向行政命令式转向多元互动的伙伴关系。分布式公共服务治理结构也带来了社区公共服务治理的新诉求,一方面变化的公共服务诉求要求建立更加开放式的公共服务治理体系,多元主体进入治理系统的门槛要更加降低、参与渠道需要更为广泛、资源保障也需要更加完善;另一方面分布式的治理结构需要相应的机制和平台进行整合,以实现资源和信息的共享,并为社区提供一站式的服务,增强服务的可及性。当前的城市社区正处于这一阶段:分布式治理结构不断完善,开放式的治理体系不断形成,服务的整合机制和平台也在不断完善。

(三)碎片化服务向整体式服务的变迁

在单位制社区,单位以行政管理模式承担了社区公共服务的治理职责,单位垄断了社区公共服务的资源,并通过不同单位行政主体履行社区的公共服务供给职责,单位的行政管理机制一定程度上解决了公共服务的碎片化问题。随着单位制的退出,社区公共服务职能,特别是基本公共服务职能被收入政府职责范围,社区自治机构并不承担基本公共服务的执行责任,这使得社区居民的公共服务诉求必须由政府不同行政机构来进行回应,公共服务的碎片化问题由此出现,也由此而产生了大量公共服务供给不足、回应性不够、可及性差和服务质量不高的问题,更是引发了大量政府和公民之间的矛盾。进入21世纪以后,为破解公共服务的碎片化问题,行政部门以社区自治机构为载体推动了大量公共服务的下沉,建立了包括社区综合服务中心的综合服务机构,一定程度上解决了基本公共服务和政务服务的碎片化问题。但同时,随着社区公共服务治理系统的不断完善,多元主体参与成为社区公共服务治理系统的重要组成部分,这时公共服务的碎片化问题已经由传统上的行政性服务及基本公共服务碎片化走向了涉及多个领域、多元主体的公共服务碎片化问题。这种碎片化服务使得部分公共服务重复和闲置,而部分公共服务却短缺不足,公共服务在时空上出现了不协调和不连续,不利于公共服务的成本控制和可及性提升。因此,当前部分城市社区已经开始搭建整体式的社区公共服务治理平台,依靠互联网+平台实现社区公共服务的供给和需求整合.如部分城市的智慧社区建设等探索,一定程度上实现了社区公共服务资源的调配和供需平衡,实现了一站式服务的社区公共服务回应体系。但是随着未来更多主体参与到社区公共服务治理系统之中,更多的个性化需求逐步显现,以平台进行简单资源配给整合的公共服务必然要走向更加深入的基于公共服务逻辑整合的新模式,即公共服务的整体式治理将深化为调整服务主体结构、优化服务协同方式、分配服务资源配置和构建公共服务标准的治理模式,这也是未来城市社区公共服务治理变迁的重要方向。

(四)执行式系统向学习式系统变迁

社区一直以来都是国家政权的重要组成部分,城市社区亦是如此,虽然不属于国家政权的正式序列,但是却一直承担着国家政权所赋予的职责,这为社区注入了资源和动力的同时,也使得社区这一生活共同体出现了行政内卷化的问题,成为公共政策和政治统治的重要执行机构。传统单位制下,社区公共服务治理体系服从于单位行政管理体系,执行单位行政管理的战略意图和单位的行政决定。在双轨制下,社区公共服务治理系统直接从属于街道,社区居委会也更多承担着政府政策上行下达的职责。在社区制下,虽然社区公共服务治理系统不断完善,多元主体不断进入,但是政府及其行政延伸机构仍然掌握社区治理的主导地位,政府意志的执行仍然是社区公共服务治理系统的最重要职责,社区依然是政府公共服务的承接者和执行者。但是从发展来看,社区公共服务治理系统也是一个不断学习成长的过程,从单位的内属机构到政府的执行机构,再到政府职能承接机构,社区公共服务治理系统独立性在不断增强。这一方面源于政府对于社区作为政府基层政权组织向社会治理基本单元的战略转型,另一方面也源于社区治理系统基于社区政治和行政生态体系而不断增强的治理能力以及由此产生的自治诉求。因此,随着当前信息化时代的到来,知识成本不断降低和可及性不断增加的趋势加强,社区公共服务治理系统也处于一个不断学习的状态,通过学习来适应治理环境、回应治理诉求、提升治理能力,这是现代一个良好系统的必然条件,也正是社区公共服务治理系统不断发展的必然趋势。

二、系统结构变化:城市社区公共服务治理发展的决定性动力

"系统结构决定系统行为",这是系统论重要论断。城市社区公共服务治理变迁也是由系统结构变化所决定的。城市社区已经由传统上封闭的、内外脱节、内部断裂的治理结构向开放式、内外互动和内部协同的公共服务治理结构,系统结构的变化对系统治理行为产生了变迁的压力,也催生了城市社区公共服务治理系统的变迁。

(一)开放的社区系统结构变化要求开放式的公共服务治理模式

城市社区从单位制到街居制再到现在的社区制,一个明显的变化就在于社区结构的变化,社区的开放程度不断变化,从最初封闭的单位系统到具有行政区域的街居系统,再到目前扩大到城市社会的社区系统,大量外来人口进入社区使得传统有同一性特质的社区治理群体向差异化转变,社区群体的多元性和高流动性构成了现代社区的主要特征,这种特征也要求建立开放式的公共服务治理模式。从社区公共服务治理变迁来看,开放式的社区公共服务治理系统主要经历了以下变化:一是社区公共服务治理主体体系不断开放,由传统上的行政领导主体逐步走向更为开放的参与主体,单位制的社区治理典型属于单位的行政治理模式,单位的管理部门成为社区治理的唯一主体,居民成为治理行政行为对象;随着社区结构的变化和公民权利的觉醒,政府和社区自治组织以外的多元主体开始参与到社区治理之中,基于市场服务体系的物业

体系、基于社会公益的社会组织以及基于权利实现的公众群体都开始参与到社区治理之中,这就要求社区要建立更加开放的体系,保障参与主体的有效参与。二是社区公共服务治理的方式不断开放,传统的行政管理模式逐步走向多元协商、互动的协同模式,社区公共服务治理主体逐步探索使用自身更有特色、更有优势的治理方式,"法无禁止皆自由"理念下的治理方式开始在社区非政府组织和公众团体中使用,社区治理方式更加多元,社区公共服务的可及性与满意度也在提高。三是社区公共服务治理的监督评价体系不断开放,传统上的社区公共治理主要采取自上而下的目标管理考核模式,行政部门成为社区公共服务治理的唯一主体;随着社会的发展,社区公众满意度逐步被提出和重视,成为社区公共服务治理的重要指标;而随着当前社区参与不断提升、社区公共服务个性化不断增强,多元主体的监督评估在技术上具有可行性、在治理体系中也成为必要要件,这对社区公共服务治理的监督评价体系有了更高的要求。

(二)内外互动的社区治理结构要求具有包容的公共服务治理制度体系

与传统上社区的封闭性不同,当前社区的边界更加模糊,社区公共服务的非排他性和非竞争性因为高速流动和变化的社区结构而不断弱化,社区公共服务社会化正在成为当前城市社区公共服务治理的显著特征,社区公共服务带动社会公共服务成为很多城市公共服务的战略选择。社区结构的内外互动使得社区系统时刻都处于高速的社区内外要素流动之中,一方面,外部要素的流入为系统带来了资源保障和发展活力,但也带来了治理的风险和治理的复杂性;另一方面,外部要素的流入也催生了内部因素的变化,引发了社区治理结构的变化,产生了新的公共服务治理需求。故而建立具有包容性的公共服务治理制度体系便成为当前城市社区公共服务治理的必然诉求。对此,适应内外互动的社区结构,我国的城市社区公共服务治理体系也在经历着以下的变迁:一是参与的制度设计更加包容,城市社区公共服务治理的参与制度从单位制中单位行政主导下的社会参与排斥、双轨制中政府主导下的社会参与挤出,再到当前政府负责下的参与制度设计,政府更加注重对多元参与主体参与的培育、孵化与合作,参与制度体系更显包容。二是社区资源的共享机制更加包容,传统的封闭社区不愿将自身的资源为社区外所共享,并通过设置障碍等多种形式将资源局限在社区范围内,强调社区的独享性。而随着社区结构的变化,社区公共服务社会性进一步加强,外来人口的社区融合以及社区服务共享成为当前社区治理的主题,社区资源开放共享成为当前社区建设的主要特征。三是社区韧性不断增强,单位制下的社区是典型的行政依赖型社区,双轨制下的社区也仍然体现为行政对自治组织的吸纳特征,但是明显的是社区对于行政的依赖在不断减弱,这反过来也说明了社区的保持自我特征、应对社会问题、恢复自身属性的韧性在增强,特别是当前的社区具有明显的学习属性,社区逐步在通过自身应对现代化发展中所面临的问题。

(三)内部协同社区结构要求具有伙伴关系的网络化社区公共服务治理体系

传统的社区结构是一个典型的基于社会熟人关系而形成的社区体系,人际关系所形成的"差序格局"是传统社区公共行为的首要法则,这使得传统的城市社区存在着明显的"关系化"治理模式,人际关系在治理中发挥着核心的作用。而随着单位制的解体和城市化浪潮,城市社区的组成结构发生了重大变化,传统的基于人际关系的差序格局法则转变为以个人为中心、多利益链条的网络式治理规则,利益成为当前社区治理的核心原则,在此情况下传统上基于人际关系和行政命令的治理模式需要转型为以社区公共利益为核心的治理模式,基于公共利益而形成的网络化治理结构成为社区公共服务治理的必然选择。在此情况下,城市社区治理方式也发生了相应的变化:一是公共服务治理的起点发生了变化,传统上社区的群体属性明显,公共服务治理以群体作为服务供给和管理的逻辑起点,以同质性的公共服务为主要内容,这在单位制社区和传统社区中尤为明显;而随着城市化的浪潮和商品房政策改革,新型的城市社区机构更加分散,社区公共服务治理已经逐步转化为具有个体化特征的公共服务治理,个性化公共服务特征明显并成为社区公共服务治理的重要特征,这要求更具广泛的社区公共服务参与来作为基础。二是公共服务的治理方式发生了变化,传统社区结构下的公共服务治理主要强调的是以供给为导向的公共服务供给管理模式,以供给改革来增强服务的资源保障、分配服务资源覆盖范围解决公共服务的足量和均衡化分配问题;而随着社区结构的变化,个性化的公共服务要求强化社区公共服务治理的需求导向,以强调公共服务可及性的公共服务治理模式转开始实践,个性化服务管理模式、定制化服务管理模式成为公共服务治理的主要方式,需要网络化的治理主体伙伴关系以及民主协商予以支撑。三是公共服务治理的评价标准发生了变化,传统社区公共服务以供给数量为评价标准逐步转向当前以服务可及性、可获得感和满意度的需求为评价标准,社区公共服务治理更加注重服务的过程和效果,而不仅仅是服务的投入,评价标准更加客观和全面,这也要求网络化的目标形成机制、多元考核机制和责任管理机制予以保障。

三、系统熵流:城市社区公共服务治理系统发展的诱发性动力

按照耗散结构理论的观点,唯有开放性的系统才具有活力,才具有存续和发展的动力。开放性的系统发展关键在于内外熵流的流动,通过外界的熵流流入降低系统熵值,推动系统发展,促使系统进入有序的状态。城市社区公共服务治理系统的变迁过程在本质上也是内外因素互动下,追求善治状态的调整过程,其中有系统序参量变化(社会所追求的目标变化)的影响,也有系统结构变化(现实社会状态的变化),更有外部熵流(特定性的外部因素)的影响。这些影响最终推动城市社区公共服务治理系统不断调整,并走向有序的状态。

中国城市社区公共服务治理系统变迁是在中国政治经济社会变化以及中国政府管理和社会治理改革的背景下进行的,受到内外复杂因素的影响,具有临时的反复性。但同时从长时间来看,城市社区公共服务治理系统的变迁也具有较为明显的外部熵流影响因素,影响着社区公共服务治理系统的变迁,推动着社区公共服务治理系统的不断优化。

(一)人力熵流:社区公共服务治理系统变迁的主体动力

人力熵流是社区公共服务治理的核心,主要表现为社区公共服务治理组织结构和社区公共服务管理人员的变化,这些因素成为社区公共服务治理系统的直接推动力。

新增的社区组织改变了社区公共服务治理的组织结构。在改革开放以前,单位是承接基层社会治理的主要机构,社区治理系统也是以单位为主体的治理机制。而改革开放以后,增量成为社会发展的主要动力,社区内外也开始

出现了各种增量的组织,包括由政府推动的自治组织居委会、由商业主体推动的业主委员会及其物业公司、由社会组织推动的大量社会组织以及由社区居民自愿形成的社会团体。这些组织的出现使得社区组织系统的环境发生了变化,新生的社区组织具有参与到社区公共服务治理动力与愿望,也提出了社区参与的要求,这使得传统的以单位和行政为核心的社区组织结构发生了变化,社区组织结构更具开放性和多元性,社区公共服务治理的组织系统发生了变迁。

人员变化改变了社区公共服务治理的人力系统。在改革开放以前,社区公共服务治理依托于单位管理模式,单位的行政工作人员天然成为社区公共服务治理主体。改革开放以后随着单位制的解体,街道和居委会成为社区治理主体,依托于行政系统的街道工作人员和熟人社会中的社区"乡贤"成为社区治理的主体,行政与自治的矛盾最终使得社区自治内卷化为行政模式,社区公共服务仍然采用的是类行政化的治理方式。进入 21 世纪以来,随着社区结构的变化,更加陌生的社会关系制约了传统"乡贤"的作用,更加复杂的社区事务制约了行政管理方式,这时专业化的社区治理主体出现,包括更加专业的社工人员、更有基层凝聚力的社区公益人士、更有权威的社区党组织人员以及更有服务能力的社区自治组织成员等等。这些人员的进入直接引发了社区公共服务治理系统的变化,社区公共服务治理更具多元化和专业化。

(二)资金熵流:社区公共服务治理系统变迁的基础动力

社区公共服务治理依赖于资源的支撑,尤其是资金的统筹直接决定了社区公共服务治理系统的存续和发展。我国城市社区公共服务治理系统的发展很大程度上源于社区获得了更多的资金资源,这为社区公共服务有效供给奠定了基础。

财政资金投入不断增加构成了社区公共服务治理系统的基础。早期社区公共服务治理系统内嵌于单位制这一主体,资金基本上源于单位的行政拨付,这使得社区公共服务依赖于单位经营状况,社区公共服务治理具有随着资金变化的波动性,但总体上处于一种较为稳定的状态。随着单位制的解体,社区的行政资金主要来源于街道部门的行政拨款,但是在 20 世纪 90 年代和 21 世纪的前 10 年,由于财政资金止于街道层面,公共服务资金又分散于政府职能部门,这使得城市是社区公共服务治理系统处于资金的异常短缺状态,部分社区从事了社区公共资源的经营活动,部分社区也因为拆迁安置而获得补偿,社区的公共服务治理资金处于一种具有明显差异的不均衡状态。随着 2012 年基本公共服务十二五规划的出台,基本公共服务均等化战略开始实践,部分地方政府更是加强了社区的财政投入以推进社区公共服务建设,社区公共服务治理系统的资源开始大大加强。财政资金的增加,一方面强化了社区公共服务的治理基础,公共服务系统拥有了运行的保障经费,常态化的治理工作开始推进,创新性的治理举措开始实践。另一方面,财政资金的稳定性保障了社区公共服务治理系统的稳定性,不同于之前依赖单位营收、项目资金的不稳定性,财政资金保障了社区公共服务治理系统持续化运行的基础,系统的稳定性增加,公共服务的治理效果也得到了保障。

市场化、社会化资金介入激发了社区公共服务治理系统的活力。市场化和社会化的资金进入社区具有源远的历史,但是因为我国长期不完善的市场经济和薄弱的社会公益体系,社区公共服务治理系统所获得的市场化和社会化资金有限,难以持续性地对社区公共服务治理产生有效的影响。但是随着市场经济和社会机制的不断健全,特别是 2008 年以后,中国大量的社会化公益资金和市场化资金以项目形式投入到社区治理之中,并且形成了固定的、持续性的项目计划。这使得社区公共服务治理增加了新的内容和新的方式方法,支撑了这种新形态的治理要求,推动了社区公共服务治理系统在组织结构、治理内容、方式方法方面的变迁。

（三）制度熵流：社区公共服务治理系统变迁的外在动力

按照新制度经济学的观点,经济的结构变迁源于追求最优制度选择的动力,制度应需求而产生,但制度本身具有发展动力和空间,制度的效用也直接影响着结构和结构的变化和变迁。新中国成立以来,中国的社会制度发生的巨大变化,制度体系所带来的巨变成为社区公共服务治理系统最大的外在动力,促使了社区公共服务治理系统的转型和变迁。

经济制度变革推动了社区公共服务治理系统的变迁。中华人民共和国成立以来,我国分别经历了计划经济和中国特色社会主义市场经济两个时段。计划经济所强调的计划特征要求建立自上而下的计划管理体系,强调对基层社会的行政控制,并以单位作为社会管理的重要手段。在此基础上,当时我国的城市基层社区公共服务治理也便采取了以单位行政管理为主导的计划管理方式,社区公共服务治理系统也就呈现为单位行政管理的特征。而随着社会主义市场经济推行,以政府职能转变为核心的政府改革和以市场化为导向的国企改革开始推进,社区公共服务由依赖单位而转向依赖政府和社会,社区公共服务治理系统的政府色彩不断强化。1990 年,《中华人民共和国居委会组织法》施行,自我管理、自我教育和自我服务的社区自治机构成为社区公共服务治理的重要组成部分,由下而上的公共服务治理机制逐步形成。2008 年以来,政府购买公共服务逐渐兴起,社会化主体和市场化主体逐步参与到社区公共服务治理之中,2013 年 7 月 31 日,国务院总理李克强主持召开国务院常务会议,要求推进政府向社会力量购买公共服务,[①]至此社区公共服务治理的多元参与、协同治理系统正式形成。

政治制度激发了城市社区公共服务治理系统的变迁。社区治理系统在本质上属于我国政治制度改革的一部分,统属于我国的政治体系,也随着我国政治体系的变化而变迁。中华人民共和国成立以来,我国的政治制度为适应经济制度而不断调整,核心表现为政府职能转变和基层民主自治的发展。市场化和社会化成为政府改革的主要方向,政府从一元领导和万事兜底的职能逐渐转型为政府主导和社会保障职能,政府和社区的关系也从原来的领导者与被领导者、资源供给者与需求者、考核者与被考核者关系转为指导者与实践者、资源保障者和被保障者、监督者与被监督者关系,社区公共服务治理系统中的政府要素不断在减少,而社会化、市场化的要素不断在增加。另外基层民主自治也是重要的影响因素,传统的城市社区公共服务系统更多表现为管治系统而不是治理系统,基层民主自治法治为社区公共服务的治理奠定了制度空间和支撑力量,基层民主自治发展成为系统变迁的主要因素。

社会制度强化了社区公共服务治理系统的变迁。改革开放以来,权威理性化和利益分散化构成了社会的主要特征,传统行政主导社会的规则逐渐被

---

① 《李克强主持召开国务院常务会议　研究推进政府向社会力量购买公共服务　部署加强城市基础设施建设》,《人民日报》2013 年 8 月 1 日。

参与、协商的社会规范所取代,反映到城市公共服务治理系统中,就是系统的参与性和民主性在不断发展和提升。改革开放以前的单位制社区中,公共服务治理是明确的行政单项管理模式,居民仅仅是公共服务的接受者和消费者,公民仅享有建言献策的参与权。改革开放以后,社区从单位剥离以后,街道和居委会成为社区公共服务治理系统的核心主体,社区公共服务治理虽然具有了基层的自治属性,但仍然具有明显的行政附属属性。进入21世纪以来,街道和社区的关系进一步厘清,社区自治属性进一步增加,社区民主参与、社会组织引入、市场化主体进入促成了社区公共服务的协同与合作治理系统形成。部分地方,如上海、成都等地更是取消了街道的招商引资职能,将街道直接定位为公共管理、公共服务、公共安全的服务机构,街道和社区之间的协同关系进一步明确,社区的公共服务治理系统也向多元参与的合作治理体系更进一步。

(四)权威熵流:社区公共服务治理系统变迁的认知动力

权威源于认可,而关键则在于权威的宣传和对权威的认知。新中国建立以来,社区的权威随着经济社会的发展发生了相应变化,并对社区的公共服务治理系统产生了影响。

一是党政熵流对社区公共服务治理系统变迁的影响。作为马克思列宁主义国家,从新中国建立之初党政下沉到最基层就成为当时的制度选择,作为当时"外来力量"的党政权威在政治力量的推动下迅速成为基层的主导性力量,传统基层治理的权威体系被打破,党政权威作用下的党政主体也变成为社区公共服务治理,乃至整个基层治理的一元化治理主体。随着改革开放的推进,重建基层自治体系和党政权力下放成为时代主题,党政主体除了一方面仍然发挥基层治理的主导作用,同时也在培养更具自治属性的基层自治组织和专业属性的社会组织,社区公共服务治理系统呈现出党政主导下多元治理的特征。而随着经济社会结构的进一步变化,特别是市场经济的不断推进,社区居民对于党政系统的依赖在降低,在基层治理中党政主体成为事实上的资源供给者而不是全面的影响者,党政的权威出现了虚化、弱化和边缘化的问题,社区公共服务治理系统也呈现出了党政负责下的多元治理特征。随着十八大召开,特别是十九大,明确了基层党组织的战斗堡垒作用,强化基层党组织的权威成为下一步基层治理的首要任务,社区公共服务治理系统中的党政作用将进一步加强,权威将进一步增加。

二是自治权威对社区公共服务治理系统的影响。自治权威是社区公共服务治理系统的主要生态环境,也是系统运行的重要权威来源。新中国成立以来,伴随着基础治理方式由传统乡贤治理向行政渗透转变,传统基于血缘宗族、乡贤权威形成的自治体系被行政主导所取代,党政权威成为基层治理的主导权权威,自治权威的功能被取代,社区公共服务治理系统的自治属性再锐减。伴随着改革开放以来的经济社会改革,特别是作为自治组织机构的居委会成为社区公共服务治理系统的重要组成部分,新时期的自治权威又逐步形成,相比于传统的血缘宗法基础,新的自治权威更多体现为经济利益和基层民主,自治组织也在一定程度上成为保障和实现基层经济权益、推动基层民主和履行部分行政职能的机构,自治权威以新的方式出现并被认可,社区的公共服务治理系统加入了新的力量,也配置了包括经济职能、民主职能、行政执行的功能。21世纪以来,城市社区的功能进一步回归到生活共同体,社区的自治机构随着政府行政职能和职责的上移获得了更多的发展空间,特别是新型社区所形成的传统人际关系断裂问题,使得新型社区自治权威逐步转向了社区的公共事务治理和公共利益维护,同时社区物业管理体系逐步形成,基于共同公共利益的市场化机制形成,虽然仍然面临着参与不足的问题,但已经基本形成了现代以公共利益为目标的公共服务治理系统。十八大以来,在以"释放社会活力"要求的指导下,社区的社会化力量和市场化力量越来越多介入到社区治理之中,社区自治权威进一步形成了以公益化、专业化、参与化为主要核心概念的权威体系。

三是个人权威对公共服务治理系统变迁的推动。按照马克思·韦伯的观点,权威来源于三个方面,感召权威、法理权威和传统权威。① 这三个权威来源形成了社区公共服务个人权威的基础,也促成了城市公共服务治理系统的变迁过程。在改革开放之前的单位制社区治理时期,社区的个人权威体系存

① [英]R.马丁:《论权威——兼论M.韦伯的"权威三类型说"》,罗述勇译,《国外社会科学》1987年第2期。

在着以下状态:传统权威占主体、感召权威在增强、法理权威在增加,具有社区群众基础、又在单位中任职、并具有一定能力的人成为社区公共服务治理的主要领导,成为社区治理系统的重要组成部分。改革开放以后,单位制逐渐消失,社区自治组织成为社区公共服务治理系统的重要组成部分,社区的个人权威又发生了改变,法理权威进一步增加、传统权威在弱化、感召权威占主体,具有社区群众基础、能为社区带来福利和效益、并被政府所认可的成员成为社区自治组织负责人,承担起了社区公共服务治理的责任。21世纪以来,随着社区结构的变化,社区的个人权威进一步发生变化,法理权威成为主体、个人权威和传统权威在不断弱化,社区的公共服务治理系统也从之前的贤人治理走向了现代法治。

(五)信息和技术熵流:城市社区公共服务治理系统变迁的行为动力

邓小平"科学技术就是第一生产力"这一论断,不仅是对于生产发展的重要判断,也对社会关系发展拥有明确的定位。对于社区发展而言,信息和技术熵流也对社区公共服务治理系统产生了重要的影响,成为推动城市社区公共服务治理系统变迁的行为动力。

信息熵流推动了社区公共服务治理系统的行为转变。相对于传统时代信息流动的单向性特征,随着信息技术的发展以及经济社会结构的变化,信息数据的爆炸性增长使得社区各个主体既是信息的接受者也是信息的制造者和传播者,社区的信息变化直接影响了社区公共服务治理的决策行为和执行行为,促成了社区公共服务治理系统的变迁。在改革开放以前,单位制时代的信息具有明显的单向性特征,从治理主体到治理对象的管理信息流和从治理对象到治理主体的诉求信息流具有典型的平行特征,外部的信息流因为技术匮乏、系统封闭和国家管制等因素而无法对社区居民产生认知和行为的影响,在这种环境下公共服务治理系统具有明显的单向性和确定性的治理特征,回应性不足和欠缺。改革开放以后,单位制的逐步解体和经济社会开放性不断增强,社区信息系统开放,治理主体和治理对象的平行信息流出现了多次交叉,社区独立个体的信息水平都在提高,公共服务的复杂性不断凸显,公共服务治理由之前的单向性管理向回应性转变。21世纪以来,社区的信息化水平不断提高,智能化的信息处理系统和信息服务平台逐步实现了服务信息的处理工作,信息化水平使得公共服务治理系统能够较为精准的、前瞻性地把握公共服务治理工作,公共服务治理由回应性又向主动性转变。

技术熵流促进了系统的公共服务治理方式转变。技术推动了整个社会的发展,实现了社会从生产环节、管理环节和使用环节的全过程升级,对于社区公共服务治理而言,技术的进步从智能化和社会化两个层面上推动着治理系统的变迁。传统的单位制社区,科技技术并不发达的公共服务治理依赖于传统的行政化和社会手段,以命令的上传下达和社会动员作为公共服务治理的主要手段,治理方式则是以传统的人与人交往和纸质媒介的传递实现。改革开放以后,社区治理呈现出街道行政治理和社区自治的双重治理,基于法律规定和公共服务部门化,社区公共服务治理依赖于社会自治和项目行政管理方式,以公共服务的回应性供给和社区自我管理、自我服务的公共服务治理方式为主体,科技技术逐步改善社区公共服务治理系统。21世纪以来,科技的爆发式发展促成了社区公共服务治理的智能化,从基于通信手段的远程化公共服务治理方式到社区电子政务治理再到智慧化社区治理。新技术不仅解决了治理成本的问题,更促成了服务精确供给、治理全程化推进和社会智慧化发展,促进了社区公共服务治理系统从传统的单向的面对面治理走向互联互通的网络化治理。

信息技术熵流带来了社区公共服务治理便捷化的同时,也成为弱化传统治理要素的重要推手,传统人际交往、共同协作、睦邻和善的一些治理方式被信息技术所取代,社区作为共同体的社会属性呈现出弱化的趋势,这也成为当前社区治理的一个重要话题。

综上可以看出,随着经济社会结构的变迁,在目标参量、系统结构和熵流的影响下,城市社区公共服务治理系统一直处于系统的变迁过程中,通过变迁系统实现了自身的优化,不断推动自身有序状态的形成。

四、系统涨落:城市社区公共服务治理系统发展的突变动力

按照耗散结构理论,系统因为受到各种因素的影响,会从无序走向有序,其中变迁关键在于系统巨涨落线性的出现。城市社区公共服务治理系统的变迁也是与系统的涨落密切相关。

（一）系统的微涨落：社区公共服务治理系统的适应性变迁

系统的微涨落使得系统一直处于一种追求有序的运动之中，但是因为动力性因素和抑制性因素之间所形成的耗散效应，系统一直处于一种运动的平衡状态。对于城市公共服务治理系统而言，持续性的外部熵流对系统产生了巨大的变迁动力，但是系统的协同效用和内部熵流则对此呈现出反作用力，系统处于一种具有变迁动力但又适应现实的状态。从社区公共服务治理系统的发展来看，城市社区公共服务治理系统一直处于一种民主参与与科学行政、外部推动与内部约束的平衡之中，系统在大部分时候处于一种微涨落下的调整过程。单位制下，外部推动的行政模式是系统的主要特征，但是存在于系统的民主参与和社区文化却在一定程度上消解着行政的单向功能，这使得社区公共服务治理仍然处于一种事实上多元参与的局面。改革开放以后，特别是20世纪90年代以后，单位的消解虽然推动了城市社区的自治化进程，民主参与在城市社区公共服务治理中不管在合法性和可行性方面都存在着大量的空间，但是街道办为主的政府行政部门仍然过多地占据着社区公共服务的民主治理体系，社区治理行政化问题依然存在，社区治理仍然是行政主导的多元参与模式。近年来，随着国家社区治理社会化和市场化理念的转变，社区职能回归和社区去行政化成为社区治理的重要方向，但是现实中，不管是社会化和市场化的社区治理模式都离不开行政权威的兜底、保障和监督，社区仍然呈现出行政与参与、内部与外部的平衡之中。

（二）系统的巨涨落：社区公共服务治理系统的变革性变迁

相对于微涨落的适应性变迁，社区公共服务治理系统在中华人民共和国成立之后也呈现出了巨涨落的态势，形成了一定时期内系统的根本性转变，治理体系和治理方式也出现了根本的转型。城市社区公共服务治理系统的巨涨落是多重因素影响的结果，但是阶段性的突变性因素促成了巨涨落，实现了系统结构的根本性变迁。从社区公共服务治理系统的变迁来看，变革性的社区公共服务治理系统主要如下：一是20世纪80年代，改革开放以来的城市社会结构因为人口大量流入而发生变化，单位制因为经济体制改革而逐步消解，社区从单位制度的支配型治理走向了政府主导、社会负责的双轨联动治理，社区公共服务治理系统从主体、方式、保障机制都发生的变革，系统出现了巨涨落而走向新的有序结构。在新的结构中，政府行政推动和社区社会自治成为社区公共服务治理的主体，公共政策和社会性的项目管理成为社区公共服务治理的主要方式，社会保障取代传统单位负责成为社区公共服务的保障机制，社区公共服务治理系统以新的有序结构来适应经济社会结构的变化。二是21世纪初，随着住房商品化和城市化的发展，新型的商品房社区建立，传统社区的家族、职业、睦邻关系被陌生人际关系的公共利益所取代，社区公共服务治理从单纯的政府供给、社区管理模式走向了多元供给、自治管理模式，社区公共服务治理系统的主体变成了包括党政、自治结构、社会组织、企业和公民个人的网络化协同治理体系，系统的运行方式由政府或社区直接供给转化为以社会化和市场化为特征的服务购买、委托方式，社区公共服务治理目标也由最早的保障性、回应性转化为满足居民的获得感、幸福感，社区公共服务治理的手段也呈现出更多的智慧化特征。

由上可以看出，我国城市社区的公共服务治理系统具有典型系统特征，其变迁过程也具有适应性和变革性的双重特点。但总体来看，城市社区公共服务治理系统的开放性决定了其结构、运行机制和保障体系的不稳定性，而正是这种不稳定性促成了系统的动力机制，使得系统能够不断适应、不断创新，从而与政治、经济、社会同步发展。

第三章　城市社区公共服务治理
系统动力学的模型构建

城市社区公共服务治理的系统特征使得城市社区公共服务治理可以通过系统动力学的研究方法进行系统研究。系统动力学研究方法的重要特点就是可以基于研究对象构建具有系统特征的模型，这一模型不仅能够用来进行系统发展的模拟，还可以用于预测决策方案。

第一节　系统动力学建模的流程

对于系统动力学的模型构建，一般基于以下程序：首先是要明确模型的目标与基本假设，即通过模型要实现什么目标、达到什么目的，系统的基本假设如何以及怎样设置控制性要件。其次是对系统的边界进行分析，特别是要明确模型所要涉及的系统动力要素。再次，根据这些要素建立因果关系，并进行正负反馈关系的分析。最后确定变量、参数和形成表达方程，如下页图所示。根据系统动力学的建模要求，本书按照建模程序形成了城市社区公共服务治理系统动力学模型的构建。

第二节　城市社区公共服务治理系统动力学
模型构建的目标与假设

城市社区公共服务治理系统是当前实践国家共建共治共享社会治理格局的关键，也是我国实现国家治理体系和治理能力现代化的核心，而当前城

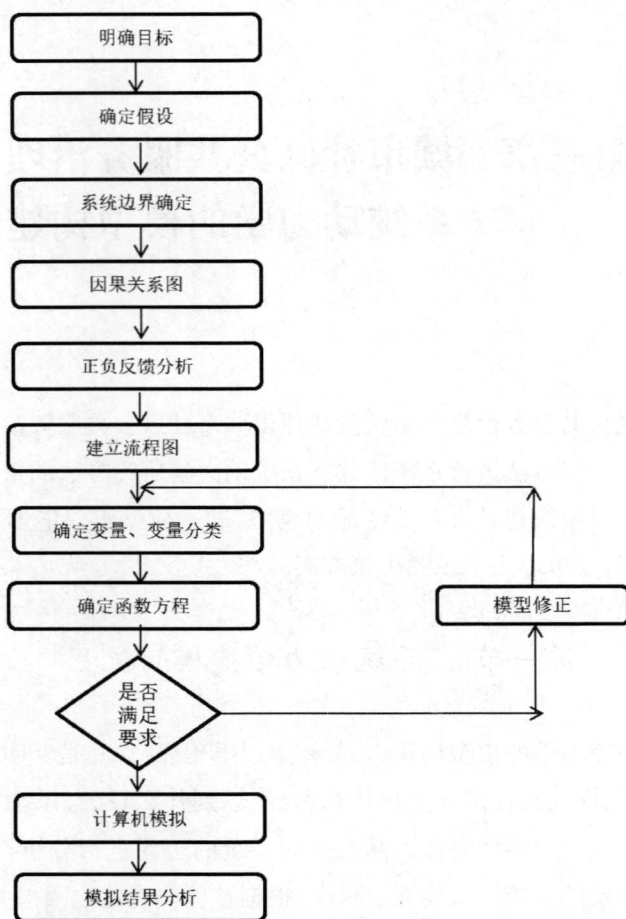

图 3-1　系统动力学建模流程图

市社区公共服务治理则因为治理系统不健全而难以有效回应社会发展的需要。通过社区公共服务治理系统的变迁可知，系统所面临的快速外部环境变化、内部公共服务需求升级同当前较低水平治理体系之间的矛盾已经成为制约社区公共服务治理系统绩效和系统动力机制有序运行的核心要素。

　　为破解这一矛盾，需要在对城市社区公共服务治理系统解构的基础上，构建系统动力学模型，并通过建模实现以下的目标：

（一）分析城市社区公共服务治理系统的运行机理,特别是在部分核心变量下系统的运行动力、运行过程和运行效果情况。因此,通过对核心变量简化和量化,建立系统动力学模型,通过软件的模拟仿真,可以在一定范围内获取社区公共服务需求无法满足的原因,并对整个社区公共服务治理系统的反馈机制进行更为深入的分析。

（二）通过建立社区公共服务治理模型,可以用来对社区公共服务治理系统的未来发展做出预测,便于政府层面和社会层面能够对社区公共服务治理进行系统的规划,可以形成较为科学的改革行动方案。

（三）通过对社区公共服务治理政策方案的模拟,可以使政府和社会较为准确地判断不同政策策略的改革效果,进而为政府决策提供理论依据,亦可为社区公共服务治理快速、有效和可持续发展提供建议。

模型的假设是系统动力学研究的起点,根据本书建模的目标以及对城市社区公共服务治理系统的分析,本书提出了以下的基本假设:

（一）城市社区公共服务治理系统具有多重目标,包括实现和保障居民权利、维护基层稳定、增强政府合法性、提升社区公共服务满意度等等,这些目标之间具有相互的关联性。为简化模型,本书用社区公共服务满意度来衡量系统的绩效,并以社区公共服务品质作为实现社区公共服务满意度提升的自变量。

（二）城市社区公共服务治理中受多种要素的影响,本书在研究过程中主要考虑动力管理要素和资源要素这两个最核心的社区公共服务治理影响因素,其中管理要素体现为社区公共服务管理水平、资源要素体现为社区公共服务治理资金投入。

（三）本模型认为社区公共服务满意度取决于以下因素,社区公共服务的管理水平、社区公共服务治理资金投入、社区公共服务品质以及社区公共服务的供需匹配情况。这些因素的作用具有动力流程特点,即社区公共服务品质由社区公共服务管理水平和社区公共服务治理资金所影响和决定,社区公共服务满意度则是社区公共服务品质以及供需匹配情况下的产物。

第三节　城市社区公共服务治理
系统的边界分析

按照系统动力学"系统结构决定系统行为"的基本理念,城市社区公共服务治理系统的元素和它们之间相互关系构成系统的结构并决定着系统的行为。城市社区公共服务治理系统的结构,在主体上包括了社区党组织系统、地方政府延伸机构、社区组织机构、社区社会组织、企业和社区居民等多元主体基于社区公共服务的有效供给所形成的权责分配体系;在运行上,包括了社区公共服务的参与、投入和管理的全过程运行体系;在资源上包括了多方影响因素构成的资源汇集体系。因此,对于城市社区公共服务治理系统而言,系统建模主要从系统的主体结构、主体间关系和影响要素三个层面的结构分析。

结合到社区公共服务治理系统的研究,本书认为城市社区公共服务治理系统的结构在一定程度上映射在系统动力要素之中,在系统动力要素中有主体之间的责任划分、主体之间的协同合作方式,也有系统的治理方式和治理手段,还有系统的效果评估和改进模式。因此系统的动力要素在一定程度上反映了系统结构,也与系统行为密切相关。因此,在系统边界的确定上,本书以系统的动力要素作为系统结构要素选择的框架,研究系统动力机制全过程的系统要素,并以此来反映系统结构和行为的边界。

一、城市社区公共服务治理系统要素筛选

按照系统的界定,结合到上文对城市社区公共服务治理系统结构的动力要素分析,以及文献研究与访谈,本书初步确定了4大类75个要素作为城市社区公共服务治理系统的主要要素,具体如表3-1所示。为了聚焦研究,本书对于已经确定的75个要素通过德尔菲法进行筛选与合并,最后获取城市社区公共服务治理系统的核心要素指标,并以此来反映社区公共服务治理系统的运行机制。

表 3-1 系统动力要素表(第一轮)

动力要素	要素内容	指标编号
内生力要素	系统成员的共同愿景	A1
	组织目标与任务的清晰程度	A2
	成员支持系统目标任务的程度	A3
	成员对完成任务的信心	A4
	社区公共服务需求	A5
	社区对决策参与的态度	A6
	社区资源开发状况	A7
	社区社会资本	A8
	新观念进入组织的程度	A9
	社区学习	A10
	创新性观点受到表扬和奖励	A11
	沟通网络的快捷程度	A12
	成员接受系统性培训的情况	A13
	个人学习的鼓励程度	A14
	团队集体学习情况	A15
	创新观点的制约情况	A16
	问题通过小组解决的情况	A17
	成员分布于不同主体的情况	A18
	成员间信任程度	A19
	成员是否关心组织绩效	A20
	成员之间的平等程度	A21
韧性力要素	外界因素能够被系统所吸纳和融合	B1
	系统中存在着难以被影响的因素	B2
	系统会对外界因素产生隔绝作用	B3
	社会的支持力度	B4
	社区资源开发状况	B5
	社区社会资本	B6
	社区动员	B7
	系统制度空间	B8
	系统知识体系	B9

续表

动力要素	要素内容	指标编号
内驱力要素	党的路线/方针/政策的贯彻实施度	C1
	对其他主体的领导力	C2
	公共服务治理的影响力	C3
	公共服务的责任	C4
	服务回应及时性	C5
	服务回应行为所带来的其他问题	C6
	社区的品牌塑造	C7
	服务的成本与效益	C8
	服务主体的合法性	C9
	服务主体的独立性	C10
	社区的需求	C11
	公共服务的责任	C12
	服务回应及时性	C13
	公共服务回应行为所带来的其他问题	C14
	公共服务的品牌塑造	C15
	公共服务的成本与效益	C16
	公共服务参与	C17
	公共服务治理的影响力	C18
	社区公共服务品质	C19
	社区公共服务的责任	C20
	社区公共服务可及性	C21
	社区公共服务参与	C22
	社区公共服务动机	C23
	社区的需求	C24
	社区公共服务品质	C25
	服务主体的口碑	C26

续表

动力要素	要素内容	指标编号
外推力要素	新组织的进入情况	D1
	组织功能的改变情况	D2
	社区新增的居民	D3
	社区治理的专业人士	D4
	社区财政资金投入	D5
	社区公共服务品牌	D6
	社区社会关注	D7
	社区政治压力	D8
	社区治理新主体	D9
	社区公益资金	D10
	社区公共服务管理水平	D11
	社区社会资源投入情况	D12
	社区先进技术采用情况	D13
	社区的新知识和新理念	D14
	公共服务监测	D15
	有效信息的挖掘和使用	D16
	先进技术的认可情况	D17
	先进技术的学习情况	D18
	先进技术的使用情况	D19

　　按照德尔菲法的基本原则,按照指标所处的四个动力分类要素向第一批 50 位专家(包括 30 位学者和 20 位实务者)进行了调研,以分类排序为规则,每一位专家对每一类指标按照重要性和代表性原则进行排序。回收到有效 48 份咨询排序的指标后,笔者对其进行反向的赋值,如 A 类有 21 个指标,专家排名第一的指标赋值 21,第二的指标赋值 20,依次类推。最后综合 48 位专家的排序,最后本书保留了第二次的 46 个要素指标,具体如下:

表 3-2 系统动力要素表(第二轮)

动力要素	要素内容	指标编号
内生力要素	社区公共服务需求	A1
	参与主体的共同愿景	A2
	社区资源开发状况	A3
	社区社会资本	A4
	新观念进入组织的程度	A5
	社区学习	A6
	创新性观点受到表扬和奖励	A7
	沟通网络的快捷程度	A8
	成员接受系统性培训的情况	A9
	个人学习的鼓励程度	A10
	团队集体学习情况	A11
	成员间信任程度	A12
韧性力要素	社会的支持力度	B1
	社区资源开发状况	B2
	社区社会资本	B3
	社区动员	B4
	系统制度空间	B5
	系统知识体系	B6
内驱力要素	社区的需求	C1
	公共服务的责任	C2
	服务回应及时性	C3
	公共服务回应行为所带来的其他问题	C4
	公共服务的品牌塑造	C5
	公共服务的成本与效益	C6
	公共服务参与	C7
	公共服务治理的影响力	C8
	社区公共服务品质	C9
	社区公共服务的责任	C10
	社区公共服务可及性	C11
	社区公共服务参与	C12
	社区公共服务动机	C13
	社区的需求	C14
	社区公共服务品质	C15

续表

动力要素	要素内容	指标编号
外推力要素	社区社会关注	D1
	社区政治压力	D2
	社区治理新主体	D3
	社区公共服务品牌	D4
	社区公共服务管理水平	D5
	社区社会资源投入情况	D6
	社区先进技术采用情况	D7
	社区的新知识和新理念	D8
	公共服务监测	D9
	有效信息的挖掘和使用	D10
	先进技术的认可情况	D11
	先进技术的学习情况	D12
	先进技术的使用情况	D13

对于已获取的指标,本书进一步以德尔菲法用邮件咨询专家 30 名(其中学者 20 人,实务工作者 10 人),按照重要性和代表性规则,由专家进行去/留的两种选择方式选择,按照指标 80% 以上,即 24 位专家"留"作为选择底线。按照专家的建议,本书通过对部分指标进行了合并研究处理,如社区公共服务品牌合并到社区社会关注要素指标、社区动员融入和社区治理的新主体合并到社区公共服务参与、社区参与主体共同愿景和社区沟通网络结构融入社区社会资本等。通过处理,本书最终选择了以下 11 个核心要素作为城市社区公共服务治理系统的研究的要素指标,其中包括社区社会资本和社区公共需求两个处于不同动力要素的重复指标。

表 3-3　系统动力要素表(第三轮)

动力要素	要素内容	指标编号
内生力要素	社区公共服务需求	A1
	社区内部资金集成	A2
	社区社会资本	A3
韧性力要素	社区财政资金投入	B1
	社区稳定情况	B2
	社区社会资本	B3
内驱力要素	社区公共服务需求	C1
	社区公共服务动机	C2
	社区公共服务品质	C3
	社区公共服务参与	C4
外推力要素	社区社会关注	D1
	社区公共服务管理水平	D2
	社区先进技术采用情况	D3

二、城市社区公共服务治理系统的要素分析

(一)内生力要素

内生力要素主要用来描述城市社区公共服务治理系统本身不断追求完善和发展的动力,这是系统实现不断进步和发展的永续动力。主要指标如下:

社区公共服务需求:社区公共服务需求是推动社区公共服务治理系统的合法性基础,需求的满足是公共服务治理系统存在的主要目的,也是系统不断优化的动力源泉,社区公共服务需求的满足也就成为以人民为中心和需求导向治理理念下社区公共服务治理系统的最终目标,可以作为系统研究的水平变量。社区公共服务需求的满足是以高品质公共服务供给和需求匹配两个要件为基础的,高品质公共服务供给并不必然导致需求的满足,需求匹配要求公共服务供给必须依托于需求获取以及需求发展的判断。因此,从因果关系来看,高品质公共服务供给具有满足需求的倾向,但是仍然受制于公共服务的使用情况以及对于需求的贡献情况。对于需求而言,按照经济学的基本观点,需

求源于期望与现实之间的差距,差距决定了社区居民对于社区公共服务的满意和不满意的双重态度。对此本书采取赫茨伯格的双因素理论进行测量,按照双因素理论,对于人的激励或满足来说有两种要素,一种是激励因素,这种因素本身会产生满意的激励效用,如不具备也不会产生不满意;一种是保健要素,这种因素本身基于保障功能,不会产生激励效用,但不具备则会产生不满意的效果。因此,本书按照满意和不满意的双重因素来测量社区公共服务对居民的需求的满足程度,分别测量居民对基本公共服务和个性化公共服务的满意程度。

社区内部资金集成:激发社会活力是党的十八大提出的社会治理重要理念,其中对于社区治理而言就是要对社区的资源进行不断地开发,使社区公共服务治理实现从"输血"到"造血"转型,这是社区公共服务治理系统实现自我管理、自我服务的前提。社区资源开发状况主要表现为社区人力资源开发(社区参与)、社区内部资金集成(社区自有资金投入)和社区服务空间开发(社区公共空间和公共设施建设)三个方面。其中的社区内部资金集成在一定程度上成为当前社区公共服务治理差异化的根本因素,也成为社区资源开发情况的核心指标,因此在本书的研究中主要选取其中最为影响当前社区公共服务治理未来发展的社区资金集成作为研究。社区内部资金的集成包括了社区可自由支配的非分配性资金和公益资金,不包括集体经济或公共资产用于个人分配的收益。社区内部资源的集成是社区公共服务有效供给的管理要件,没有资源管理必然成为无本之木,社区内部资源更是社区公共服务治理持续性的保障,也是彰显社区文化、社区品牌的关键指标。社区内部资金集成与社区的发展历史密切相关,也同社区所处的政治生态环境密切联系,还与社区的社会资本情况直接相关。

社区社会资本:社会网络关系是社区公共服务治理的环境基础,良好的网络关系对治理具有促进作用,而异化的网络关系则会成为公共服务治理的障碍。对于社区网络关系的研究,国内外以社会资本作为类似性的概念进行研究,林南将社会资本定义为:"一系列不同的实体,这些实体都具有社会结构的某些特征,并且能够促使结构内部的参与者行使某种行为"[1],社会资本不

---

[1] 林南:《社会资本——关于社会结构与行动的理论》,上海人民出版社2005年版。

仅是环境,更是促使社区行为的动力。按照社会资本理论,具有动力性,能够影响社区发展的社会资本包括以下要素:社区网络、社区归属(包括社区共同愿景的认同)、社区信任和社区规范。社区社会资本是社区回归生活共同体根本属性的最重要指标,是社区共同愿景形成、社区公共服务动机产生、社区内部资金集成的重要影响因素,很多的学者已经证明了社会资本对于治理的重要价值和作用方式,强调了社会资本的治理价值。

(二)韧性力要素

相对于内生力所强调的发展属性,韧性力主要强调了系统的稳定属性,即系统能够应对社会变化、社会矛盾而稳定存续的状态,具体指标如下:

社会的财政资金投入:主要是政府对社区公共服务的支持力度,这是社区公共服务治理系统的重要保障,也是当前我国社区公共服务治理的核心资金来源。在调查中,几乎所有社区都将政府的财政资金投入作为社区公共服务投入的最主要资源,社区的财政资金投入也就成为决定社区公共服务治理水平的重要基础和保障条件。社区的财政资金投入对于绝大多数社区而言都属于社区公共服务治理的"命脉",决定着社区公共服务治理水平的资源保障条件。而社区财政资金的投入又分为两个部分,一是属于固定性的财政拨款项目,一般按照社区居住户数进行拨付,具有稳定性;二是属于动态性的拨款项目,一般根据社区发展需求拨付,这种拨付会因社区问题的出现,并因为社区受到的社会关注情况而发生相应的变化。

社区稳定情况:主要是社区在经济社会发展过程中所处的状态,是保障社区功能发挥和目标实现的基础与前提。社区的稳定情况同时也是社区所承担的最大社会功能和政治功能,因此社区稳定情况往往在当前成为社区治理的"一票否决"事项。社区稳定情况在根本上取决于社区公共服务的需求满足情况,也与突发性的事件密切相关。一般而言,对于社区稳定,都将社区发生的矛盾纠纷的统计数据和社区安全问题核心反映的盗窃事件作为测量指标。社区稳定情况会影响到社区治理的重心转化,而其所引发的社会关注又对社区的外部资源投入产生影响,因此社区稳定情况与社区社会关注可以作为同类指标一起研究。

社区社会资本:社区社会资本既是社区发展的内生力指标,也是社区发展的韧性力指标,主要包括社区网络、社区归属、社区信任和社区规范四个要素,具体已在上文中论述。

(三)内驱力要素

相对于内生力和韧性力的源生性驱动作用,内驱力指标和外推力则主要体现为压力性驱动作用,即通过压力来推动社区公共服务治理系统的运行、发展和完善。内驱力因素主要表现在以下方面:

社区公共服务需求:社区的需求既是社区公共服务治理系统内生发展的动力,也是系统基于合法性所存在的压力,社区公共服务需求源于差距,因此通过满意度来对其测量具有理论上的合理性和操作上的可行性。

社区公共服务动机:公共服务动机理论是当前研究个人参与公共服务行为的重要理论,所谓公共服务动机,佩里将其定义为:"个体对主要或完全由公共制度和组织引起的动机进行回应的心理倾向。"①布鲁尔·塞尔登也认为:"公共服务动机是推动个人进行有意义的公共服务、社区服务和社会服务的行为驱动力。"②对于公共服务动机的测量,已经有相对成熟的测量指标体系,包括参与公共政策制定的吸引、公共利益的承诺、社会公正、公民责任、同情心和自我牺牲。社区公共服务动机反映的是社区主体参与社区公共服务的倾向,其是社区公共服务参与的因素,直接影响到参与的行为。同时社区公共服务动机的产生具有多方面的因素,既有个体本身的素质和觉悟,也与外界的社区环境具有相关性,而从已有的研究来看社会资本要素是公共服务动机的重要影响因素,社区的社会资本便是推动社区公共服务动机提升的重要抓手。

社区公共服务品质:社区公共服务品质是社区公共服务需求的延伸,按照十九大报告新时代我国的矛盾已经转变为"人民日益增长的美好生活需要和不平衡不充分的发展之间的矛盾",这在社区层面上就是社区公共服务不均衡和不充分的品质问题,社区公共服务品质问题成为社区公共服务治理系统的内部驱动要素,要求系统通过结构和功能的完善来提升公共服务品质,从源

---

① Perry,J.L.&L.R.Wise,The motivational bases of public service,Public administration review,1990. 50(3),pp. 367-373.

② Brewer,G.A.,et al.,Individual conceptions of public service motivation,Public administration review,2000. 60(3),pp. 254-264.

头上解决社区问题和矛盾。社区公共服务品质一般包括以下特征：公共服务数量充足、质量有保障；公共服务具有可及性，能够被便捷地获取；公共服务具有均等化，能够保障居民的基本生存和发展权利；公共服务具有标准化，能够不需要花费额外成本来获取。社区公共服务品质是社区公共服务治理的第一阶段目标，也是实现公共服务需求满足这一最终目标的前提。社区公共服务品质受到管理层面和资源层面两个要素的影响，即高品质的社区公共服务既需要一流的管理水平，还需要有充足的资源投入保障，特别是资金保障。

社区公共服务参与：参与是实现社区公共服务从传统行政导向走向共建共治共享治理导向的基础，也是建设社区公共服务治理系统的前提，社区公共服务参与受到以下要素的影响：参与意识，即社区主体是否愿意参与；参与能力，是否有能力履行参与的职责；参与渠道，即是否有便捷的渠道参与；参与保障，即是否有能够保障参与效果的措施。而社区公共服务参与的范围则更具有广泛性，既包括了通过诉求表达的信息供给参与，也包括了公共服务制定的决策参与，还有公共服务的执行配合参与及监督评估参与。社区公共服务参与是社区公共管理体系有效性的保障，在一定程度上反映了社区公共服务的管理水平。

（四）外推力要素

主要是影响系统动力结构的外部熵流要素，按照系统学理论来看，处于耗散结构特征的城市社区公共服务治理系统也受到外部熵流的影响，这种影响是系统不断走向有序的推手，同时也会带来系统的不稳定问题，主要表现如下：

社区社会关注：社区是社会的基本单元，是城市生活最重要的聚居地，是城市公共服务的载体，也是社会治理的最前沿阵地。因此，在我国社区就成为市场行为、社会行为和政府行为的交叉点，成为社会关注的焦点，特别是自媒体时代以来社区更具有了社会宣传和社会聚焦的潜在途径，是国家治理体系的重要组成部分。社区社会关注主要体现为社区在不同社会主体中的职能定位及外部形象。一般而言，被社会关注的社区都会存在着资源方面的倾向，不管是负面形象的修复还是正面形象的推广，基于关注而获取的资源不仅是市场行为的选择，也是政府公共管理的行为选择。

社区公共服务管理水平:社区公共服务管理水平是评价社区治理的重要指标,也是当前我国社区治理评价以及由此而形成的资源评价的重要标准,更是社区公共服务治理系统自身不断优化和回应社区公共服务需求的必然要求。社区公共服务管理水平主要表现为管理过程的科学化、民主化以及管理结果的有效性。其中管理的科学化主要体现为管理采用了先进的科学技术和管理理念,民主化则体现为社区的公共服务参与水平。而管理的效果正是以社区公共服务品质作为客观评价标准,并以社区公共服务需求的满意度作为主观评价标准。因此,社区公共服务管理水平属于社区公共服务治理系统的中枢要素,是社区公共服务治理系统有效运行最重要的环节。

社区先进技术采用情况:社区先进技术既包括了社区的新管理知识和理念,也包括社区的先进科学技术。其中社区的开放系统使得社区不断受到新知识和新理念冲击,一方面社区的公共服务治理系统随着新理念和新知识必须进行治理方面的改变和适应,另一方面则是治理对象也会因为新知识和新理念而改变特征,并迫使治理的改变。同时先进科学技术的采用也成为当前社区治理的重要要求,特别是当前的智慧社区建设。社区采用先进技术情况取决于多种要素,就目前而言,治理主体的认知情况、资源支持和使用过程中的衍生问题成为主要因素。

第四节　城市社区公共服务治理系统的
因果关系与反馈回路

系统动力学主要研究具有反馈机制的系统问题,系统反馈机制主要体现为因果关系链和回路以及由此而形成的系统反馈回路。

因果关系图主要由因果键、因果链、因果反馈回路和多重反馈回路构成。因果键用来连接和描述两个要素之间的因果关系,用→表示;因果链是因果键描述的多个递推关系。因果关系之间存在正负关系之分,其中正向关系用+表示,负向关系用-表示。因果键和因果链表示如下:

如图3-2所示,A与B之间存在着因果关系,二者关系起于A止于B,二者之间存在着正相关的关系,A→+B即为因果键。如果A、B之间的关系继续

$$A \xrightarrow{\ +\ } B \xrightarrow{\ +\ } C \xrightarrow{\ -\ } D$$

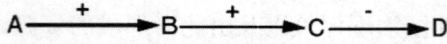

图 3-2　因果关系链

延伸至 C,那么三者就成为一个因果链,且 B 与 C 之间呈现出一种负相关的关系。

而实践中还存在着两个因素相互作用的现象,即二者互为因果,如图 3-3 所示,A 作用于 B,B 作用于 C,而 C 又作用于 A,形成了一个相互影响的反馈回路。在复杂系统中,会形成基于多个反馈回路的多重反馈回路。

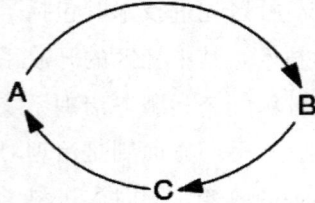

图 3-3　因果关系反馈回路

按照上述社区公共服务治理系统各个要素之间的关系分析,应用系统动力学 VensimPLE 软件,绘制了城市社区公共服务治理系统的因果关系图。

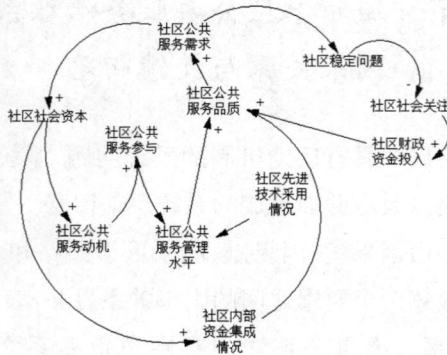

图 3-4　城市社区公共服务治理因果关系图

在城市社区公共服务治理的因果关系网络中,社区公共服务需求是社区公共服务治理的起点和归宿,回应社区公共服务需求也是社区公共服务治理系统的合法性基础。在因果关系图中,作为起点的社区公共服务需求得到有效满足能够增强社会的社会资本,进而引发社区自治系统的发展和社区公共服务治理环境的优化;而无法有效满足的社区公共服务需求则会引发社区稳定问题进而引起社区外部治理系统的启动和外部因素的介入。作为归宿的社区公共服务需求是以高品质的社区公共服务作为前置要件的,社区公共服务管理水平、社区财政资金投入和社区内部资金集成都是提示社区公共服务品质的重要影响因素。

从决定社区公共服务需求的社区公共服务品质要素来看,其因果关系如下:

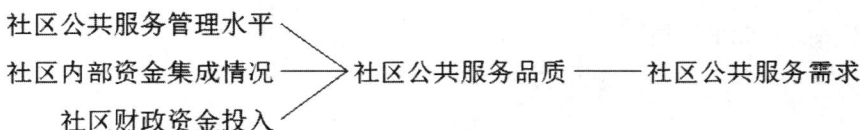

社区公共服务管理水平
社区内部资金集成情况 ———→ 社区公共服务品质 ——— 社区公共服务需求
社区财政资金投入

图3-5　城市社区公共服务治理系统因果关系

(一)社区公共服务管理水平影响社区公共服务品质。受社区公共服务参与影响的社区公共服务管理水平对社区公共服务品质有着显著的因果关系,其体现着治理对于社区公共服务品质的价值。一方面治理水平的治理体系决定了高品质公共服务的供给问题,即如何实现公共服务供给的成本控制和持续供给;另一方面治理水平的治理能力决定了高品质公共服务的管理问题,即如何实现公共服务的可及性、公平性和有效性。

(二)社区社会财政资金投入影响社区公共服务品质。总体来看,在当前仍然以外部资源注入为主要依赖的城市社区公共服务供给体系下,社区财政资金成为社区公共服务品质的直接决定因素,这凸显了当前社区公共服务的行政地域特征。

(三)社区内部资金集成影响社区公共服务品质。随着经济社会和城市化的发展,特别是市场化管理体系和社会化治理体系的不断完善,使得社区内部资源不断开发,并成为当前社区品牌的重要特征,是未来社区公共服务从外生走向内生、从输血走向造血的关键,也是保障社区公共服务持续性、可行性、成本性的根本,更是共建共治共享社区治理格局建设的前提。因此社区内部资金集成就成为社区公共服务品质的重要影响因素。

同时社区公共服务治理系统形成了以社区公共服务需求为核心的大量因果关系回路,从关系图上来看,社区公共服务治理系统中提升社区公共服务品质主要通过两个路径来解决,社区公共服务治理的自治机制和社区公共服务治理的外部治理机制。

(一)基于社区公共服务需求的社区公共服务自治机制

社区公共服务治理的自治机制源于社区主体的多元参与和社区内部资金集成,社区通过内部的参与管理体系和资源开发体系,来提升社区的公共服务体制,并达到社区公共服务需求的有效回应和满足。社区公共服务自治机制的因果关系图如下所示:

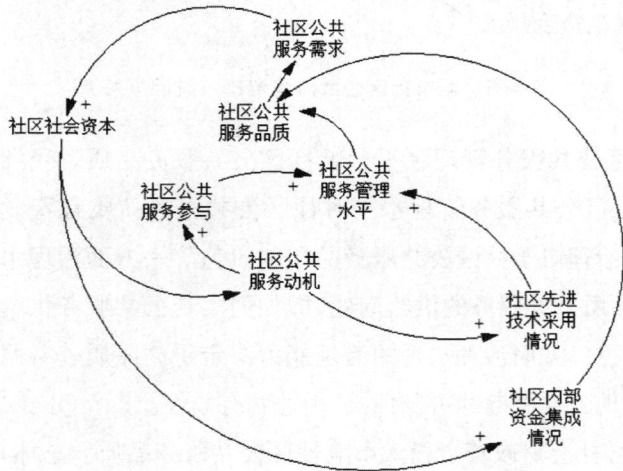

图3-6 城市社区公共服务自治机制因果关系图

社区公共服务自治机制中,以满足社区公共服务需求的社区公共服务品质具有以下的因果关系属性:满足社区公共服务品质关键在于增强社区资金集成的硬件投入和社区公共服务管理水平的软件投入。其中,在社区公共服务管理水平中,先进技术的使用、公共服务的参与对社区公共服务管理水平具有因果关系,社区社会资本对于社区资金集成情况具有因果特征。如下图所示。

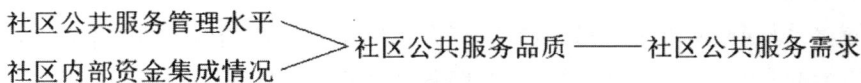

社区公共服务管理水平
社区内部资金集成情况　＞社区公共服务品质 ── 社区公共服务需求

图 3-7　城市社区公共服务自治机制因果关系

社区先进技术的使用从管理理念和方式上提升着社区公共服务管理水平,这也是当前社区公共服务治理最为明显的能力提升方法,也是当前最为流行和最为普遍的方式。当前的社区公共服务治理变革也大都将管理的改进作为治理变革的主要方式,新的管理理念和管理方式因为工具属性特征而更具现实的操作性和便捷性,增量特征也让其在现实中更有可行性。

社区公共服务参与能够提升社区公共服务管理水平。社区公共服务参与是社区公共服务管理水平提升的基础,当前的社区治理问题也在一定程度上归根于社区参与不足问题。社区公共服务参与具有多种形式,包括公共服务需求信息获取的偏好表达参与、公共服务执行中的配合型参与和公共服务决策中的民主参与等,这些都与社区公共服务管理水平具有密切的关系。

社区内部资金集成对社区治理水平的影响。社区资源开发情况直接决定了社区治理的基础,是社区治理的资源保障,也是社区治理永续的动力源泉。社区资源的开发包括方方面面,其中社区本身的资金集成最为关键,社区自身的资金投入不足目前已经成为社区公共服务自治的桎梏,制约了社区公共服务治理的内生动力。

社区社会资本影响到社区内部资金的集成。相对于市场以逐利为最终目标,社区资金投入社区公共服务治理具有多重追求,从最为基础的经济利益到社区共同利益再到社会公益,社区资金集成必须具有相应的社会资本支撑。因此,社区社会资本状况也就成为当前城市社区治理的重要内容。

另外,在城市社区公共服务自治机制中也形成了以下的反馈关系回路,成为当前社会公共服务治理所面临的循环问题。

1.社会公共服务需求→+社区社会资本→+社区公共服务动机→+社区公

共服务参与→+社区公共服务管理水平→+社区公共服务品质→+社区公共服务需求

在这一回路中,社区公共服务需求的满足会增强社区归属感、提升社区社会资本、增强共同参与愿景、激发和提升公共参与、提供社区公共服务管理水平、增强公共服务可及性、保障公共服务品质并满足社区公共服务需求。简化中间环节,这一回路的关键在于社区公共服务需求的满足会强化社区公共服务参与、提升社区公共服务管理水平进而满足社区公共服务需求。社区公共服务中的公民参与对社区公共服务需求满足具有重要的价值,这也是这个社区公共服务治理系统现代民主导向的具体体现。

2. 社会公共服务需求→ +社区社会资本→+社区内部资金集成→+社区公共服务管理水平→+社区公共服务品质→+社区公共服务需求

这一回路中,社区公共服务需求的满足能够增强社区归属、提升社区动员进而促进社区资源的开发,提升社区公共服务管理水平、增加公共服务可及性、提供社区公共服务品质,进一步满足社区公共服务需求。简化中间环节,这一回路中,社区资源开发属于关键环节,社区内部资金集成为社区公共服务治理提供了资源支持和可持续性支持,进而起到提升社区公共服务管理水平和社区公共服务品质的作用。社区内部资源开发是实现社区自治的基础,也是当前国家所提出激发社会活力的关键环节。

3. 社区公共服务需求→+社区公共服务动机→+社区学习情况→+社区先进技术采用情况→+社区公共服务品质→+社区公共服务需求

这一回路中,社区公共服务需求的满足会增强社区主体的公共服务动机,进而强化公共服务责任,提升社区学习情况,增加社区先进技术采用和先进方法的应用,以达到提升社区公共服务品质和满足社区公共服务需求的目的。这一回路中,基于社区学习的先进技术采用情况是其中关键环节,也是当前以技术创新实现智慧社区进一步满足社区公共服务需求的重要举措。

综上所述可以看出,社区公共服务需求的满足本身蕴含着推动社区自身成长的要素,能够激发社区公共服务的参与、社区内部资金集成和社区先进技术采用进而提升社区公共服务品质。社区公共服务需求激发自治系统具有典型的延迟效应,即社区公共服务需求的满足会激发供给的力量,但是这种效用具有时间特征。

（二）基于社区公共服务需求的社区公共服务外部治理机制

相对于社区公共服务需求的公共服务自治机制,社会治理的公共服务系统主要强调外部熵流因素对公共服务治理系统的影响过程,外部因素通过引发社会外部力量进而对社区公共服务治理系统产生影响。外部因素促动的社区公共服务治理系统具有典型的回应性,即社区公共服务需求的满足问题一般才会引发外部因素的介入,因此,外部公共服务的治理机制属于一种典型的负向回路系统。相对于内部自治机制而言,外部公共服务治理机制一般会呈现出渐进式特征,即外部因素引入会遇到内部因素的"斗争"与"妥协"问题,最初阶段外部因素会因为强大的外部力量而达到公共服务供给问题,而最终的外部因素还需要融入内部促成新的治理系统形成。外部治理机制主要是强调外部因素主导下对社区公共服务品质的影响,在社区公共服务外部治理机制中,决定社区公共服务需求的社区公共服务品质呈现出以下的因果关系,如下图所示:社区社会资源投入成为社区公共服务品质的"因",决定了社区外部要素主导下社区公共服务的品质。

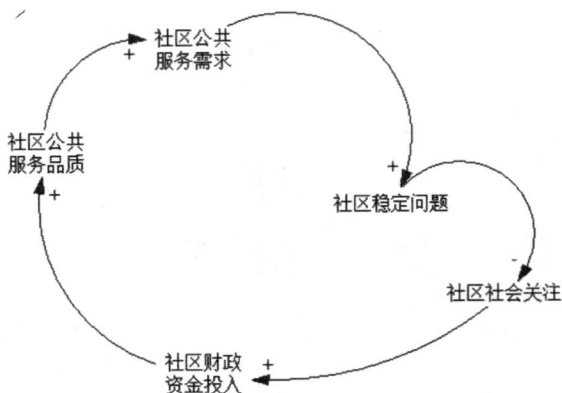

图 3-8　城市社区公共服务治理系统的外部治理机制流程图

具体来看:

社区财政资金投入影响着社区公共服务品质,财政资金投入源于社区外部因素,直接改变着社区的公共服务供给结构,影响着社区公共服务数量上、质量上和范围上的品质。特别是在当前社区的"输血型"特征下,社区财政资金投入更成为当前社区公共服务品质的决定性因素之一,社区公共服务外部治理系统也形成了以下回路:社区公共服务需求→-社区稳定问题→-社区社会关注→+社区财政资金投入→+社区公共服务管理水平→+社区公共服务品质→+社区公共服务需求

在这一回路中,社区公共服务需求的无法满足会一定程度上引发社区稳定问题,社区稳定问题将激发社会的关注,社会关注会迫使当前社会体系为社区增加社会的支持力度、增加社区财政资金投入、进而提升社区公共服务管理水平、改善社区公共服务品质以满足社区公共服务需求。这一回路中,社区财政资金投入是关键,在实践中社区的发展也往往以新的主体介入财政资金而改善公共服务治理水平。

第五节 城市社区公共服务治理系统的动力流程图

根据各个要素的因果关系情况,本书使用 Vensim 软件绘制了城市社区公共服务治理系统的动力流程图,如下图所示。

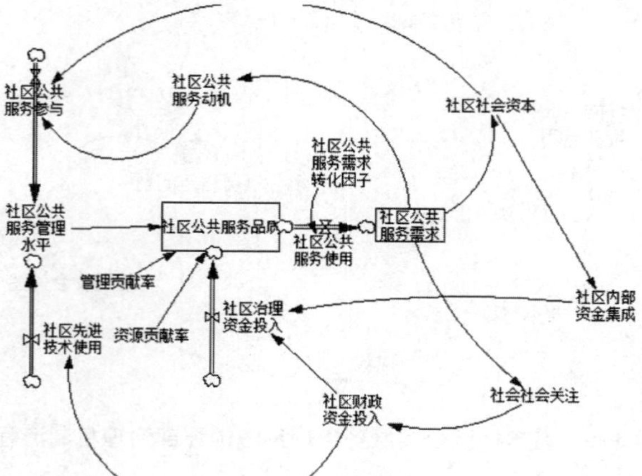

图3-9 城市社区公共服务治理系统动力流程图

　　城市社区公共服务治理系统的流程是一个基于社区公共服务品质提升以满足社区公共服务需求的过程,其中社区公共服务管理水平、社区内部资金集成和社区财政资金投入为速率变量,其调整将直接影响到社区公共服务品质,包括社区公共服务参与在类的 10 个变量为辅助变量,会影响到社区公共服务管理水平、社会财政资金投入、社区内部资金集成等速率变量,进而影响到社区公共服务品质。

　　如图所示,城市社区公共服务治理系统从产品流程上来看也是一个公共服务产品的供给和消费的过程,其中包括了资源的投入(社区内部资金集成、社会财政资金投入)、管理的设计(社区公共服务管理水平)、服务的产出(社区公共服务品质)、服务的消费(社区公共服务使用)和服务的效益(社区公共服务需求的满足情况)。

　　其中,社区财政资金投入到社区高品质公共服务生产中存在一个资源的贡献率问题,即投入的资源能够在多大程度上提升社区公共服务管理水平,这里用资源贡献率来表示。

　　社区公共服务管理水平对于服务治理也存在贡献率问题,即社区公共服务管理水平对于高品质公共服务也具有一定的转化率,这里用管理贡献率来表示。

　　社区公共服务的应用对于需求的满足也有一个比例的问题,即高品质的公共服务也只能部分满足到社区公共服务需求,这个比例用社区公共服务需求转化因子来表示。

第六节　城市社区公共服务治理系统动力模型的变量确定

一、变量的选择

　　在系统动力学中,为了对系统的动力机制进行有效的描述,要基于系统的要素、因果关系图和流程图来确定系统的变量,并基于变量来构建方程。在系统动力学中主要包括以下变量:一是状态变量,又称水平变量,就是能够完全描述动态系统时域行为的变量,它应能确定系统未来的演化行为。状态变量是系统动力学模型的产生以前动力学行为的源泉,是系统的核心变量。① 二是率变量,指那些随着时间而变化和调整的变量,能够描述系统中要素的积累从而描述系统的变量。三是辅助变量,是指那些在变量关系不起决定性作用,但是却能够起到辅助状况的变量。四是参数,反映系统关系的一些数据,主要表示为一些固定数字。

　　基于城市社区公共服务治理系统的要素以及由此形成的因果关系图和流程图,本书建立城市社区公共服务治理系统的变量体系,如下表所示:

表 3-4　变量体系表

变量	变量类型	指标选择	单位	数据来源
社区公共服务需求	水平变量	社区公共服务的满意度	无量纲化	主观调查
社区公共服务品质	水平变量	社区公共服务屏障评价	无量纲化	主观调查
社区内部资金集成	速率变量	社区自有资金	万元/年(后续做无量纲化处理)	社区统计数据
社区公共服务管理水平	速率变量	社区公共服务治理评估	无量纲化	主观调查
社区财政资金投入	速率变量	财政基金投入	万元/年(后续做无量纲化处理)	社区统计数据
社区公共服务使用度	辅助变量	社区居民公共服务使用情况	无量纲化	主观调查
社区社会资本	辅助变量	社会资本存量	无量纲化	主观调查
社区社会关注	辅助变量	社区知名度	无量纲化	主观调查
社区公共服务动机	辅助变量	公共服务动机	无量纲化	主观调查
社区公共服务参与	辅助变量	社区公共服务参与度	无量纲化	主观调查
社区先进技术采用情况	辅助变量	社区先进知识技术使用率	无量纲化	主观调查
管理贡献率	参数	社区公共服务治理对社区公共服务品质提升的贡献率	无量纲化	数据测算

---

① 王其藩:《系统动力学理论与应用》,《国外自动化》1986 年第 1 期。

续表

变量	变量类型	指标选择	单位	数据来源
资金贡献率	参数	社区资金投入对社区公共服务品质提升的贡献率	无量纲化	数据测算
社区公共服务需求转化因子	参数	社区公共服务满足社区公共服务需求的比例	常数	数据测算
技术转化因子	参数	先进管理和科技技术对社区公共服务治理的贡献率	常数	数据测算
参与水平因子	参数	公共服务参与对公共服务治理的贡献率	常数	数据测算
社区关注转换因子	参数	因为社区受到外界关注而对社区投入资金行为的概率	常数	数据测算

二、变量数据的获取及其权重确定方法

（一）变量数据的获取

关于变量的获取主要通过以下渠道,一是社区的统计数据,主要来源于社区的年度统计报告(包括财政报告和目督报告);另一方面源于社区的调查问卷,其中主观部分的数据处理,为了确保调查测算,对于各个变量本书使用了无量纲化的方式对数据进行量化,以反映数据所反映的变量的程度。

在主观部分指标获取中,本书采取了德尔菲法,即是利用专家的知识、经验和智慧等无法数量化的带有很大模糊性的信息,通过通信的方式进行信息交换,逐步取得较一致的意见,从而达到评估的目的①。选取了专业内的 15 位专家对各个变量指标进行赋值打分。

（二）指标权重的确定

首先,根分析各项变量指标层次,这样就将复杂的指标体系转化成一个有等级层次的结构模型,以便将复杂的问题逐步分解。然后,在确定的等级梯阶

---

① 曾永桌:《转型期中国社会风险预警指标体系研究》,华中师范大学 2011 年博士学位论文。

层次结构中,每一层指标及该层指标涵盖的下一层指标形成一个子区域,再运用专家打分法对子区域各指标的相对重要程度以数值形式给出判断。最后用矩阵的形式表现出来,如表3-4所示。

表3-5 层次分析法中两两比较判断矩阵

A_r	B_1	B_2	B_3	B_4	B_5	...	B_n
B_1	B_{11}	B_{12}	B_{13}	B_{14}	B_{15}	...	B_{1n}
B_2	B_{21}	B_{22}	B_{23}	B_{24}	B_{25}	...	B_{2n}
B_3	B_{31}	B_{32}	B_{33}	B_{34}	B_{35}	...	B_{3n}
B_4	B_{41}	B_{42}	B_{43}	B_{44}	B_{45}	...	B_{4n}
B_5	B_{51}	B_{52}	B_{53}	B_{54}	B_{55}	...	B_{5n}
...	...	...	...	...	...	...	...
B_m	B_{m1}	B_{m2}	B_{m3}	B_{m4}	B_{m5}	...	B_{mn}

资料来源:判断矩阵由查阅文献整理所得。

表中各元素为相对重要性标度。任意一项元素 B_{MN} 是指对于 A_r 而言,测度指标 B_M 对 B_N 的相对重要程度。学界通常采用9级分制对相对重要程度进行量化,分值越高代表越重要。具体评分标准如表3-5所示。

表3-6 判断矩阵赋值标准

重要性标度	含义
1	X_i 比 x_j 的重要性相同
3	X_i 比 x_j 的影响稍强
5	X_i 比 x_j 的影响强
7	X_i 比 x_j 的影响明显地强
9	X_i 比 x_j 的影响绝对地强
2,4,6,8,	X_i 与 x_j 的影响之比在上述两个相邻等级之间
1,1/2,…,1/9	X_i 与 x_j 的影响之比为上述非负值的倒数

资料来源:本评分标准表由研究者根据 Saaty 标度说明表整理而成。

表3-5显示的是判断矩阵中两两元素之间相对重要性的标度评分。根

据该评分标准表,我们就可以根据任意两个元素(评估指标)之间的相对重要程度得到相应的量化数值。

根据前文相对重要性标度评分标准表,结合专家意见,研究者就得到了量化的判断矩阵。接下来就需要计算特征向量及最大特征根。其具体计算步骤如下(以前文判断矩阵 B 为例):首先,计算判断矩阵 B 中每一行元素的连乘积 $M_i(i=1,2,3,\cdots,n)$,$M_i=B_{11}\times B_{12}\times B_{13}\cdots\times B_{1n}$;然后求出 M_i 的 m 次方根,进而得到特征向量 α;最后得到矩阵 B 的最大特征根 λmax。通过这样的方法就可以计算出每一个判断矩阵的特征向量以及最大特征根,进而逐步确定测度成都市城市治理现代化评估指标体系各方面层及基础层测度指标的权重系数。

计算判断矩阵 A 每一行元素的乘积 M_i:

$$M_i = \prod_{j=1}^{n} X_{ij} , (i,j = 1,2,3,\cdots,n)$$

然后计算 M_i 的 n 次方根 $\overline{W_i}$:

$$\overline{W_i} = \sqrt[n]{M^i}$$

再对 $\overline{W} = (\overline{W_1} , \overline{W_2} \cdots \overline{W_n})^T$ 向量作归一化处理:

$$W_t = \left(W_t / \sum_{i=1}^{n} W_j \right)$$

$W = (W_1,W_2,\cdots W_n)^T$ 则即为所求特征向量

计算判断矩阵的最大特征根 λ_{max}:

$$\lambda_{max} = \frac{1}{n} \sum_{i=1}^{n} \frac{(AW)_t}{W_t}$$

式中 $(AW)_i$ 表示向量 AW 的第 i 个元素。最大特征根所对应的特征向量就是各项风险指标的权重。再进一步计算每个风险指标下变量指标因素的权重。

进行一致性检验

需要特别指出的是,由于构建的判断矩阵是经过评估指标之间两两比较得到的,因此就不可避免存在给定的优先数前后是否一致的问题,为了保证指标权重排序结果的准确度和有效性,就必须对其进行一致性检验。对判断矩

阵进行一致性检验的过程如下：

首先，计算出一致性指数 CI。其计算公式为：

$$CI = (\lambda max - n)/(n-1)$$

然后，查找相对应的平均随机一致性指标 RI，对于 1-10 阶矩阵，平均随机一致性指标 RI 的取值如表 3-6 所示。

表 3-7　1—10 阶矩阵平均随机一致性指标值

阶数 k	1	3	4	5	6	7	8	9	10
RI	0	0.58	0.9	1.12	1.24	1.32	1.41	1.45	1.49

资料来源：研究者查阅相关文献整理所得。

在此基础上，根据对应的 1-10 阶矩阵平均随机一致性指标值，计算矩阵的一致性比例 CR。其计算公式为：

$$CR = CI/RI$$

最后，根据一致性比例 CR 的值，判定该判断矩阵是否具有一致性。学界一般规定：当矩阵的一致性比例 CR 小于 0.1 时，就可以判定矩阵具有满意的一致性。如果矩阵的一致性比例 CR 的值高于 0.1，研究者就需要对判断矩阵内各元素的值进行调整，直到使其满足 CR 的值小于 0.1 为止。

本研究通过反复运用层次分析法，过程中再穿插专家意见法，经历上述复杂实证研究程序，最终得到各个主观变量指标的权重系数，用以将主观调查变量无量纲化，进而实现模型的构建。

三、变量指标的选取及权重

（一）状态变量

社区公共服务满意度。社区公共服务满意是城市社区公共服务治理的最终目标，也是公共服务治理系统合法性的最终检验标准，更是人民美好生活需要的核心表现。对于社区公共服务满意度的测量，本书以中国社科院出版的《公共服务蓝皮书：中国城市基本公共服务能力评价 2016》关于城市公共服务的选定，具体包括"公共交通、公共安全、公共住房、基础教育、社保就业、医疗卫生、城市环境、文化体育、公职服务"9 大类公共服务，本书结合社区的特定情况,选择其中的政务服务(对应公共服务)、基础教育、医疗设施、环境卫生、综合治安、文体设施,并根据社区公共服务的需求调查访谈确定了社区居民所迫切关注的公共空间、生活类服务和养老服务,并以此作为社区公共服务满意度的测量内容。在测量过程中,本书主要基于满意度的程度进行赋值调查,在调查中的公共服务需求满足按照非常不满意、不满意、一般、满意、非常满意,对应1—5分。按照上述的层次分析法对各项服务进行权重测算,最终的社区公共服务需求的满意度(5分制)＝ CN1 * 0.1212＋ CN2 * 0.1256 CN3 * 0.1101＋ CN4 * 0.1356＋ CN5 * 0.1421＋ CN6 * 0.0918＋ CN7 * 0.0985＋ CN8 * 0.0821＋ CN9 * 0.093

表 3-8　社区公共服务满意度量表及权重

社区服务项目	编号	非常不满意	不满意	一般	部分满意	非常满意	权重
政府服务	CN1	1	2	3	4	5	0.1212
基础教育	CN2	1	2	3	4	5	0.1256
医疗设施	CN3	1	2	3	4	5	0.1101
环境卫生	CN4	1	2	3	4	5	0.1356
综合治安	CN5	1	2	3	4	5	0.1421
公共空间	CN6	1	2	3	4	5	0.0918
生活服务	CN7	1	2	3	4	5	0.0985
文体设施	CN8	1	2	3	4	5	0.0821
养老服务	CN9	1	2	3	4	5	0.093

社区公共服务品质。社区公共服务品质是社区公共服务质量的重要体现,也是当前社区公共服务充分发展的产物,更是社区公共服务治理衡量的客观标准,对此本书将其作为状态变量处理。对于社区公共服务品质的内容,本书按照十九大关于我国社会基本矛盾的界定"人民日益增长的美好生活需求同不平衡不充分发展之间的矛盾"。其中满足人民美好生活就需要充分和平衡的公共服务供给,其中充分主要是指公共服务质量并齐、有效可及,平衡要求公共服务均衡供给。对此,本书通过调研访谈选取了公共服务的可及性、公

共服务质量和社区公共服务均等化三个维度进行研究。在具体调研过程中，用"我能够知晓公共服务的信息、我能够方便获取公共服务"反映社区公共服务的可及性品质；"我能够获得足量的公共服务、我能够获得高品质的公共服务、我能够按照自己的需求获得有效的公共服务"反映社区公共服务的质量特征；"我所获得的公共服务和别人是无差异的、我获得公共服务不用花费额外的成本"反映社区公共服务的公平品质。对于指标测量，主要从公众对社区公共服务品质的要求进行测量，包括公众对社区公共服务以下内容（见下表）的符合度，按照非常不符合（1分）、部分符合（3分）、完全符合（5分）五个维度考核社区公共服务的以下内容。对社区公共服务品质为社区公共服务上述三种属性评估的加权平均分数，即社区公共服务品质＝

$$SQ = SQ1 * 0.1527 + SQ2 * 0.1348 + SQ3 * 0.1314 + SQ4 * 0.1702 + SQ5 * 0.1543 + SQ6 * 0.1455 + SQ7 * 0.1111$$

表 3-9 社区公共服务品质量表及权重

社区公共服务的品质项目	编号	非常不符合	部分符合	完全符合	权重
我能够有效知晓公共服务的信息	SQ1	1	3	5	0.1527
我能够获得足量的公共服务	SQ2	1	3	5	0.1348
我能够方便得获取公共服务	SQ3	1	3	5	0.1314
我能够获得高品质的公共服务	SQ4	1	3	5	0.1702
我所获得的公共服务和别人是无差异的	SQ5	1	3	5	0.1543
我能够按照自己的需求获得有效的公共服务	SQ6	1	3	5	0.1455
我获得公共服务不用花费额外的成本	SQ7	1	3	5	0.1111

（二）速率变量

社区公共服务管理水平。有效的社区公共服务管理就是要实现社区公共服务的善治，按照俞可平的观点，主要体现为合法性、法治、透明性、责任性、回

应性、有效性、参与、稳定、廉洁、公正①十大特征。结合社区的公共服务治理
特征,本书主要以效能、责任、廉能、透明和参与五个维度来考核社区公共服务
治理情况,其中经过指标筛选和权重赋值,用以下五个指标来反映社区公共服
务的治理水平。其中行政运行的成本用来反映社区公共服务治理的效能、社
区居民需求的回应性用来反映社区公共服务治理系统的责任属性、社区的贪
腐问题来反映社区公共服务治理的廉洁情况、社区公共事务公开情况反映社
区公共服务治理的透明情况、社区公共服务治理中的多元参与来反映社区参
与情况。社区公共服务管理水平:

PSG = PSG1 * 0.2251 + PSG2 * 0.2032 + PSG3 * 0.2682 + PSG4 *
0.2015 + PSG5 * 0.102

表3-10　社区公共服务管理水平量表及测量

项目	编号	选取指标	完全不符合	部分符合	非常符合	权重
效能	PSG1	社区行政运行的成本非常低	1	3	5	0.2251
责任	PSG2	社区居民的需求总能得到有效回应	1	3	5	0.2032
廉洁	PSG3	我了解社区内不存在贪腐问题	1	3	5	0.2682
透明	PSG4	社区公共事务能够得到及时公开	1	3	5	0.2015
参与	PSG5	社区公共服务中有多个主体参与	1	3	5	0.102

社区财政资金投入。社区财政资金投入是当前社区公共服务治理资源的
主要来源,也是当前我国社区呈现典型行政依附性的根源。但是在当前的政
治体制下,政府作为社会资源的主导者和分配者,直接决定社区公共服务的治
理效果。对此,对社区外部资源投入的考核,本书也选择了占据主导地位的财
政直接投入资金。这里的财政资金投入仅包括财政投入到社区治理过程中所
划拨的资金,不包括社区基础设施建设等方面的项目投入经费,在使用中包括
了社区预算内固定拨款及项目式拨款两部分,计量单位为万元/年度,并在方

① 俞可平:《治理和善治分析的比较优势》,《中国行政管理》2001年第9期。

程使用中进行五分制转换。

社区内部资金集成。社区治理从短期外驱走向持续内驱的关键就是对社区资源的开发,社区资源包括了社区人力资源、文化资源、资金筹措等方方面面,其中的人力资源与公共服务参与相关、文化资源与社会资本联系,这里主要考察内部资金的集成。社区内部的资金集成,主要指社区财政资金以外的资金,主要包括社区获得的公益捐赠资金、小区自身营收和社区居民共同筹集的资金,但不包括用于分配的收入,计量单位为万元/年度,本书在方程使用中进行五分制转换。

(三)辅助变量

社区公共服务的使用度。社区公共服务使用是社区公共服务由供给端走向消费段的关键环节,使用社区的公共服务既是居民的权利要求,也是公民的社会要求。对于社区公共服务的使用,本书以"您是否享受到这些公共服务"来调研社区居民对公共服务的使用情况,以使用概率的形式进行,为研究方便,本书对使用度的界定如下:基本不用对应使用率0,偶尔使用对应0.2,一般对应0.4,经常使用对应0.6,频繁使用对应0.8。如下表所示:社区公共服务的使用度的无量纲化结果:$PBC = PBC1 * 0.0968 + PBC2 * 0.0912 + PBC3 + 0.1172 + PBC4 * 0.1856 + PBC5 + 0.1521 + PBC6 * 0.1128 + PBC7 * 0.1085 + PBC8 * 0.0826 + PBC9 * 0.0532$

表 3-11 社区公共服务使用度测量及权重

社区服务项目	编号	基本不用	偶尔使用	一般	频繁使用	经常使用	权重
政府服务	PBC1	0	0.2	0.4	0.6	0.8	0.0968
基础教育	PBC2	0	0.2	0.4	0.6	0.8	0.0912
医疗设施	PBC3	0	0.2	0.4	0.6	0.8	0.1172
环境卫生	PBC4	0	0.2	0.4	0.6	0.8	0.1856
综合治安	PBC5	0	0.2	0.4	0.6	0.8	0.1521
公共空间	PBC6	0	0.2	0.4	0.6	0.8	0.1128
生活服务	PBC7	0	0.2	0.4	0.6	0.8	0.1085

社区服务项目	编号	基本不用	偶尔使用	一般	频繁使用	经常使用	权重
文体设施	PBC8	0	0.2	0.4	0.6	0.8	0.0826
养老服务	PBC9	0	0.2	0.4	0.6	0.8	0.0532

社区社会资本。对于社会资本,国内外都具有比较成熟的测量量表,常见的测量是以社区规范、社区网络、社区归属和社区信任四个维度进行测量社会资本量值,并用以分析社区公共服务治理所面临的社会环境。研究中,本书以上述四个维度选取了相应的测量指标,并进行权重赋值,得到了如下的社会资本测量方式:即社区社会资本量(满分5分)=社区网络得分*0.2294+社区归属得分*0.2538+社区信任得分*0.2355+社区规范得分*0.2183。相应的社会资本项目也相应的问题得分获取。

表3-12　社区社会资本测量及权重

社会资本维度	权重	使用的问题	编号	根本不会(1分)	有些会(3分)	都会(5分)	权重
社区网络(SC1)	0.2294	小区见面会彼此打招呼	C1	1	3	5	0.4594
		经常参加小区组织的活动	C2	1	3	5	0.5076
社区归属(SC2)	0.2538	在小区内能够体会到家的感觉	C3	1	3	5	0.4374
		告诉他人我住在这个小区很自豪	C4	1	3	5	0.5626
社区信任(SC3)	0.2355	会征求和重视邻居的意见	C5	1	3	5	0.4698
		接受过小区居民的帮助	C6	1	3	5	0.5302
社区规范(SC4)	0.2183	会配合社区开展的管理工作	C7	1	3	5	0.5022
		会执行社区制定的决策	C8	1	3	5	0.5978

社区公共服务动机。对于公共服务动机的测量,本书借鉴佩里的四个分析维度:制定公共政策的吸引力、对公共利益的承诺、同情心和牺牲精神,基于社区居民特征设计了社区居民的公共服务动机测量变量,并按照德尔菲法进行了指标的确定和权重的赋值。社区公共服务动机的测量 $PSM = PSM1 * 0.1301 + PSM2 * 0.1348 + PSM3 * 0.1522 + PSM4 * 0.1702 + PSM5 * 0.1534 + PSM6 * 0.1455 + PSM7 * 0.1129$

表 3-13　社区公共服务动机测量及权重

项目		编号	完全不符合	部分符合	非常符合	权重
制定公共政策吸引力	我对社区公共事物不感兴趣	PSM1	1	3	5	0.1301
对公共利益的承诺	我对参与社区决策不感兴趣	PSM2	1	3	5	0.1348
	我会无私为社区服务	PSM3	1	3	5	0.1522
同情心	看到他人遇到困难,我感到不舒服	PSM4	1	3	5	0.1702
牺牲精神	我做很多事情不以自身利益为出发点	PSM5	1	3	5	0.1543
	我不知道我该承担什么公共责任	PSM6	1	3	5	0.1455
	我乐意为集体的利益做出牺牲	PSM7	1	3	5	0.1129

社区公共服务参与。对于社区公共服务居民参与的考量,因为公共服务动机已经具有了参与的动机特征,这部分主要考量参与的实践和参与效果,本书仍然采用非常不符合、符合和非常符合的量表测量以下要素来作为公共服务参与的测量。对于测量的内容,本书选取了以下的内容来反映社区公共服

务的参与情况:"我在社区中扮演者重要的角色"反映社区居民在社区公共服务治理中的角色和定位,"我能够容易参与到社区公共服务决策之中"反映社区居民参与社区公共服务的路径和渠道,"社区比较注重我的意见"反映社区公共服务参与的结果,"参与之后,社区公共服务如我所愿在变化"反映社区公共服务的参与效果,"我经常享受到来源于居委会和政府以外主体提供的服务"反映社区公共服务居民参与对于公共服务治理的效益。对于社区公共服务的居民参与情况,无量纲化的计算公式为:PSP = PSP1 * 0.1494 + PSP2 * 0.2000 + PSP3 * 0.2152 + PSP4 * 0.2177 + PSP5 * 0.2177。

表3-14　社区公共服务参与测量及其权重

项目	编号	完全不符合	部分符合	非常符合	权重
自己在社区中扮演重要角色	PSP1	1	3	5	0.1494
我能够容易参与到社区公共服务决策之中	PSP2	1	3	5	0.2000
社区比较注重我的意见	PSP3	1	3	5	0.2152
参与之后,社区公共服务如我所愿在变好	PSP4	1	3	5	0.2177
我经常享受到来源于居委会和政府以外主体提供的服务	PSP5	1	3	5	0.2177

社区社会关注:主要考核社区被社会关注的程度,主要考核社区被社会关注的情况。社会关注会带来社会压力,也会带来社会的支持。对此,选择引发社区关注的社区抗争行为(包括游行、集会等抗议行为)、政府考察调研、媒体宣传报道、社区安全问题(盗窃)来测量对社区公共服务治理的关注。其中社区抗争行为反应社区的内部矛盾及其结构,常见以社区的游行、集会等群体性事件为主,是政府管理的典型"一票否决"事项,能够较大程度上吸引到社会的关注和政府的回应;政府考察调研,则是体现了政府对于社区的重视程度;媒体的宣传报道,体现了社会关注情况,并能够引发政府的行为(或正面宣传下的品牌建设,或负面宣传下的问题整治);社区安全问题,主要选取了社区居民最为关注的盗窃问题,并作为反映指标。具体测算公式如下:社区社会关

注＝SC1＊0.2526＋SC2＊0.2215＋SC3＊0.2595＋SC4＊0.2664。

表 3-15　社区社会关注测量及其权重

项目	编号	权重
社区抗争	SC1	0.2526
政府考察、调研	SC2	0.2215
媒体宣传报道	SC3	0.2595
社区安全问题	SC4	0.2664

　　社区先进知识技术的采用情况。主要表现为社区对于先进技术的使用情况,在当前社区公共服务治理中,管理和科技技术应用已经成为社区公共服务差异化的重要指标。在研究中本书选取了网格化管理、智能防控体系和共享服务三个指标。其中网格化管理为当前社区治理的重要改革措施,是社区治理和社区公共服务精准供给的重要管理技术,对社区公共服务治理贡献明显,其普及度在不断提升;智能防控体系是当前智慧社区建设的重要内容,是当前政府和社区多元主体力推的治理工具;共享服务源于市场化的分享经济在公共服务领域的扩展,部分社区基于共建共治共享的理论已经开始逐步应用。为了便于获取资料和数据,网格化管理主要用实施网格化管理的小区(院落)比例、智能监控体系主要用为配备技防监控平台的小区(院落)比例和有共享公共物品的小区(院落)比例进行描述,并以比例进行五分制转化具体为:社区先进技术采用情况＝(AKT1＊0.3655＋AKT2＊0.3212＋AKT3＊0.3133)＊20。

表 3-16　社区先进知识技术采用情况量表及权重

项目	项目编号(%)	权重
实施网格化管理的小区(院落)比例	AKT1	0.3655
配备技防监控平台的小区(院落)比例	AKT2	0.3212
有共享公共物品的小区(院落)比例	AKT3	0.3133

（四）参数

社区公共服务需求转化因子。高品质的公共服务是社区公共服务需求有效满足的前提,但是并非公共服务的品质高,社区公共服务需求就容易得到满足,二者之间存在着一种非一致性的关系。对此,本书通过问卷调查,在界定高品质公共服务的基础上来分析社区公共服务需求的满足程度,社区公共服务需求转化因子通过数据进行测算。

社区公共服务的管理贡献率。主要是指社区公共服务管理对于高品质社区公共服务的贡献率,通过社区公共服务品质和社区公共服务管理水平的回归分析确定。

社区公共服务的资源贡献率。主要指社区公共服务资源投入对于高品质社区公共服务的贡献率,通过回归分析得出。

技术转化因子。即先进的科学技术和管理知识转化为社区公共服务治理工具的因子。技术转化因子主要通过数据测算获取。根据访谈,社区对于先进的科学技术和管理知识采用率既与知识技术本身的转化时间、成本、难易程度相关,也与社区的行政文化、社区的财政实力、社区的领导人魄力密切相关,还与政府的重视程度、推广强度、保障力度相关。

参与转化因子。即社区多元治理主体,尤其是社区居民参与社区公共服务过程中对于社区公共服务管理水平的影响情况,参与转化因子主要通过统计数据进行测算。

社区关注转化因子。即社区问题和社区关注所引发的能够转化为社区社会支持的转化因子,主要通过数据进行测算。

第七节　社区公共服务治理系统的子系统及函数确定

子系统是系统的重要组成部分,是在系统内部具有独立特性,但是对于系统有巨大影响的系统组成体系,子系统的划分能够更为有效地对系统进行分析。社区公共服务治理系统是一个典型的过程性治理系统,按照政策的过程系统理论,政策过程分为了政策的输入、制定、输出三个过程以及与之相关的政策环境。以社区公共服务治理系统来看,输入系统主要表现为基于社区发展的管理投入和资源子投入,制定则是体现为治理的过程、输出则是公共服务品质的实现及需求的满足过程。

对此,本书按照政策过程理论将社区公共服务政策划分为三个子系统。一是城市社区公共服务管理水平子系统,这一系统主要解决系统的治理过程,即通过治理实现公共服务的生产和供给,不断提升效率、优化结果和保障治理效益。二是城市社区公共服务的资金投入子系统,这一系统主要解决系统的输入过程,即社会资源如何进入社区,并能够被有效利用,从而确保治理的资源充足。三是城市社区公共服务需求满足子系统,这一系统主要解决系统输出问题,以系统的最终目标为终点,即提升社区公共服务需求的满意度,确保治理回应性,进而达到治理的目标。实现社区公共服务需求得到有效满足的关键则是提供有效的社区公共服务品质,因此基于社区公共服务品质而保障社区公共服务需求得以有效满足就构成了社区公共服务治理的一个子系统,即社区公共服务需求满足子系统。这一子系统主要来解决社区公共服务供给和社区公共服务需求满足之间的问题,目标在于建立供需平衡的保障机制。

在函数选择上,本书按照系统动力学研究特定,分别选择了表函数和延迟函数作为方程设计。其中表函数是系统动力学特有的一种函数,体现系统动力学模型中非线性特征的一种重要环节,主要用于表达两个变量间的非线性关系,如本书中公共服务参与表函数等。延迟函数用以表示那些需要经过一段时间的滞后才能得到相应的变量,如政府对于社区的财政投资,就会延迟一段时间才会在提升社区公共服务管理水平发挥效用。

(一)社区公共服务管理子系统

社区公共服务管理水平受社区公共服务参与情况影响。社区公共服务管理水平是以社区公共服务参与为基础,有效地参与是社区公共服务治理的基础,特别是在当前情况下,社区公共服务管理水平更多层面上体现为社区公共服务主体的共治,因此有效的参与就是社区公共服务管理水平的决定性因素,即社区公共服务管理水平受到社区公共服务参与和参与影响因子的影响。而参与的影响因子则与社区公共服务动机和社会资本密切相关,公共服务动机通过一定的时间可转化为参与行为,并产生参与效用。社区公共服务管理水平还受到社区对于先进技术使用的影响,管理工作不仅需要主体,还需要技术,即需要工具层面的管理实施手段,特别是在当前的科技信息技术、人工智能技术和管理技术手段迸发的时代,先进技术对于公共服务治理也发挥着重要作用。社区公共服务管理水平受社区先进技术的采用情况及其技术转化情况影响,用技术转化因子表示。其流程图与方程如下:

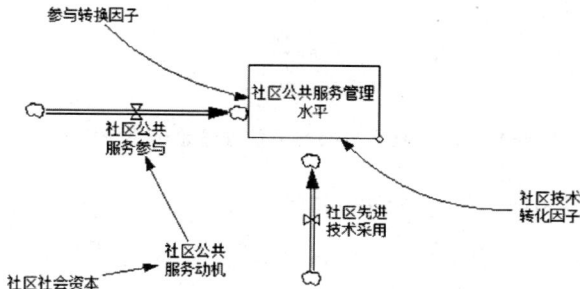

图 3-10　社区公共服务管理子系统流程图

根据流程图,社区公共服务管理子系统函数方程如下:

(1)社区公共服务管理水平 = INTEG(社区公共服务参与 * 参与转换因子+社区先进技术采用 * 技术转换因子)

(2)社区公共服务参与 = 社区公共服务动机 * 参与倾向

(3)社区公共服务动机 = WITH LOOKUP TIME(公共服务动机,社区社会资本)

(4)社区先进技术采用情况

(5)社区社会关注

(6)技术转换因子

(7)参与转化因子

(二)社区公共服务治理资金子系统

社区资金投入具有双重来源。一方面是社区内部的资金集成,这是社区内部能动性推动的治理资源,与社区社会资本密切相关。另一方面是社区外部的资金投入,与社区公共服务的财政资金投入密切相关。

如图所示,社区治理的资金投入分为社区财政资金和社区内部资金集成两部分组成,财政资金主要源于政府拨付,政府的拨付以财政预算为主,但同

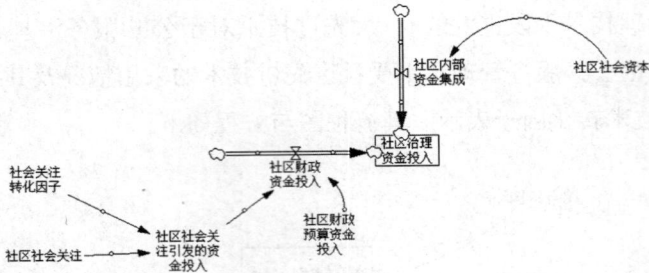

图 3-11　城市社区公共服务治理资金子系统流程图

时也与社区本身的社会关注度密切相关。社区内部资金集成,主要来源于社区内部筹措和社区外部的非财政资金,这部分资金具有偶然性、阶段性特征,但总体上与社区社会资本具有一定的因果关系。

根据流程图社区公共服务治理资金子系统函数方程如下:

(1)社区治理资金投入=社区财政资金投入+社区内部资金集成+社区公共服务项目资金投入

(2)社区社会关注资金投入=DELEY FIXED(社区社会关注 * 社区关注转换因子,D1)

(3)社区财政预算资金投入

(4)社区内部资金集成=WITH LOOKUP(社区内部资金集成,社区社会资本)

(5)社区关注转换因子

(6)D1 延迟时间

(三)社区公共服务需求满足子系统

社区公共服务需求满足子系统是解决社区公共服务最后一公里的问题,即解决社区公共服务供需平衡问题,其流程图如下:

社区公共服务需求的满足以社区公共服务品质为前提。良好的社区公共服务品质是社区公共服务需求满足的前提,但是满足社区公共服务需求还需要社区公共服务的有效使用,即公共服务存在着一定的闲置率和无效率情况,因此,社区公共服务需求的满足是社区公共服务品质有效使用下能够满足社

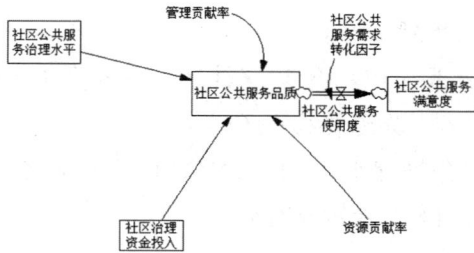

图 3-12 城市社区公共服务治理需求满足子系统

区公共服务需求的部分,即社区公共服务需求由社区公共服务品质、社区公共服务使用度和社区公共服务需求转化因子决定。

社区公共服务品质以社区公共服务治理和社区社会治理资金投入为基础。社区公共服务品质一方面需要社区公共服务具有资源支撑,一方面则是要求有管理支撑。在资源支撑中,社区治理资金开发对于社区公共服务品质存在一个贡献率的问题,并不是有了资源就能够有足够的公共服务品质,还需要资源的有效利用效率。在管理支撑中,社区公共服务管理水平是其基础,社区公共服务管理水平及社区公共服务治理贡献率绝对值社区公共服务品质。

在此基础上,以社区公共服务满意度子系统的函数方程如下:

(1)社区公共服务需求满意度 = 社区公共服务品质 * 社区公共服务使用率 * 社区公共服务需求满足因子

(2)社区公共服务品质 = INTEG(社区公共服务管理水平 * 管理贡献率+社区治理资金投入 * 资源贡献率+C1)

(3)社区公共服务管理水平

(4)社区治理资金投入

(5)管理贡献率

(6)资源贡献率

(7)社区公共服务需求满足因子

(8)C1 常数

集合各个子系统的方程函数,城市社区公共服务治理系统的总方程函数可以表示为:

（1）社区公共服务需求满意度＝社区公共服务品质＊社区公共服务使用率＊社区公共服务需求满足因子

（2）社区公共服务品质＝INTEG（社区公共服务管理水平＊管理贡献率+社区治理资金投入＊资源贡献率+C1）

（3）社区公共服务管理水平＝INTEG（社区公共服务参与＊参与转换因子+社区先进技术采用＊技术转换因子）

（4）社区治理资金投入＝社区财政资金投入+社区内部资金集成+社区公共服务项目资金投入

（5）社区公共服务参与＝社区公共服务动机＊参与倾向

（6）社区公共服务动机＝WITH LOOKUP TIME（公共服务动机,社区社会资本）

（7）社区社会关注资金投入＝DELEY FIXED（社区社会关注＊社区关注转换因子,D1）

（8）社区先进技术采用情况

（9）社区社会关注

（10）管理贡献率

（11）资源贡献率

（12）技术转换因子

（13）参与转化因子

（14）社区关注转换因子

（15）参与倾向

（16）社区公共服务需求满足因子

（17）C1 常数

（18）D1 延迟时间

综上,城市社区公共服务治理系统动力学模型是以城市社区公共服务治理系统特征为基础的,系统的结构、行为、内外因素对于系统模型具有重要的影响,特别是其中的参数设计更体现了城市社区公共服务治理的提升路径和改革策略,可以用作具体社区公共服务治理系统的发展的模拟仿真和优化策略的效果预测。

第四章　城市社区公共服务治理系统动力模型检验与模拟仿真预测

城市社区公共服务治理系统动力学模型的目标就在于通过模型来进行模拟仿真和策略预测,而前提则是对模型进行有效的检验。对此本书选取了成都市两个类型的城市社区进行案例研究,通过对社区的跟踪调查,实现了数据的采集并以此而对参数做出了预测和判断,验证了模型的有效性,进而对城市社区公共服务治理系统发展进行仿真模拟和改进策略预测。

第一节　城市社区的选取

一、城市社区的特征

现代城市治理的社区具有典型的小区特征,即小区成为社区下更加基层的单位。与社区不同,小区的治理更具聚焦特征、更具同质特征,也因物业管理系统而更具市场特征。社区由小区组成,小区的不同特征也形成了社区治理的复杂性,成为影响社区公共服务治理系统动力的重要因素。对于现代城市社区的研究,学者提出了城市社区的分类研究,有学者专门研究单位制社区的治理转型问题,也有学者重点研究城市化过程中的农转非社区和新型社区,还有关于商品房时代下的商品房社区研究。研究者的基本假设在于社区的不同特征要求有不同的社区治理特征、模式和方式,社区也具有不同的社会资本情况、资源储备情况,这就要求研究必须具有针对性。

但是本书在调研中发现,现代的城市社区具有趋同性的特点,即城市社区随着城市化进程的不断推进,城市人口的流动性进一步增强和城市融入的提升,社区逐渐在体现出具有一致性的特征,虽然社区内部的小区具有差异,但这并不妨碍社区作为治理单位的研究对象和治理模式选择。对于这一判断,有以下支撑要件:一是城市社区是以行政区域作为边界划分依据,当前的城市社区都涉及传统单位制小区、老旧小区和新型商品房小区,社区本身并没有进行特征的判断和刻意区分,在当前的管理体制下资源划拨和管理方式也无特殊差异化,因此对于社区的研究也应该与管理实践保持一致性,为管理决策服务,保障管理的有效性。二是城市流动性的增强,使得社区居住人群的传统一致性特征开始走向分散化,社区居住的人群(包括不同类型的社区)差异化不断增强,社区的人口特征在下降,特别是调研中发现随着商品房交易,社区人口在内外高速流动下已经与传统上的同质性社区有了很大的区别,传统人口特征作为社区管理依据的准则需要在当前的情况下进行修正。三是需求的公共属性代替群体属性,需求的社会性在不断提升,传统特质社区的管理在于群体性需求的差异化,而随着社会的发展和收入水平的提高,群体的需求一方面进一步分散化而使得群体需求难以有效形成,另一方面多种的需求满足方式弱化了社区对于政府的依赖,社会性的公共需求成为政府与社会、公众与政府的需求主要互动形式,公共服务和社区治理一定层面上反映了社区公共服务需求的满足情况。至于个体化或由此而形成的群体需求,则主要通过社区层面的市场化方式和专业化方式满足,政府对于社区治理的职能在弱化,相应的社区特征对于政府履职的影响也在减弱。

二、社区的选取原则

对于社区的选取,本书以成都市作为样本空间进行选取。成都市 2016 年获批国家中心城市,是西南地区的政治、经济和文化中心,是典型的国际大都市。成都市一直以来积极推进城市治理和城市公共服务体系改革,2007 年获批国家统筹城乡综合配套改革试验区,大力推进城乡一体化进程,城市化增速提升,截至 2015 年底城市化率水平达到了 70.4%,并规划在 2020 年实现 77%的城镇化率目标。在国内一系列的城市排名中,成都的大城市地位更为明显,中国城市和小城镇改革发展中心在北京 2017 城市发展论坛上发布了《2017中心城市发展年度报告》,其中成都排名全国第五,发展潜力巨大,也存在着城市建设过程中所面临的普遍性问题。对此,本书选取成都的城市社区公共服务治理作为研究对象,并选取两个社区作为典型案例进行深入分析,用以验证城市社区公共服务治理的系统动力学模型。在选取成都市的社区中,本书具有以下的选择标准:

所选择的社区要具有代表性,要能够满足以下几个代表性:一是社区具有变迁的历程,即能够反映城市发展的脉络,具有时间上的发展性研究空间。二是社区具有复合性特征,社区能够涵盖当前城市所面临的问题、具有城市的特征结构且涉及多种社区的类型,具有在内容上和空间上的研究价值。三是社区具有冲突性特征,即社区内部能够在一定程度上表现出异质性特征,具有在现代与传统、理想与现实方面的冲突,即能够集中反映出当前城市治理所面临的核心、焦点问题,具有明确的问题导向和政策价值。

所选择的社区具有比较性。即选择的两个社区具有可比较的价值,社区从结构上、面临的问题上、公共政策上、资源上具有相似性,在治理上有差异性,能够被比较研究,进而对模型进行验证。

所选择的社区具有数据的可操作性。一方面,在客观数据的获取上具有便捷性,主要来源于社区主动公开的数据和申请公开的数据能够获得;在主观数据上,具有调研的可操作性和长期跟踪的便捷性。

基于以上三点,本书选取了成都市的 L 社区和 C 社区作为研究的个案,并进行模型的验证与预测。

三、选择社区的基本情况

(一)L 社区的基本情况

L 社区位于成都市中心城区,辖区内共有居民院落和单位宿舍 19 个,物管小区 11 个,常住人口 4994 户,共计 14980 人,其中暂住人口 5659 人,辖区内有政府机构和大型企业的入驻,也有一定的社区集体资产收益,属于典型的具有复杂特征的现代城市社区。从代表性来看,L 社区在 20 世纪 90 年代也属于郊外的农村地区,随着城市的扩大迅速纳入城市的洪流,区域内的小区从 20 世纪 90 年代一直到 2010 年都有存在,一定程度上反映了城市的变迁;同时 L 社区周边有大学、有医院、有政府机构也有企事业单位,居住人群具有复杂性;同时 L 小区作为最早成都市殡仪馆所在地,区域内仍存在着传统上的矛盾和安置问题,焦点矛盾突出。从社区公共服务治理来看,L 社区当前形成了以社区自治为主体的公共服务治理模式,政府职能在社区公共服务治理中逐步从直接的公共服务供给走向公共服务资源的配置,社区自治主体承担了公共服务的管理责任,社会多元主体开始参与,特别是专业化的社会组织和市场企业进入并承担了大量的社区公共服务的生产和供给职责。社区公民逐步参与到治理之中,但是参与水平受到制约。在社区公共服务治理方式上,L 社区的智慧化治理水平明显提高,得益于社区小区物业公司的投入和政府支持,社区的公共服务设施不断改造,社区居民的满意度也在不断提高。

(二)C 社区的基本情况

C 社区位于成都市城乡接合部,辖区内共有居民院落 16 个,物管小区 20 个,常住人口 4587 户,共计居民 14858 人,其中暂住人口 5721 人,辖区内有企业事业单位入驻,拥有社区独立的资金来源,属于典型的新形成的现代城市社区。从代表性来看,C 社区属于农转非社区,在社区变迁上具有很强的研究价值,社区内同时存在着村落、院落和现代小区,又有企事业单位存在,具有复杂性;其当前所面临的拆迁安置问题更是当前城市社区所面临的最具有矛盾性的问题,具有研究的价值。从社区公共服务治理上来看,C 社区的公共服务治理更具政府色彩,政府仍然承担着社区公共服务治理的主要职责,社区自治系统具有典型的行政依附性,其他多元主体参与不够。在社区公共服务治理方式上,C 社区因为面临着大量的拆迁并因此而形成了一定的社会矛盾,因此以政府补贴为主要公共服务资金来源的公共服务治理占据主导地位,社区公共服务治理方式相对单一。

两个社区在社区的变迁历程上、社区的人口规模、人口结构、社区本身小区组成上以及面临的问题上都有相似性,具有比较研究的价值。

第二节　案例社区的数据收集与测算

对于社区数据的收集,客观数据部分来源于社区的统计数据,直接向社区居委会以及社区所在是街道办事处采集;主观数据,主要通过问卷方式进行,通过分层抽样法,拟抽取样本 600 份,并按照社区的物管社区和居民院落两个部分进行分层,在具体院落按照楼栋设置均选择 1 单元 5 楼 2 号作为抽样的对象,抽样过程中不回避房主本身和租住户,并以此建立样本数据库,从 2015—2017 年持续三年进行跟踪并于当年年底进行数据采集,两个社区的抽样和问卷回收情况如下:

表 4-1　问卷收集表

社区	小区类型	年度投放问卷量	2015 年回收量	2015 年年回收率	2016 年回收量	2016 年回收率	2017 年回收量	2017 年回收率
L 社区	物管社区	175	160	91.43%	158	90.29%	148	84.57%
	居民院落、传统单位宿舍	125	120	96.00%	117	93.60%	105	84.00%
C 社区	物管社区	175	158	90.29%	163	93.14%	155	88.57%
	居民院落、传统单位宿舍	125	106	84.80%	111	88.80%	113	90.40%

从样本回收来看,样本回收量均达到了 80% 以上,符合分析的要求,而且持续的固定抽样框使得调查对象具有一定的稳定性,能够为时间维度的研究提供可靠的数据支撑。

一、被调研人口特征

如下表所示,被调查人口的人口特征如上,基本涵盖了不同群体、不同职业、不同年龄阶段的调查对象。从年龄上来看,45 岁的调查对象占据了绝大多数,这也反映了当前社区的主要居住群体,即在城市化过程中,中青年人为城市化迁移的主力,老年人因为年龄关系在城市化浪潮中参与度较为有限。从教育背景来看,本科及以下学历为主要样本,这也是当前我国人口教育的主要背景的主要结构。从政治面貌了来看,群众占有 60% 以上,党员团员 30% 以上,符合社区的总体人口特征。职业上来看,涉及了城市人口的主要职业分布特征,具有研究的代表性。

表4-2　被调研人员人口特征

		L 社区	C 社区
性别	男	51%	48%
	女	49%	52%
年龄	30 岁以下	37%	31%
	31—45 岁	39%	49%
	46—59 岁	16%	13%
	60 岁以上	8%	6%
教育背景	高中及以下	21%	12%
	专科	18%	21%
	本科	39%	25%
	研究生及以上	24%	10%
政治面貌	群众	63%	60%
	团员	16%	16%
	中共党员	14%	23%
	民主党派	7%	1%
职业	工人	7%	7%
	教师	8%	5%
	军人	1%	3%
	农民及进城务工人员	24%	40%
	政府及事业单位工作人员	31%	19%
	退休人员	4%	7%
	下岗人员	6%	6%
	学生	2%	5%
	个体工商户	17%	8%

二、社区公共服务需求的满足情况

从时间层面来看,L 社区作为中心城市社区,生活配套都比较成熟,各方面的服务也比较规范。但是同时也受制于城中心,公共服务配套因为传统上的路径依赖而缺乏改革的动力,但是中心城区面临着巨大的共享式公共资源以及因互联网技术普及而形成的市场化服务体系,这对社区公共需求具有巨大的补充,政府用于社区的财政投入也在不断提升社区公共服务的水平,形成了L社区稳定增长的社区公共服务满意度。与L社区相比,C社区当前处于城市化的快速变迁之中,所居住区域的居民因为生活方式的快速变化需求也在不断变化之中,总体来看,社区公共服务需求的满意度没有发生重大的变化,但是快速的城市化推动公共服务硬件设施和软件服务的升级,导致了传统公共服务依赖路径改变,社区公共服务满意度在波动中不断提升。

表4-3　社区公共服务满意度情况

社区	L社区			C社区		
公共服务项目/年份	2015	2016	2017	2015	2016	2017
政府服务	2.85	2.93	3.14	3.25	3.12	3.14
基础教育	2.61	2.47	3.15	2.79	3.14	3.29
医疗设施	2.8	2.95	3.12	2.9	3.11	3.13
环境卫生	2.84	2.65	3.22	2.58	2.98	2.88
综合治安	3.05	3.33	3.25	2.85	3.21	3.32
公共空间	2.89	3.10	3.38	2.94	3.55	3.65
生活服务	2.85	3.13	3.45	2.72	3.38	3.38
文体设施	2.41	2.66	2.95	3.05	3.11	3.12
养老服务	2.59	2.60	2.87	2.77	2.87	2.86
加权后总分	2.78	2.98	3.28	2.86	3.01	3.02

三、社区公共服务品质

基于经济社会发展和城市公共服务的升级,L社区和C社区的社区公共服务品质都在不断提升。总体来看,社区公共服务公开程度均比较高,公共服务数量满足度较高,公共服务可及性较足,也基本上能够满足到公众的差异化需求。但是公共服务的均等化、质量水平和使用成本仍然存在问题,制约着整体的社区公共服务品质。从社区差异来看,L社区总体上的公共服务品质较高,这得益于社区公共服务的治理水平,特别是在满足需求、控制成本、均等化和质量方面优势明显。C 社区的基本公共服务则是在额外的公共服务成本和均等化方面存在差距,这主要受制于城市变迁过程中的社区公共服务治理转型和治理主体缺失,需要一段时间的发展和提升。

表 4-4　社区公共服务品质评价

社区/年度	L 社区			C 社区		
	2015	2016	2017	2015	2016	2017
我能够有效知晓公共服务的信息	4.35	4.45	4.25	3.95	4.18	4.07
我能够获得足量的公共服务	3.13	2.95	3.35	2.45	2.25	2.21
我能够方便得获取公共服务	3.28	3.44	3.85	2.94	3.36	3.17
我能够获得的公共服务质量较高	2.94	3.28	3.45	2.68	2.45	2.54
我所获得的公共服务和别人是无差异的	2.48	2.45	2.51	1.95	2.14	2.21
我能够按照自己的需求获得有效的公共服务	3.15	3.45	3.31	2.95	3.48	3.44
我获得公共服务不用花费额外的成本	2.06	2.33	2.33	1.83	2.49	2.49
加权总分	3.09	3.23	3.32	2.71	2.91	2.89

四、社区财政资金投入

社区财政资金投入主要包括常规预算项目资金和临时性公共服务单项经费,其中常规预算项目资金主要为成都市所规定的社区自治经费 4000 元/百户和公共服务专项经费 5000 元/百户,具有稳定性;临时性的公共服务经费包括成都市所拨付的社区矫正经费、社区特殊性公共服务建设和补充经费等,不是常规稳定的拨付,体现着公共服务治理的灵活性,并于社区所受到的社会关注具有因果关系。社区内部资金集成主要包括社区固定资产收入和内部自筹资金,不包括社区物业、集体经济等市场化用于分配的收入。

从获取数据来看,成都市的城市社区存在一定的差异性。在财政拨款上,除了基于人口的固定性拨款以外,地方财政对于社区治理的也在不断增加,主要是以专项的公共服务项目给予拨款并被严格监督和管理。财政拨款在使用上被严格的监控,政府有专门的审计机制,社区也要做到政务和财务公开。但是也可以看到当前城市社区所面临的重要问题,因为资金的严格管理,城市社区的自治经费和公共服务经费存在大量的"闲置"问题,部分社区因为难以找到公共服务项目而使得资金闲置。社区内部的资金集成上,当前主要体现社区内部的公共资源收入,从调查的两个典型社区来看,社区都内不存在公益资金,存在有部分的自筹资金(用于专门项目),主要为社区公共资源的收入。而大量的社区物业收入因为市场化因素而不具统计价值,集体经济收入因为会直接分配而大量减少,留存部分具有统筹使用的价值,也在当前的统计范围。总体来看,城市社的内部资金集成尚数于待开发阶段,其中公共资源有收入留存但单未高效使用;公益资金缺乏渠道和项目而较少流入;社区自筹资金因为缺乏项目、筹资渠道和居民参与度不高而难以实现。但是从长远来看,内部资金集成才是社区由外部输血到内部造血并实现治理长久性的根本保障。

为了研究的统一性,对社区公共服务资金贡献得分采取 5 分制转换,考虑到两个社区在获取资金方面的差异程度,本书对两个社区的分别进行界定。其中 L 社区公共服务治理资金得分为:(社区公共服务治理资金-45)*5%;C社区为:(社区公共服务治理资金-38.5)*5%。

表 4-5　社区公共服务治理资金情况　　　　　　　　　　　　　　　　（单位:万元）

L 社区	预算内固定拨款	项目式拨款	社区内资金集成	C 社区	预算内固定拨款	项目式拨款	社区内资金集成
2015 年	65.7	10.6	6	2015 年	42.1	13.7	5.3
2016 年	68.5	10.8	6.2	2016 年	48.6	14.8	6.3
2017 年	70.3	10.8	6.5	2017 年	50.8	10.7	6.9

数据来源:L 社区和 C 社区年度财务公告,有整理。

五、社区公共服务管理水平

社区公共服务管理水平反映社区公共服务的治理体系和治理能力,以受众为导向进行了调查。通过对 L 社区和 C 社区的三年调查监测可以看出,社区公共服务的治理水平在逐步缓慢的提升过程之中,这也反映了当前的社区治理现状以及治理改革的困境。在社区之中,利益的复杂性是制约社区公共服务管理水平的最核心因素,反映在现实中就是社区治理主体自身的利益诉求使其难以形成治理的合力,利益主体都在追求自身利益的过程中而弱化了公共利益。但同时,也可以看得随着国家惠民政策的增加、对基层治理的重视以及先进科学技术在社区的应用,社区公共服务管理水平也在不断提升,特别是社区公共服务治理的透明度在增加、回应责任在提升、参与水平在提高,但效能和廉洁仍然存在问题,并被广泛关注。

表4-6 社区公共服务管理水平情况

社区公共服务管理水平		L 社区			C 社区		
治理维度	选取指标	2015	2016	2017	2015	2016	2017
效能	社区行政运行的成本非常低	2.08	2.36	2.25	2.22	2.28	2.33
责任	社区居民的需求总能得到有效回应	2.05	2.77	2.88	2.87	3.06	3.11
廉洁	我了解社区内不存在贪腐问题	1.58	1.98	2.32	1.99	1.86	1.68
透明	社区公共事务能够得到及时公开	2.54	2.65	3.15	2.52	2.75	2.89
参与	社区公共服务中有多个主体参与	2.45	2.25	3.17	2.48	2.42	2.57
总计	加权分数	2.06	2.39	2.47	2.38	2.43	2.46

六、社区公共服务使用度

对于社区公共服务使用,在调研的基础上为更好地进行模式预算,本书采取了五分制对使用度进行了转换,即社区公共服务使用度无量纲化数据=社区公共服务调查值*5,如下表所示。总体来看,公众对于社区公共服务使用度只打到了平均偏上的水平,即社区公共服务并没有达到最为有效的使用情况,这也导致了社区公共服务资源的闲置问题,并成为社区治理所面临的困境。如下表所示,总体而言,社区的政府服务、生活服务设施、文体设施使用度较高,相比而言 C 社区的医疗设施、集体活动和养老服务设施使用度更高。从纵向时间维度来看,社区服务的使用度在均值不断提升。对于社区公共服务的使用问题,调查显示主要存在以下影响因素:一是宣传不到位,社区居民对于社区公共服务设施只是"知道其存在"的浅层次知晓状态,而对如何使用、何时使用却并不完全知晓,这导致了因为知晓度不高的使用障碍。二是公共服务时间不到位,城市社区公共服务与主要居民的时间割裂是当前社区公共服务的常见问题,上班时间的公民无法使用只在工作时间开放的公共服务,造成了公共服务的供需结构不平衡。三是社区公共服务的替代性强,特别是在城市产生了大量能够更加节约时间、更加便捷、更强调上门服务的市场化服务方式,如外卖服务对生活服务设施的替代等,使得公共服务因为便捷性问题而被替代,公共服务使用度在降低。四是追逐更为优质的服务,公众存在着普遍对基层社区服务的"不认同倾向",即更加倾向选择更为优质的专业化服务,以社区医疗设施为例,甲级医院对社区医疗设施实现了大幅度的分流,医疗设施之间存在着结构性失衡的问题。这些问题的存在造成了公共服务的使用度问题,当然从发展来看公众自由选择公共服务也是未来公共服务发展重要方向,但是需要政府的财政投入做出相应调整。

表 4-7　社区公共服务使用度情况

社区服务项目	L 社区			C 社区		
	2015	2016	2017	2015	2016	2017
政府服务	3.8	3.25	3.8	4.4	3.9	4.4
学习设施	2.1	2.9	3.2	1.75	2.25	1.75
医疗设施	2.9	2.3	2.55	3.4	3.15	3.4
环卫设施	3.3	4.4	4.55	2.3	2.9	2.3
安防设施	2.4	1.75	2.1	3.35	2.2	3.35
公共活动空间	2.3	2.4	2.7	3.25	3.6	3.25
生活服务设施	4.3	4.4	4.2	4.25	4.1	4.25
文体设施	3.1	3.25	3.6	3.3	3.8	3.3
养老服务设施	1.4	1.6	2.25	3.25	2.85	3.25
加权得分	2.95	3.05	3.3	3.2	3.15	3.2

七、社区社会资本情况

调查来看,社区社会资本存量方面,两个社区都处于一个社区社会资本需要进一步开发的阶段,这也是当前我国城市化过程中社会结构的主要特征。一方面,城市化所形成的陌生人社会彻底改变了传统中国的社会网络关系结构,改变了治理的基础和治理方式,也带来了转型过程中的不适应和各种社会问题,如当前社会的信任危机、个人与集体关系的断裂、合作的障碍等都对治理产生了影响。另一方面,城市化打破了传统以血缘和熟人为载体的社会资本体系,推动并逐步形成了以共同生活、公共利益为核心的新型社会资本,个体理性和公共利益成为新型城市的社会资本形态。对于 L 社区和 C 社区而言,L 社区当前正是新型城市社会资本的形成阶段,得分稍高。C 社区则是传统社会资本体系阶段,正随着城市化而不断变迁,特别是基于的熟人体系的利益共同体在城市化过程中在逐步变化,得分稍低。

表 4-8　社区社会资本评估情况

社会资本维度	L 社区			L 社区		
	2015	2016	2017	2015	2016	2017
社区网络	2.9	2.95	3.44	2.48	2.58	2.56
社区归属	3.06	3.22	3.27	2.64	2.78	2.86
社区信任	3.39	3.64	3.24	3.11	3.11	3.12
社区规范	3.89	3.99	4.06	3.48	3.59	3.76
社会资本加权得分	3.08	3.22	3.27	2.73	2.81	2.87

八、社区公共服务动机

从数据来看,L 社区和 C 社区均有较高公共服务动机,即社区的居民具有参与公共服务治理的行为倾向。具体来看,两个社区的居民都对社区公共服务事务感兴趣,也具有很强同情心,也愿意维护公共利益,但是决定行为的牺牲精神则相对较低。社区公共服务动机反映着现代居民的公共精神,是真正实现社会治理和社区治理社会化、形成共建共享共治社区治理格局的基础和前提。公共服务动机是公民参与社区公共服务治理的前提,更是高质量参与水平基础。但从调研的情况来看,城市社区居民公共服务动机面临着个体理性下的利益维护和集体主义下公共利益追求的断裂问题,很多受访的居民具有公共服务的天然动机,但都存在着对自身付出的顾虑以及对集体利益的

"冷漠性",这也是当前制约社区公共服务的主要因素。这种心理学上心态也使得社区公共服务治理往往成为政府独角戏,社区公共服务管理水平也仍然是单一化下的单项式治理。因此,十九大报告也指出了要塑造积极的社会心态,正是切中了这一问题的本质。

表 4-9　社区公共服务动机情况

社区公共服务动机		L 社区			C 社区		
项目	指标	2015	2016	2017	2015	2016	2017
制定公共政策吸引力	我对社区公共事物不感兴趣(已经转换)	3.63	3.84	3.88	3.78	3.95	4.12
对公共利益的承诺	我对参与社区决策不感兴趣(已经转换)	2.46	2.95	2.98	2.89	3.25	3.23
	我会无私为社区服务	3.06	3.25	3.11	3.32	3.11	3.34
同情心	看到他人遇到困难,我感到不舒服	3.98	4.12	4.10	3.85	3.55	3.90
牺牲精神	我做很多事情不以自身利益为出发点	3	3.11	3.02	3.07	3.01	2.99
	我不知道我该承担什么公共责任(反转)	3.07	3.26	3.12	3.04	2.98	3.03
	我乐意为集体的利益做出牺牲	2.9	3.16	3.10	2.92	2.77	2.88
加权得分		3.18	3.4	3.35	3.24	3.29	3.34

八、社区公共服务参与

参与是当前基层民主的重要形式,西方的政治学者也将参与式民主作为了政治现代化的重要体现,有效的公民参与也是落实我国国家治理体系和治理能力现代化的重要环节。社区公共服务参与,核心主体在于公民,按照托马斯的公民参与模型,社区的居民公共服务参与主要体现为知晓服务的信息并予以配合和使用公共服务、协同公共服务供给主体强化公共服务的有效供给以及通过民主参与实现真正的公共服务共治。从这些层面来看,当前的社区公共服务参与仍然处于较低水平,即获取公共服务信息和公共服务是最主要的参与形式,对公共服务的协同参与和共治参与仍然停留在较低水平。对于成都而言,伴随着统筹城乡而推进的基层民主治理改革一定程度上推动了基层民主的发展,特别是社区的公共服务资金更是成为撬动社区参与和推进基层民主的重要工具。因此,从 L 社区和 C 社区来看,居民的公共服务参与都处于中等以上水平,特别是 C 社区因为涉及城市化过程中的利益再分配,公众的参与度更高。

表 4-10　社区公共服务中的参与情况

项目	L 社区			C 社区		
	2015	2016	2017	2015	2016	2017
自己在社区中扮演重要角色	2.35	2.45	2.68	2.96	3.01	3.02
我能够容易参与到社区公共服务决策之中	2.68	2.88	3.23	3.12	3.23	3.11
社区比较注重我的意见	3.11	3.42	3.22	2.98	2.88	2.78
参与之后,社区公共服务如我所愿在变好	2.58	2.68	3.43	3.02	2.98	2.98
我经常享受到来源于居委会和政府以外主体提供的服务	3.12	3.68	3.45	2.98	3.02	3.01
加权总计得分	2.8	3.06	3.24	3.01	3.02	2.98

十、社区社会关注

社区社会关注主要强调的是社区因为社会关注所引发的社会资源投入进而对社区公共服务治理系统的改善,对于社区关注的测量,主要依据社区的焦点事件进行梳理。相对于 L 小区的成熟性和稳定性,C 小区因为正在经历城市化的变迁而受到社会的关注更多。对此,在对社区近五年的焦点事件梳理基础上,结合对社区管理人员、社区矛盾的梳理,本书以 L 社区 10 次、C 社区 15 次作为基础量,以五分制为标准来计量社区的社会关注行为。具体计算方式如下:L 社区关注得分＝(社区焦点事件-10) * 0.4;C 社区关注得分＝(社区焦点事件-13) * 0.4

从社区统计情况来看,社区安全问题仍然是社区的焦点事件,因为涉及公众本身的切身利益,并且社区具有广泛的传播效应,而具有社区焦点事件的特征。社区盗窃为主体等安全事件对于社区具有很强的负面效应特征,并对公众心理具有持久的影响力,是政府公安系统、社区物业安防系统的所关注的重点,也最能引发政府和物业部门的公共服务资金投入。从数据来看L社区和C社区都具有较多的盗窃案例,也引发了社会关注,并催动了政府(公安系统)和物业安保的联动管理体系。

社区抗争行为是当前社会矛盾集中爆发的主要形式,主要体现为群体性事件,是社会具有一定普遍性矛盾的集中爆发和反映。社区是基层治理的最前线和最前沿,也是社区矛盾预防和消解的最优解决载体。社区抗争对于社区治理产生了巨大的压力,一方面社区抗争行为是政府管理的"一票否决事项",政府非常重视,并设计了系统管理的制度设计;另一方面,社区抗争也催发了治理变革,是社区改革起点。对于社区来看,因为涉及社区层面,本书选取的主要为居民集中反映问题的组织抗争行为,并以不一定酿成社会冲突事件,但具有社会矛盾爆发的源头效应作为考核标准。可以看出,L社区的社会抗争行为相对较少,但随着社会发展,公共资源、公共服务的社会诉求和矛盾逐步增加;C社区因为处于城市化的快速进程阶段,资源分配和利益分配问题严重,社区抗争事件较多,但随着城市化和社会治理水平的提升,也逐步减少。

因为本书选择的不是社区改革的"明星社区",更具研究的普遍性,因此在媒体关注和政府考察上相对较少,但媒体关注直接表现为公共服务治理的压力,政府的领导关注则是带来治理变革的资源支持,对社区产生了重要的影响。

表4-11　社区社会关注情况

社区焦点事件情况	L 小区			C 小区		
项目	2015	2016	2017	2015	2016	2017
社区抗争行为	4	7	5	9	6	6
政府考察、调研	2	4	4	7	3	6
媒体宣传报道	4	3	4	2	3	1
社区安全问题	8	4	6	12	9	7
总计	18	18	19	24	21	20
社区关注得分	3.2	3.2	3.6	4.4	3.2	2.8

数据来源:L社区和C社区年度财务公告,有整理和五分制转化计算

十一、先进技术应用

管理技术的应用是当前社区管理改革在当前制度依赖和制度障碍政治环境下的有效选择路径,也是当前社区治理的重要选择。其中的关键体现为管理技术层面的网格化管理,科学技术上的智慧化管理和管理理念上的共享式管理。其中网格化管理作为政府基层治理的重要手段,在基层社区不断推进,L社区和C社区也不断提升。智慧化管理平台作为基层社区治理的重要的手段,逐步在社区中应用,L社区作为传统成熟社区,普及比例较高,C社区的普及比例随着政府投入和市场投入也在不断提升。共享服务随着分享经济而在社区治理中快速发展,其中L社区更为明显,比例不断提升;L社区也在逐渐增加。

表 4-12 社区先进技术采用情况

社区先进技术采用情况	L 社区			C 社区		
	2015	2016	2017	2015	2016	2017
实施网格化管理的小区(院落)比例	3.25	3.65	4.1	2.25	3.25	4.1
拥有智慧化管理平台的小区(院落)比例	3.65	4	4.25	1.25	3	4.25
有共享公共物品的小区(院落)比例	1	2	3.75	0.75	1.5	3.75
加权平均	2.7	2.95	3.25	1.45	2.6	3.25

数据来源:L社区和C社区年度公告,有整理和五分制转换计算。

十二、社区公共服务转化满足因子

本书按照已经获取的数据计算了近三年所有社区公共服务项目的社区公共服务需求因子,其中所有公式为社区公共服务需求满意度=社区公共服务品质*社区公共服务使用度*社区公共服务需求满足因子。其中L社区近三年加权平均以后的社区公共服务需求满足因子为0.31,最大为2016年综合治安的社区公共服务需求满足因子0.33,最小为2019年环卫设施的0.28。C社区近三年加权平均以后的社区公共服务需求满足因子为0.35,最大为0.49,最小为0.23。因此,为了研究的便捷性,本书分别取加权平均的社区公共服务项目的需求因子,即 L 社区 0.31;C 社区 0.35。

十三、社区公共服务的管理贡献率和资源贡献率

对于公共服务治理的贡献率变化,本书采取回归分析,即分析三年来公共服务品质和公共服务治理水平之间的变化关系,公共服务品质=公共服务治理水平 * 回归系数+常数。所谓回归分析,就是计算因变量和自变量之间的因果关系,并用于判断二者关系,并对未来的发展进行预测。按照近三年采集的公众数据,本书以社区公共服务品质为因变量,以社区公共服务管理水平和社区资金投入(包括外部资金和内部资金得分加权评价)为自变量,进行多元回归分析,模型为:社区的公共服务品质=公共服务治理水平 * 系数+资源投入 * 系数+常数,本书以 L 社区和 C 社区所采集的数据,假设人均资源一致,得出了以下的回归方程:

L 社区的公共服务品质 = 公共服务治理水平 * 0.35 + 资源投入 * 0.33+1.73

C 社区的公共服务品质 = 公共服务治理水平 * 0.25 + 资源投入 * 0.41+1.48

十四、技术转化因子与参与转化因子

对于社区公共服务水平与社区参与以及社区技术采用的关系,本书按照表函数方程即社区公共服务管理水平=社区参与情况 * 参与转化因子+社区技术采用情况 * 技术转化因子,通过带入近三年两个社区的数据,分别得到了如下的参数方程:

L 社区:公共服务治理水平=参与情况 * 0.425+社区技术采用情况 * 0.32

C 社区:公共服务治理水平=参与情况 * 0.483+社区技术采用情况 * 0.3

十五、社区关注因子

社区关注因子,本书主要以社区公共服务项目式投入为因变量,以社区焦点事件发生情况为自变量,按延迟函数(单位 1 年),通过 VENSIM 软件进行分析,得出社区项目公共服务投入=社区社会关注 * 3.35,即社区关注因子取

3.35 的常数。

十六、社区参与倾向

主要用了测试社区公共服务动机与社区参与行为之间的关系,本书通过已经调研的数据,通过数据分析和判断,确定了 0.9 的社区参与倾向。即本书中的社区公共服务参与=社区公共服务动机 * 0.9.

第三节　城市社区公共服务治理系统模型检验

社区公共服务治理系统是一个具有复杂因素影响的系统,在使用模型进行模拟仿真和政策预测之前,需要对模型进行有效性的检验,即检验模型的仿真结果与真实调研结果之间的关系。这里本书主要通过对状态变量社区公共服务满意度进行的仿真模拟,探索模型模拟与调研数据之间的关系。

一、L 社区公共服务满意度的模型检验

按照社区公共服务满意度的表函数以及 L 社区相应参数测定,L 社区公共服务治理函数如下所示:

(1)社区公共服务需求满意度=社区公共服务品质 * 社区公共服务使用率 * 社区公共服务需求满足因子

(2)社区公共服务品质 = INTEG(社区公共服务管理水平 * 管理贡献率+社区治理资金投入 * 资源贡献率+C1)

(3)社区公共服务管理水平 = INTEG(社区公共服务参与 * 参与转换因子+社区先进技术采用 * 技术转换因子)

(4)社区治理资金投入=社区财政资金投入+社区内部资金集成+社区公共服务项目资金投入

(5)社区公共服务参与=社区公共服务动机 * 参与倾向

(6)社区公共服务动机=WITH LOOKUP(TIME(公共服务动机,社区社会资本),2015(3.18,3.08),2016(3.4,3.22),2017(3.35,3.27))

（7）社区社会关注资金投入＝DELEY FIXED（社区社会关注＊社区关注转换因子,D1）

（8）社区先进技术采用情况＝（2015,2.7）,（2016,2.95）,（2017,3.25）

（9）社区社会关注＝（2015,3.2）,（2016,3.2）,（2017,3.6）

（10）管理贡献率:0.35

（11）资源贡献率:0.33

（12）技术转换因子:0.32

（13）参与转化因子:0.425

（14）社区关注转换因子:3.35

（15）参与倾向:0.9

（16）社区公共服务需求满足因子:0.31

（17）C1 常数:1.73

（18）D1 延迟时间:1 年

带入相应数据,利用 VENSIM 仿真软件进行模拟,最后以 EXCEL 进行数据美化,结果如下:

L社区模型检测

	2015	2016	2017
◆ 模拟仿真数据	2.81	3.06	3.38
■ 调研数据	2.78	2.98	3.28

图 4-1 L 社区公共服务治理系统动力学模型检验

模拟仿真数据和实际调研数据趋势一直,误差分别为 0.03、0.08 和 0.1,基本误差控制在 0.1 的范围以内,模型具有有效性。

二、C 社区公共服务满意度的模型检验

按照社区公共服务治理表函数以及 C 社区的相关参数测算,C 社区公共服务治理系统系统函数为:

(1)社区公共服务需求满意度=社区公共服务品质 * 社区公共服务使用率 * 社区公共服务需求满足因子

(2)社区公共服务品质=INTEG(社区公共服务管理水平 * 管理贡献率+社区治理资金投入 * 资源贡献率+C1)

(3)社区公共服务管理水平=INTEG(社区公共服务参与 * 参与转换因子+社区先进技术采用 * 技术转换因子)

(4)社区治理资金投入=社区财政资金投入+社区内部资金集成+社区公共服务项目资金投入

(5)社区公共服务参与=社区公共服务动机 * 参与倾向

(6)社区公共服务动机=WITH LOOKUP(TIME(公共服务动机,社区社会资本),2015(3.24,2.73),2016 (3.29,2.81),2017(3.34,2.87))

(7)社区社会关注资金投入=DELEY FIXED(社区社会关注 * 社区关注转换因子,D1)

(8)社区先进技术采用情况=(2015,1.45),(2016,2.6),(2017,3.25)

(9)社区社会关注=(2015,4.4),(2016,3.2),(2017,2.8)

(10)管理贡献率:0.25

(11)资源贡献率:0.41

(12)技术转换因子:0.3

(13)参与转化因子:0.483

(14)社区关注转换因子:3.35

(15)参与倾向:0.9

(16)社区公共服务需求满足因子:0.35

(17) C1 常数:1.48

(18) D1 延迟时间:1 年

带入相应数据,利用 VENSIM 仿真软件进行模拟,最后以 EXCEL 进行数据美化,结果如下:

C社区模型检测

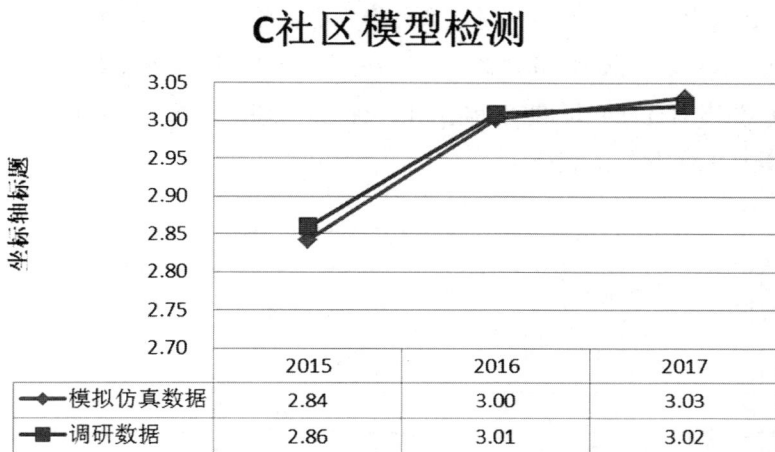

	2015	2016	2017
模拟仿真数据	2.84	3.00	3.03
调研数据	2.86	3.01	3.02

图4-2 C社区公共服务治理系统动力学模型检验

模拟仿真数据和实际调研数据趋势一直,误差分别为 0.02、0.01 和 0.01,基本误差控制在 0.1 的范围以内,模型具有有效性。

第四节 城市社区公共服务治理系统 模型的仿真模拟预测

一、基本变量的预测

(一)社区资金投入的预测

从动态发展来看,随着社区公共财政管理的规范化和法制化,社区的财政资金投入将更加规范、使用更加透明,而社区作为国家治理和社会治理的最前沿阵地和重要环节国家也必将更加重视社区治理,进而加大财政投入。但是社区治理的自治属性又要求社区治理必须置于政府、市场和社会的共治体系之下,发挥市场和社会的力量,以周期性的项目服务购买将成为今后的主要内容。本书根据访谈和研究判断,在未来社区治理的预算内拨款将呈现稳定增长,但增长幅度不会过大;项目式拨款将逐步稳定,并因项目周期更替而处于一个较稳定的财政预算空间;社区内部资金将随着社区自治体系建设逐渐增多。因此,对于未来五年,本书暂取预算内拨款增量 1.8 万进行预测;项目式拨款 L 社区因为社区稳定性强取 10 万作为稳定数字,C 社区因为正在城市化过程中,矛盾多,逐步从 20 过渡到 16 这一稳定的项目服务经费;社区内资金集成,按照当前社区建设的实际情况以及社区治理主体访谈,取 0.5 的资金增加量,具体的预测如下表所示。

表 4-13　L 社区和 C 社区社区公共服务治理资金投入预测

L 社区	预算内固定拨款	社区内资金集成	C 社区	预算内固定拨款	社区内资金集成
2015	65.7	6	2015	42.1	5.3
2016	68.5	6.2	2016	48.6	6.3
2017	70.3	6.5	2017	50.8	6.9
2018	72.1	7	2018	52.6	7.7
2019	73.9	7.5	2019	54.4	8.2
2020	75.7	8	2020	56.2	8.7
2021	77.3	8.5	2021	58	9.2
2022	79.1	9	2022	59.8	9.7

(二)社区社会资本预测

当前国家和城市都开始重视社区社会资本的建设工作,包括社区文化建设、社区公约建设、社区共享服务建设、社区信用建设等,城市社区也在传统血缘家庭根基上逐步转型为社区共同生活和公共利益上的新型社区社会资本,按照 L 社区近三年分别 0.08 和 0.06 的增量、C 社区 0.14 和 0.05 的增量。本书结合调查访谈,以 0.08 作为社区社会资本增量来测算未来 5 年的社区社会资本存量。取这一增量的依据如下:

社区社会资本是一个增加的过程。当前我国的低社会资本存量是基于社会转型过程中的利益再分配和价值信念文化重塑的必然阵痛,随着经济社会的发展,以共同生活、公共利益、社会责任为价值追求的社区社会资本逐渐在形成和深入,特别是社会教育体系的形成,公众的价值观进一步完善、稳定,而以此为基础的社会资本也应是成长的过程。另外,国家和政府更加重视社会资本,并将其作为共建共治共享社会治理体系的重要组成部分,也建立相应的制度体系和资源投入来强化和培养社区社会资本,如社区公共服务资金投入、社区集体活动的投入、社区公共服务项目征集管理以及社区基层民主的推进,这些措施对于培养、培训和推进社区社会资本都有重要的推动作用。

社区社会资本是一个缓慢增加的过程。社区社会资本的增加一定程度上是一个社会的重构过程,特别是在当前社会结构经受不良社会信念、社会文化、社会氛围的冲击下,社区社会资本的增加也必将是一个缓慢的过程,如当前的社会信任危机历经长期的修复而效果依然不够,社区社会资本亦是如此,甚至会因为一些突发的社会事件反复和倒退。因此社会资本的培育不是一天两天的事情,而是一个漫长的发展过程。

社区社会资本的效益将逐步显现。社会资本的存在和效用发挥是社会资本存量能够不断增加的自生动力,而当前对于社区治理而言,以政府行政控制的行政管理模式仍然占主体地位,社会自治行政化色彩严重,社会资本的治理效用并未完全发挥。但随着未来治理的进一步转型,社会资本的治理效益将进行发挥,社会资本也将循环增长。

基于以上理由,本书认为社会资本从回应当前的治理需求到发展的自生动力都有明显的发展动力,而发展过程也将充满波折和调整,因此本书将0.08作为了社区社会资本的增长率。并对 L 社区和 C 社区未来 5 年的社区社会资本进行预测,如下表所示:

表 4-14　L 社区和 C 社区社区社会资本预测情况

年份	L 社区	C 社区
	社区社会资本	社区社会资本
2015	3.08	2.73
2016	3.22	2.81
2017	3.27	2.87
2018	3.35	2.95
2019	3.43	3.03
2020	3.51	3.08
2021	3.59	3.16
2022	3.68	3.21

(三)社区公共服务动机预测

社区公共服务动机是个人在社会化过程中合理处理个人和社会关系的一种心理动机,佩里和怀斯就认为"公共服务动机个体对主要或完全由公共制度和组织引起的动机进行回应的心理倾向"。[①] 这种心理活动或随着社会的变化而发生调整,因此,个人的社区公共服务动机有一定的变动性。公共服务动机体现为一种信仰或者态度,这种信仰具有能够影响个人行为的作用,凡德纳比将公共服务动机界定为一种超越了自身利益和组织利益的信仰、价值观和态度,这种信仰、价值观和态度关注于更宏观层面政治实体的利益,并能激励个人在适当条件下采取相应的行为,[②]公共服务动机也具有一定的稳定性。对于社区治理而言,社区公共服务动机的稳定性显得更为重要,是社区治理行为的一个重要出发点。

因此,本书基于公共服务动机的稳定性,以个体学习作为出发点,结合社会主义核心价值观的普及和道德教育的开展,以当前的调查数据,将 L 社区和 C 社区以 0.05 作为公共服务动机增长量进行预测,则 2015—2022 年的社区公共服务动机加强得分为下:

表 4-15　L 社区和 C 社区社区公共服务动机预测

年份	L 社区	C 社区
	公共服务动机	公共服务动机
2015	3.18	3.24
2016	3.4	3.29
2017	3.35	3.34
2018	3.4	3.39
2019	3.45	3.44
2020	3.5	3.49
2021	3.55	3.54
2022	3.65	3.69

① Perry, J. L. & L. R. Wise, The motivational bases of public service, Public administration review,1990,50(3),pp.367-373.

② Vandenabeele, W., Toward a public administration theory of public service motivation:An institutional approach,Public management review,2007.9(4),pp.545-556.

(四)社区社会关注预测

从社区的建设和发展,社区的焦点事件也会发生变化。按照社区的发展和进步,社区的安全问题将得到解决,即社区安全问题将随着时间的发展而减少;社区抗争行为具有复杂性,公民权利觉醒和公民互动的便捷化会增强公众的权利诉求表达,因此社会抗争会有所增加;但同时,社区公共服务的完善和治理水平的提升又会对社会抗争行为具有消解作用,另外社会稳定的管控制度也会降低社会抗争行为的发生概率,因此,本书认为未来的社区社会抗争行为将会在稳定的基础上逐步减少。社区的政府考察和调研,则会因为社区发展的不断完善以及政府治理重心下移而增加,特别是未来公民参与更要求政府在社区层面开展政民互动,因此,本书预测未来的政府考察和调研将会有所增加。最后媒体的宣传报道,因为自媒体时代的到来将不断提升,社区的知名度将自媒体时代进一步提升。在此基础上,本书对未来 5 年的社区社区社会关注进行预测,考虑到 L 小区的成熟性和 C 小区的变动性,预测数据如下:

表 4-16 L 社区和 C 社区社区社会关注情况预测

L 小区								
项目	2015	2016	2017	2018	2019	2020	2021	2022
社区抗争	4	7	5	5	4	4	3	2
政府考察、调研	2	4	4	4	5	5	6	6
媒体宣传报道	4	3	4	4	5	5	6	6
社区安全	8	4	6	5	3	3	2	2
总计	18	18	19	18	17	17	17	16
社区关注得分	3.2	3.2	3.6	3.2	2.8	2.8	2.8	2.4
C 社区								
项目	2015	2016	2017	2018	2019	2020	2021	2022
社区抗争	9	6	6	7	7	8	8	9
政府考察、调研	7	3	6	5	5	6	6	7
媒体宣传报道	2	3	1	2	2	3	3	4
社区安全	12	9	7	7	6	6	5	5
总计	24	21	20	21	20	23	22	25
社区关注得分	4.4	3.2	2.8	3.2	2.8	4	3.6	4.8

（五）社区先进技术采用情况预测

对于社区先进技术的采用情况,本书以调查数据和访谈进行判断,以0.25作为社区技术增长量的数据,统计分析的原因如下:

社区先进技术采用是不断增长的过程。特别是新技术所带来的新的管理有效性和便捷性使得管理成本大大降低,社区治理主体具有采用先进技术的内生动力,另外先进技术所带来的是治理变革的绩效,也符合政府主体和社区主体政绩追求,因此社区技术采用具有内生动力和外在引力。同时,随着社区公共服务资金的逐步增加,社区管理技术升级属于最为安全,也最具有效的公共服务项目,社区技术的应用有着资源保障。

社区先进技术采用是一个不断尝试与磨合的过程。社区先进技术的采用也必然引发社区的利益分配格局变化,并与社区接受程度密切相关,而且先进技术在带来管理效益的同时也引发了其他的问题,这也导致了社区并不必然把先进技术作为管理的手段,社区也并不必然将技术作为自身需求满足的选择,因此社区先进技术是一个不断尝试和磨合的过程。

社区先进技术采用具有拐点。即社区先进技术的采用都是先快后慢的过程,即前期技术的吸引力占据主要趋势并被大力推广,后期则是技术效益占主体而慢慢推进,特别是技术持续性保障和升级所带来的大量资源投入也成为社区普及的阻碍性因素。因此在一定程度后社区的这几方面技术也将出现使用拐点,甚至废弛。

因为本书所使用的是未来5年的预测,由于技术理念和更新换代时间,本书预测未来三年技术仍会以0.25的速度增加,而后两年将处于稳定状态,再后面有可能被新的技术所取代。具体如下:

表4-17　L社区和C社区社区先进技术采用情况预测

年份	L社区	C社区
	社区先进技术采用	社区先进技术采用
2015	2.7	3.24
2016	2.95	3.29
2017	3.25	3.34

	L 社区	C 社区
2018	3.5	3.64
2019	3.75	3.89
2020	4	4.24
2021	4.25	4.49
2022	4.25	4.49

二、城市社区公共服务治理系统的模拟仿真

(一)社区公共服务管理水平的模拟仿真

社区公共服务管理水平反映了社区公共服务的管理情况,是社区公共服务管理基于时间的发展趋势。在剔除了其他因素的情况下本书按照已经检验的函数分别对 L 社区和 C 社区的公共服务治理水平进行预测。

L 社区公共服务管理水平模拟仿真:按照预测的数据,将数据分别带入到社区公共服务管理水平函数:

(1)社区公共服务管理水平 = INTEG(社区公共服务参与 * 参与转换因子 + 社区先进技术采用 * 技术转换因子)

(2)社区公共服务参与 = 社区公共服务动机 * 参与倾向

(3)社区公共服务动机 = WITH LOOKUP TIME(公共服务动机,社区社会资本)

(4)社区先进技术采用情况

(5)社区社会关注

(6)技术转换因子:0.32

(7)参与转化因子:0.425

(8)参与倾向:0.9

通过 VENSIM 软件进行预测,然后通过 EXCEl 生成图形,如下图所示:

通过模拟可以看出,随着 L 社区公共服务管理水平处于持续上升的趋势,这也符合当前城市社区公共治理因为共建共治共享治理体系、治理主体能力提升以及先进技术不断创新和应用的预期。但同时 L 社区因为社区结构

L社区公共服务管理水平预测

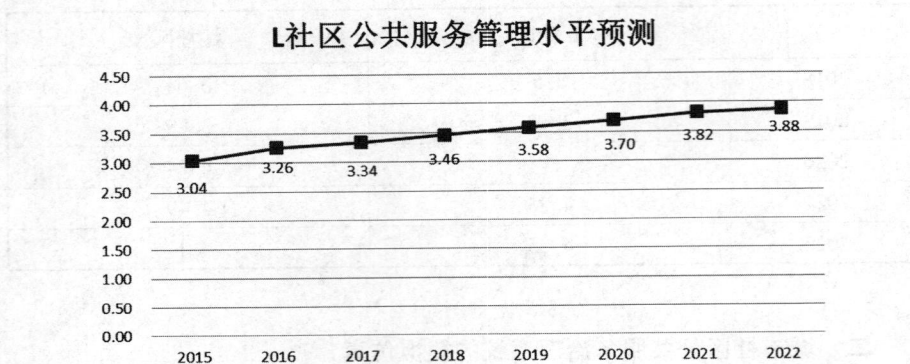

图 4-3 L 社区公共服务管理水平模拟预测图

相对比较稳定,社区公共服务治理的治理环境相对稳定,因此社区公共服务管理水平增速也比较平稳。

C 社区公共服务管理水平模拟仿真:按照预测的数据,将数据分别带入到社区公共服务管理水平函数:

(1)社区公共服务管理水平＝INTEG(社区公共服务参与 * 参与转换因子+社区先进技术采用 * 技术转换因子)

(2)社区公共服务参与＝社区公共服务动机 * 参与倾向

(3)社区公共服务动机＝WITH LOOKUP TIME(公共服务动机,社区社会资本)

(4)社区先进技术采用情况

(5)社区社会关注

(6)技术转换因子:0.3

(7)参与转化因子:0.483

(8)参与倾向:0.9

通过 VENSIM 软件进行预测,然后通过 EXCEl 生成图形,如下图所示:

由图可以看出,C 社区的公共服务治理水平经历快速进步和平稳进步的两个发展阶段。这种模式符合 C 社区发展结构特征。一方面 C 社区作为城市化过程中变迁的社区,在面临着快速变化治理环境的同时也吸收着新的管

C社区公共服务管理水平预测

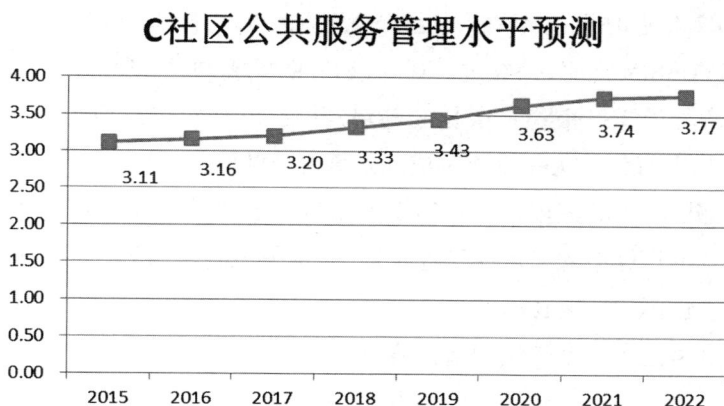

图 4-4　C 社区公共服务管理水平模拟预测图

理资源、技术和理念,因此在前期社区公共服务管理水平经历着与社区本身一样的城市化变迁,增长速度较快。而后期随着社区治理环境的成熟和稳定,社区公共服务管理水平增速则显得更加平稳。

(二)社区公共服务治理资金模拟仿真

社区公共服务治理资金主要体现为社区公共服务治理的资源投入,从发展来看,随着社区公共服务需求的变化和需求品质内涵的提升,社区公共服务治理资金投入是一个稳定增加的过程。对此,本书分别对 L 社区和 C 社区的社区公共服务治理资金投入进行了模拟仿真。

L 社区的公共服务治理资金模拟仿真情况:按照 L 社区公共服务治理资金子系统的函数,并带入相应预测数据:

(1)社区治理资金投入=社区财政资金投入+社区内部资金集成+社区公共服务项目资金投入

(2)社区社会关注资金投入 = DELEY FIXED(社区社会关注 * 社区关注转换因子,D1)

(3)社区财政预算资金投入

(4)社区内部资金集成 = WITH LOOKUP(社区内部资金集成,社区社会资本)

（5）社区关注转换因子：3.35

（6）D1 延迟时间：1 年

通过 VENSIM 运算，并经过 EXCEL 趋势图生成，如下图所示，L 社区公共服务治理资金处于一个稳定增长的趋势，并在 2019 年以后取得一个平稳增长。现实中，L 社区作为一个相对成熟的城市公共服务社区，在未来的发展中面临着内部资金不断挖掘以及外部投入相对稳定的过程，内部资金代表了社区公共服务治理体系的稳定性和进步性，外部投入稳定说明了社区因为社会关注的波动性因素影响在降低，社区稳定性在增加，体现在图形中即社区公共服务治理资金处于一个较快的增长阶段。

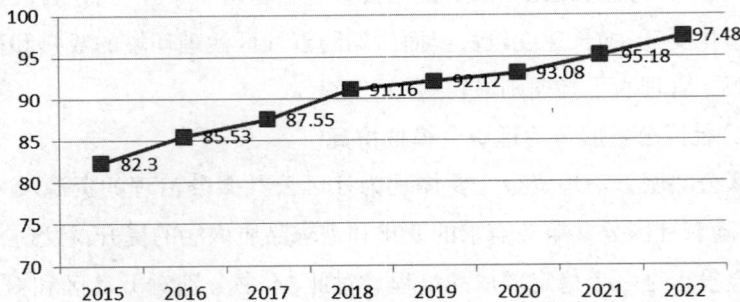

L社区公共服务治理资金预测（单位：万元）

图 4-5　L 社区共服务治理资金模拟预测

C 社区的公共服务治理资金模拟仿真情况：按照 C 社区公共服务治理资金子系统的函数，并带入相应预测数据：

（1）社区治理资金投入＝社区财政资金投入＋社区内部资金集成＋社区公共服务项目资金投入

（2）社区社会关注资金投入＝DELEY FIXED（社区社会关注＊社区关注转换因子，D1）

（3）社区财政预算资金投入

（4）社区内部资金集成＝WITH LOOKUP（社区内部资金集成，社区社会

资本）

（5）社区关注转换因子:3.35

（6）D1 延迟时间:1 年

通过 VENSIM 运算,并经过 EXCEL 趋势图生成,如下图所示,C 社区公共服务质量资金处于一个稳定增长的趋势,但因为 C 社区处于一个城市化过程的复杂阶段,社区公共服务治理的资金投入因为社会问题的反复性也具有一定的波动性。从现实分析来看,因为 C 社区在前期城市化进程中社区公共服务治理体系并不稳定,内部的资金集成处于一个相对较低的状态,社区的公共服务治理则主要依赖于外部投入,而社区的治理机构的不稳定性也就使得社区社会关注不断波动,并引发了社区公共服务治理资金投入的波动性。在后期,由于公共服务治理体系不断完善,由外部依赖转向内部驱动的资金体系则呈现出一个稳定增长的状态。

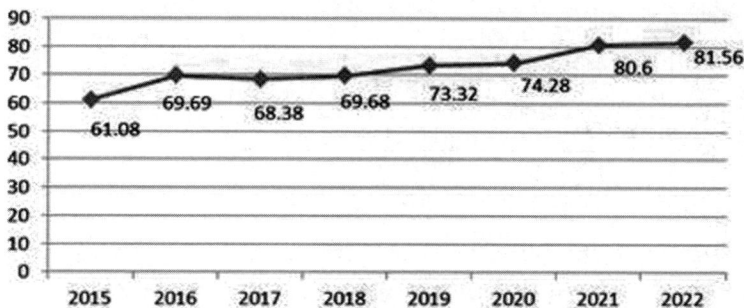

图 4-6　C 社区共服务治理资金模拟预测

（三）社区公共服务满意满足情况模拟仿真

社区公共服务需求具有多变性,因此基于需求导向的社区公共服务治理必须不断推进供给侧的改革,适应需求的变化,进而提高需求的满意度。对此本书按照已经预测的社区公共服务管理水平和社区公共服务治理资金投入的数据,对 L 社区和 C 社区的社区公共服务满意度进行模拟仿真。

L社区公共服务满意度模拟仿真:通过将已有的数据代入以下函数,并使用 VENSIM 软件模拟,并以 EXCEL 生产图形。

(1)社区公共服务需求满意度=社区公共服务品质*社区公共服务使用率*社区公共服务需求满足因子

(2)社区公共服务品质=INTEG(社区公共服务管理水平*管理贡献率+社区治理资金投入*资源贡献率+C1)

(3)社区公共服务管理水平

(4)社区治理资金投入

(5)管理贡献率:0.35

(6)资源贡献率:0.33

(7)社区公共服务需求满足因子:0.31

(8)C1 常数:1.73

本书得出了 L 社区的社区公共服务满意度,如下图所示:

L社区公共服务需求满意度模拟

图 4-7 L 社区公共服务满意度模拟预测

C 社区公共服务满意度模拟仿:通过将已有的数据代入以下函数,并使用 VENSIM 软件模拟,并以 EXCEL 生产图形:

(1)社区公共服务需求满意度=社区公共服务品质*社区公共服务使用率*社区公共服务需求满足因子

（2）社区公共服务品质＝INTEG（社区公共服务管理水平 ＊ 管理贡献率+社区治理资金投入 ＊ 资源贡献率+C1）

（3）社区公共服务管理水平

（4）社区治理资金投入

（5）管理贡献率:0.25

（6）资源贡献率:0.41

（7）社区公共服务需求满足因子:0.35

（8）C1 常数:1.48

本书得出了 C 社区的社区公共服务满意度如下:

C社区公共服务需求满意度模拟

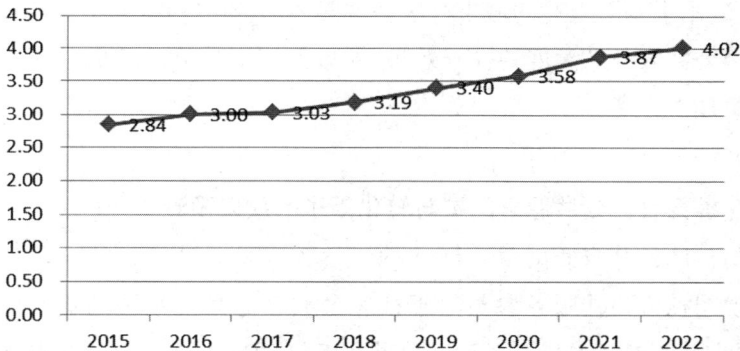

图 4-8　C 社区公共服务满意度模拟预测

通过对比可以发现,L 社区因为更加成熟的社区公共服务治理体系,社区公共服务的需求满意度经历了一个平稳的增加过程。而 C 社区因为公共服务治理体系本身在不断完善以及后发公共服务治理的配套优势,社区公共服务满意度也随之而快速增加。总体来看,社区公共服务的需求满意度在 2022 年都增加到了高值,这也反映了我国在全面推行国家治理体系和治理能力现代化过程中对社区建设和公民权利保障所带来的促动效用,与我国 2022 年城市治理、社会治理的目标基本一致。

第五节 城市社区公共服务治理系统
策略设计的效果预测

从社区公共服务治理系统的模拟仿真来看,在社区公共服务供给资源有限、治理环境相对稳定、治理主体体系较为固定的情况下,提升社区公共服务治理系统绩效的关键就在于通过提升社区公共服务治理的参与转化因子和技术转化因子来提升公共服务管理水平、通过提升管理和资源贡献率来改善社区公共服务品质,最后通过提高需求转化因子来达到增加社区公共服务需求满意度的最终目标。因此,对于提升社区公共服务满意度的最终目标来说,有五种提升社区公共服务治理系统绩效的方案。对于各种方案对于公共服务治理的效果,本书基于上述的城市社区公共服务治理系统模型,分析不同系数设定下社区公共服务满意度的提升效果,并以此来对地方政府的社区公共服务治理改革提供参考。

一、提升社区公共服务的参与转化因子的效果预测

当前社区公共服务的参与转化因子总体较低,L 社区为 0.32,C 社区为0.3,这说明社区公共服务参与对于社区公共服务管理水平的贡献度仍然不够,即因为社区参与不足而对社区公共服务管理水平提升具有限制作用。在此基础上,本书分别按照 0.05 的增量模拟三种情况下的城市社区公共服务治理系统的社区公共服务满意度,如下表所示:

表 4-18 参与转化因子策略方案的预测指标

参与转化因子	L 社区	C 社区
原始	0.425	0.483
方案 1	0.475	0.533
方案 2	0.525	0.583
方案 3	0.575	0.633

将提升参与的参与转化因子分别带入社区公共服务治理系统函数,模拟后的社区公共服务满意度如下图所示:

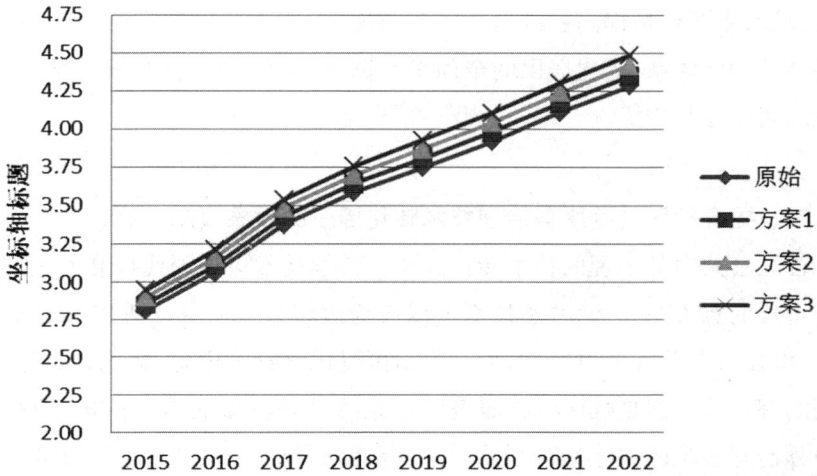

图 4-9 L 社区参与转化因子策略方案预测

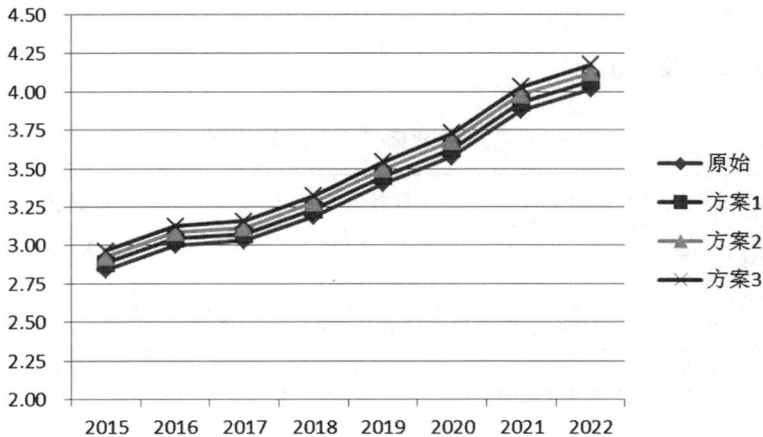

图 4-10 C 社区参与转化因子策略方案预测

可以看出,对参与转化因子的提升较为明显地改善了社区公共服务的需求满意度,从数据分析来看,提升参与转化因子对于提升社区公共服务满意度而言大约呈现出 1∶1—1∶1.4 的比例。因此可以将提升参与转化作为社区公共服务治理系统绩效改善的方案选择,着重从社区公共服务参与层面进行制度设计,主要包括提高社区居民的参与能力,增强公民的有效参与;合理设计参与的制度体系,优化居民的全面参与路径;科学界定公共服务类型,设计最优的居民参与方式。

二、提升社区公共服务治理技术转化因子的效果预测

社区公共服务治理的技术转化因子。科学技术对与现代社会治理和管理具有重要的意义,一方面科学技术可以成为改善公共服务治理时间和空间的工具,增强公共服务的可及性;另一方面可以优化管理理念、方式和防范,增强管理的有效性。但是社区公共服务治理系统具有典型的路径依赖,即社区公共服务治理系统的主体具有利益属性,具有对社区先进技术使用而带来利益配置改变的抵制属性。加之先进技术的成本属性,使得社区先进技术对于治理水平提升的贡献有限。但同时社区先进技术又具有实践的制度空间和发展压力,对提升治理水平的作用也具有提高的发展趋势。对此,本书以 0.05 的增量,分别预测了三种社区先进技术转化因子提升后的 L 社区和 C 社区公共服务满意度的变化情况

表 4-19　技术转化因子提升方案预测指标

技术转化因子	L 社区	C 社区
原始	0.3	0.32
方案 1	0.35	0.37
方案 2	0.4	0.42
方案 3	0.45	0.47

将各方案下的提升方案数据分别带入函数,通过 VENSIM 运算,并通过 EXCEL 生成以下趋势图:

可以看出,提升社区技术转化因子的方案对社区公共服务满意度具有显

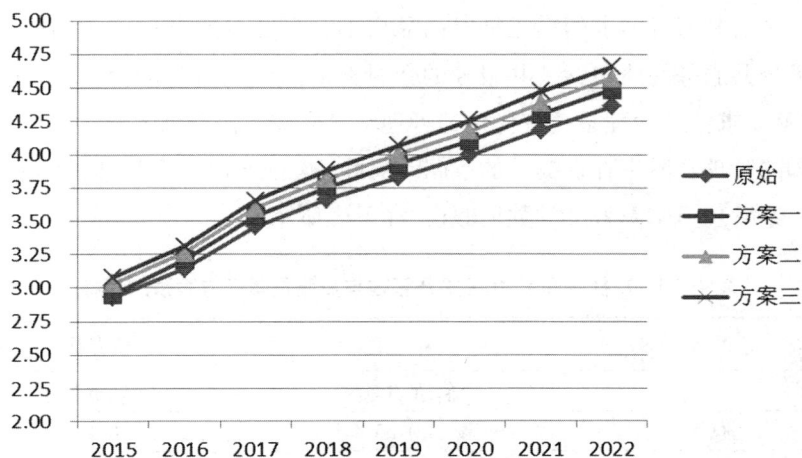

图 4-11　L 社区技术转化因子策略方案预测

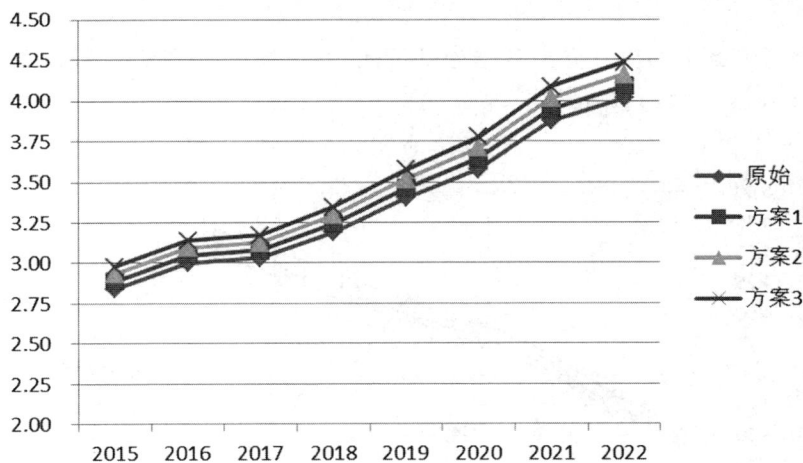

图 4-12　C 社区技术转化因子策略方案预测

著的提升效用,提升技术转化因子对于提升社区公共服务满意度的比例基本
为 1∶1—1∶1.2。这也就要求要加大城市社区公共服务治理中的技术转换
制度设计,通过激励机制促使当前社区推行包括网络化治理技术、智慧化治理
技术和分享服务治理技术,通过技术推动治理水平提升。

三、提升社区公共服务的管理贡献率的效果预测

社区公共服务需求的满足是以高品质的社区公共服务供给为前提的,提升社区公共服务品质包括公共服务的数量充足、品质优良、均衡可及、成效显著,这就要求公共治理系统有优化的管理水平支撑。而当前来看,社区公共服务治理的管理贡献率存在提升的空间。对此,本书分别按照 0.01 的增量设计三套提升管理贡献率方案的数据假设,如下表所示:

表 4-20　L 社区和 C 社区提升管理与资源贡献率方案预测指标

	L 社区	C 社区
	管理贡献率	管理贡献率
原始	0.35	0.25
方案 1	0.36	0.26
方案 2	0.37	0.27
方案 3	0.38	0.28

将各方案下的提升方案数据分别带入函数,通过 VENSIM 运算,并通过 EXCEL 生成以下趋势图:

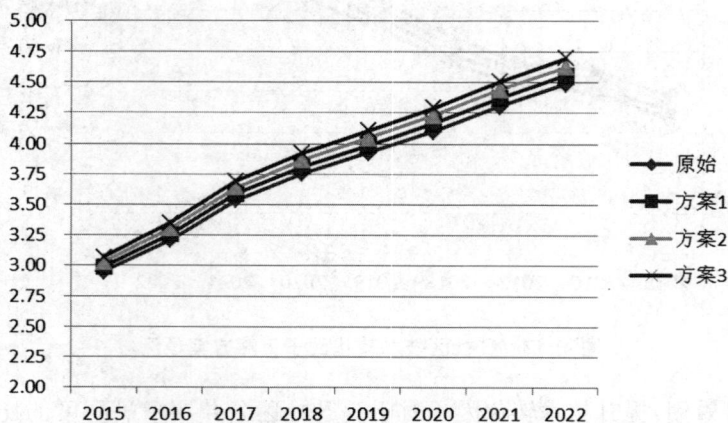

图 4-13　L 社区公共服务管理贡献率策略方案预测图

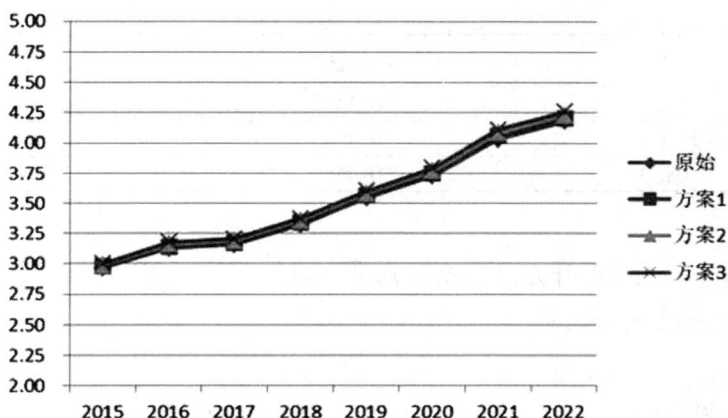

图 4-14　C 社区社区公共服务管理贡献率预测图

可以看出提升管理贡献率因子对于社区公共服务满意度均具有一定的提升水平,对于社区管理有效使用能够达到优化城市社区公共服务治理系统绩效的目标,综合 L 社区和 C 社区的预测,提升公共服务管理贡献率对提升社区公共服务满意度的比例基本在 1∶3—1∶4 之间。因此,在方案设计中,可以通过治理体系、治理能力和治理方式的现代化增强治理水平对于公共服务品质的贡献率,强化社区公共服务治理系统的治理效应。

四、提升社区公共服务的资源贡献率的效果预测

社区公共服务需求的满足是以高品质的社区公共服务供给为前提的,提升社区公共服务品质包括公共服务的数量充足、品质优良、均衡可及、成效显著,这就要求公共治理系统有优化的管理水平支撑。而当前来看,社区公共服务治理的资源贡献率存在提升的空间。对此,本书分别按照 0.01 的增量设计三套提升贡献率方案的数据假设,如下表所示:

表 4-21　L 社区和 C 社区提升资源贡献率方案预测指标

	L 社区	C 社区
	资源贡献率	资源贡献率
原始	0.33	0.41

	L 社区	C 社区
方案 1	0.34	0.42
方案 2	0.45	0.43
方案 3	0.46	0.44

将各方案下的提升方案数据分别带入函数,通过 VENSIM 运算,并通过 EXCEL 生成以下趋势图:

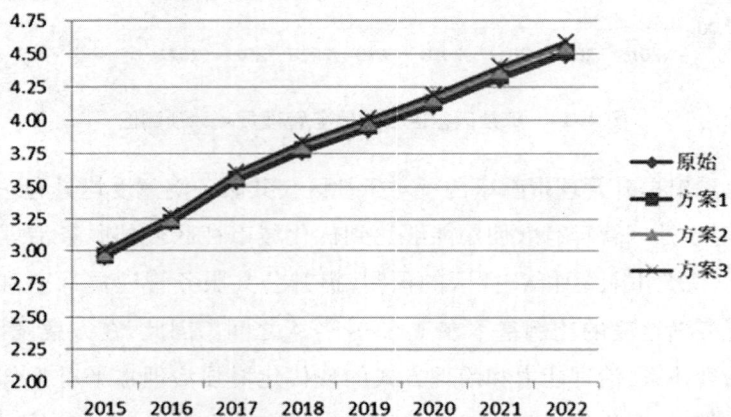

图 4-15　L 社区公共服务资源贡献率预测图

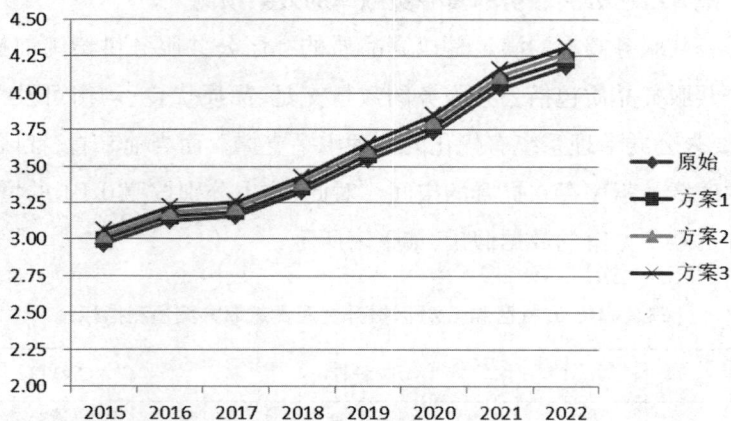

图 4-16　C 社区公共服务资源贡献率预测图

可以看出提升资源贡献率因子对于社区公共服务满意度均具有一定的提升水平,通过资源的有效使用能够达到优化城市社区公共服务治理系统绩效的目标,提升社区公共服务资源贡献率对提升社区公共服务满意度的比例基本在1∶2—1∶3之间。因此,在方案设计中,可以通过完善预算机制、决策机制和评估机制更为有效的配置和使用资源,提升资源贡献率,进而生产更高品质的公共服务,更能满足社区公共服务需求的公共服务。

五、提升社区公共服务的需求转化因子的效果预测

适应需求是社区公共服务治理的根本导向和最终归宿,而供需不平衡目前已经成为整个公共服务供给和管理的核心问题,并导致了包括资源限制浪费、对治理主体激励不够、社区居民认可度降低等一系列问题。诚然,供需匹配本身存在着理论上的困难,但实践上的治理不当也成为供需脱节的重要障碍。因此,提升供给对于需求的匹配度就成为提升社区公共服务治理系统绩效的重要方案。对此,本书以提升需求转化因子作为方案设计的预测指标,如下表所示:分别以0.01作为增量预测三种提升方案下社区公共服务满意度的变化情况

表4-22　提升社区公共服务需求转化因子的策略方案预测指标

需求转化因子	L 社区	C 社区
原始	0.31	0.35
方案1	0.32	0.36
方案2	0.33	0.37
方案3	0.34	0.38

将各方案下的提升方案数据分别带入函数,通过 VENSIM 运算,并通过 EXCEL 生成以下趋势图:

由图可以看出,提升社区公共服务需求转化因子对社区公共服务治理绩效提升具有显著影响,提升需求转化因子对社区公共服务满意度的比例在1∶10—1∶12之间,可以作为社区公共服务治理系统提升的方案设计。在现

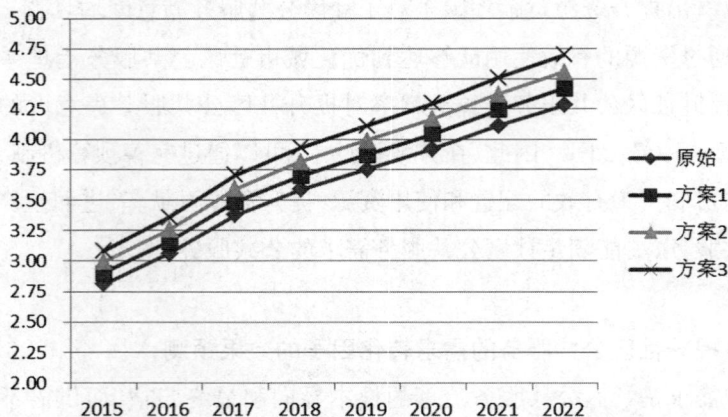

图 4-17 L 社区公共服务需求转化因子策略方案预测图

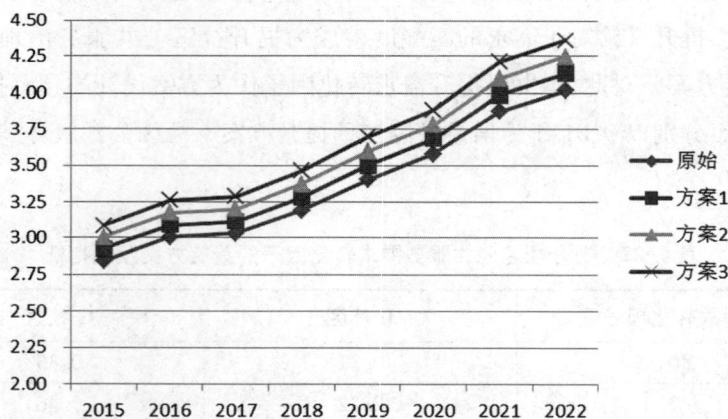

图 4-18 C 社区公共服务需求转化因子策略方案预测图

实中,可以通过不断完善的需求获取机制、需求引导机制和需求满足机制,提升需求转化因子,推进供需的匹配和均衡。

综上所述,城市社区公共服务治理的系统模型具有一定的科学性与合理性,虽然受制于社区不同而参数有所差异,但是模型在模拟发展和预测策略方案方面具有一定的价值,可以作为改进和完善城市社区公共服务治理系统的支撑。

第六节 研究发现

一、社区公共服务治理系统模拟仿真研究发现

通过模拟仿真可以看出，我国城市社区治理系统在不断实现自身的目标，提升自身的能力。这个过程在一定程度上反映了我国城市社区治理进步的过程，也是我国城市化水平不断提升的体现，更加体现了我国城市社会和谐度的不断增强。通过模拟仿真和策略效果预测可以看出：

（一）城市社区公共服务治理的核心仍然是挖潜社区内部的资源、激发内部的动力。城市社区公共服务治理系统的发展已经逐步从外部驱动走向内部驱动，即社区公共服务治理要强化内部驱动要素效用，一方面是要建立以共建共治共享为核心的社区公共服务网络化治理体系，建立协同平台，促使多元主体的有效参与、科学分工、高效协同和精准责任，确保社区公共服务治理主体体系的完善。另一方面则是要扩大社区公共服务参与，将社区居民纳入社区公共服务治理体系之中，充分发挥公众在需求表达参与、服务决策参与、服务执行参与和服务监督保障方面的作用，扩大社区内部的治理力量，促进社区公共服务管理水平的提升。

（二）城市社区公共服务治理的保障仍然是强化政府的资源投入。城市社区公共服务治理仍然是以政府投入为保障的，在当前我国的治理体系之中，政府肩负着不可推卸和无可替代的责任。特别是当前社会治理中内部资金集成仍然不足，这就要求政府要推动逐步增加的预算资金，并根据特定需求投入项目资金，只有如此方能保障社区公共服务管理水平的不断提升。

（三）城市社区公共服务治理的关键是建立供需平衡的社区公共服务管理体系。供需平衡是社区公共服务治理的目标，城市社区公共服务治理系统当前仍然是以供给导向向需求导向的转变，这也使得很多时候公共服务资源闲置以及公共服务的供不适需成为主要矛盾，因此如何增强需求导向下的供给侧改革，通过改革供给内容、供给方式才能够真正提升社区公共服务满意度的最终目标。

二、社区公共服务治理系统优化策略效果预测研究发现

（一）社区公共服务品质是社区公共服务满意度的基础，而反映供需匹配的需求转化因子是社区公共服务满意度显著提高的关键。通过 L 社区和 C 社区的社区转化因子策略效果预测可以看出，提升需求转化因子能够较大程度提升社区公共服务满意度。因此可以得出当前社区公共服务治理系统的一大问题就在于社区公共服务的供给与需求不匹配问题，高品质的公共服务供给并未真正满足社区的公共服务需求，社区公共服务需求管理迫切需要。

（二）社区公共管理管理水平和社区治理资金投入是社区公共服务品质的基本保障，而社区公共管理管理贡献率和资源贡献率是社区公共服务品质提升的抓手。通过 L 社区和 C 社区的管理和资源贡献率效果预测可以看出，提升管理和资源贡献率能够显著提升社区公共服务治理系统的绩效。而当前社区社区公共服务治理中，管理效果发挥不够和资源利用率不高正是影响社区公共服务质量的重要障碍，这就要求社区公共服务治理中要不断提升管理的贡献率和资源贡献率，发挥管理的作用和资源的效益。

（三）社区公众参与和社区先进技术的利用对社区公共服务管理水平具有显著的影响，其中反映参与效果的参与转化因子和反映技术利用的技术转化因子作用明显。通过 L 社区和 C 社区的参与转化因子和技术转化因子提升策略效果预测可以看出，提高参与转化因子和技术转化因子能够在一定程度上提升社区公共服务治理系统绩效。社区公共服务治理中公众参与的效果不足和技术利用度不高已经成为制约社区公共服务治理系统持续发展的障碍。这就要求在实践中，要不断提升社区公众的参与水平，确保参与效果，发挥公众参与对社区公共服务管理水平的贡献力度，真正实现共建共治和共享的社区治理体系；同时，要强化对先进技术的有效利用，寻求社区适应社区发展的管理和科技技术，深入了解这些技术的内涵和特征，有效利用技术来提升管理水平。

综上所述，城市社区公共服务治理系统的优化策略就可以通过提升社区公众参与水平、增强社区先进技术、提升社区公共服务管理水平、增强社区公共服务资源利用效率和强化社区公共服务供需匹配五个方面进行推进，从而实现不断有效回应社区公共服务需求的最终目标。

第五章　优化城市社区公共服务治理系统的策略设计

城市社区公共服务治理系统的优化是一个系统工程,需要系统的规划、设计和保障实施。同时,城市社区公共服务治理系统也面临着典型的路径依赖,社区的文化、社区的结构以及社区的利益格局并不会随着社区发展而适应性地变化。因此社区公共服务治理系统的绩效提升策略既包括了整体和系统的推进方案设计,也需要重点突破的发展策略。具体包括以改善公共服务参与水平、技术利用水平、提升社区公共服务品质和匹配社区公共服务需求的系统策略设计。

第一节　提升社区公共服务公众参与水平

社区公共服务治理水平的提升是以当前的社区公共服务治理参与体系为基础,参与体系确保治理水平提升的关键在于参与转换因子,即参与对于公共服务治理水平的有效性和贡献性。而当前参与不足及有效性不够成为提升社区治理水平的关键。从理论上来看,公共服务参与并不一定会导致公共服务治理效率,二者是典型的必要非充分条件,即社区公共服务治理水平的提升一定是以良好的参与体系为基础的,但是参与体系并非肯定会导致到社区公共服务治理水平的提高。其中的关键就在于选择良好的参与类型、参与手段和参与保障体系。因此,提升参与转换因子,强化参与对于公共服务治理作用,就需要提升社区公共服务的公众参与水平,进而提升社区公共服务治理水平。

一、构建公众参与的公共服务管理选择机制

公共服务中的公众参与有效性不是以公众参与范围和深度来衡量的,而是以公众参与对公共服务的效果而确定的,"并不是所有的公共服务都是需要公众参与的,在公共服务的公众参与模式选择中,需要把握公众参与的范围和程度。"[1]基于公共服务自身的特点,根据实践中公众参与效果的调研,本书认为需要建立公共服务参与的管理选择机制,针对不同的公共服务选择最为有效的公共服务参与方式,这种参与方式可以用清单的方式进行管理。

(一)基于公共服务需求获取的公众参与

基于公共服务需求获取的公众参与,是以公众参与作为公共服务需求导向的工具,公共服务本身的高专业性要求公众参与不能直接去决定公共服务的决策和执行,而只是为公共服务的决策和执行提供信息支持。基于这种的公众参与形式主要表现为以下形式。关键公民接触:就是对于社区精英人物、社区网络中有一定影响力并热衷于公共事务的公民进行情况的调查,通过小型会议、一对一访谈等形式,了解公众对于公共服务的代表性需求,从而为公共服务供给提供一定的初步信息。公民调查:指通过较大规模的问卷调查和访谈,向公民了解公共服务需求的信息以及公民对公共服务的质量和意见。群众意见箱:可以采取网络和实体两种方式,网络方面可设置网络信箱和专门信箱的方式收集公民投诉,并实现公民投诉的公开化督办,保障公众参与效果。

(二)基于公共服务执行便利的公众参与

基于公共服务执行便利的公众参与是一种以公共服务供给主体为主导的公众参与,公众参与的宗旨在于提高公民对公共服务的认知性和接受度,从而保证公共服务执行与公共服务效果的一致性。基于公共服务执行便利的公众参与主要强调公共服务供给主体与公民之间的沟通,主要表现为以下形式:公众听证:听证主体主要包括公民代表、主要利益相关体和社区热心公众的人物,通过座谈等方式将公共服务的供给情况向听证主体发布和解释,并听取群体的建议,实现供给主体与公民之间的互动和沟通,以获取听证公民代表的支

---

① 汪锦军:《公共服务中的公众参与模式分析》,《政治学研究》2011 年第 4 期。

持,再通过代表的宣传,以点带面,增强公众的理解和认同,从而达到增强公共服务可行性的目的。民主恳谈:民主恳谈可以分为以群体为对象的恳谈和以个体为对象的恳谈,以公共服务供给和合作性、配合性以及难易程度为标准,根据实际情况,公共服务供给主体可以选择恳谈的规模和方式。

(三)基于公共服务民主共治的公众参与

基于公共服务民主共治的公众参与主要强调公众参与的政治效用,即通过公众参与来培养民主、彰显民主和实践民主。基于公共服务民主共治的公众参与在本质上是一种民主全过程,适应其公众参与的方法如下:公民会议:公民会议主要负责公共服务的选择和决策过程,由公民通过投票的方式选择公共服务的供给主体、供给内容、供给手段,公共服务供给主体必须经过公民的选择才能实施,公民在真正意义上作为公共服务的决策者。公民议事会:公民议事会作为公民会议的常设机构,是公众参与公共服务的常设机构。公民议事会在本质上是一种代议制的民主,公民议事会必须强化公民利益的代表性,但同时也要充分发挥其小范围决策的低成本、快速化特征,保障公共服务决策的现实可行性。公民监事会:公民监事会由公民会议选举产生,对全体公民负责。公民监事会作为一个相对独立的机构,主要履行对社公共服务决策、执行的民主监督职能,并对公共服务供给主体进行民主评议。

二、建立全过程的公众参与制度体系

完善公众参与公共服务的制度体系,就是要实现而保障公众对于公共服务整体过程的参与。

(一)完善公共服务决策中的公众参与

公众参与公共服务的决策在本质上体现为对公共服务最终决策权的行使,而在形式上则体现为公众对公共服务包括供给主体、供给方式、供给内容、供给范围以及供给程度的选择权。因此完善公众参与公共服务决策,一是完善公众参与的代表制度,确保参与决策公众的代表性,这就要求公共服务决策的公众代表选择,要以居住区域为代表产生主要标准,结合利益群体代表以及从事社区工作的公共人员,实现代表对居民的全范围覆盖,保证公共服务决策中居民利益的"无缺漏代表"。二是完善公众参与公共服务决策的程序,程序

民主是保证结果民主的重要手段,完善公共服务公众参与决策的程序一方面要保证程序的科学性,即程序的设计要以结果的公正为导向,增强程序制度的完整性,避免因为程序漏洞而导致的结果异化;另一方面要保证程序的公开性,公共服务中的公众决策是以社区居民利益为目标的,参与代表也是居民利益的执行者,因此公共服务的公众参与决策也应该公开进行,以透明的运作方式保障公共服务的公民本位起点和归宿点。三是强化公众参与结果的保障机制,完善公众参与结果的备案制度,将公众参与决策的结果备案至基层党组织、社区自治组织,并向全体公众公开,通过社区居民压力实现公众参与结果对公共服务政策制定的影响,保证公众参与不仅是公共服务形式上合法性的保障,更是公共服务最终决策的重要影响因素。

(二)完善公共服务执行中的公众参与

公共服务执行中的公众参与,主要表现为公众作为公共服务供给主体和接受主体来发挥作用,公众参与主要表现为公众的合作性参与,即一方面公众通过与公共服务供给主体的合作来推进公共服务在社区的有效供给,如公众参与到社区基础设施建设中的资金和工作支持等等;另一方面表现为公众作为公共服务接受方与供给主体进行合作以保障公共服务的顺利供给,如社区的免费医疗等活动的开展不仅要求相关组织提高人力和物力,也需要公众进行积极配合来参与医疗体检等等。完善公众参与公共服务执行的制度设计,一是要完善公众对公共服务的协作机制,即作为公共服务供给一部分可以选择通过外包形式赋予社区居民,充分利用社区居民服务社区、贡献社区以及社会资本压力等优势保证公共服务的顺利推进,同时也实现促进社区就业的目的;另一部分可以通过无偿的形式赋予社区居民来供给,实现公众直接参与公共服务执行和社区建设,将公共服务责任细化到社区每一个人,如社区清洁工作可以借鉴公共区域的单位承包制而实现社区家庭承包制,以责任感充分调动个人参与社区公共事务的积极性,这样不仅可以节省社区公共服务供给的成本更可以培养公民社会的成长。二是要完善公众对公共服务消费引导机制,当前出现的大量公共服务闲置问题造成了公共资源的浪费,并打击了公共服务供给主体的积极性。因此,对于公共服务消费社区公共组织要承担起引导责任,一方面加大宣传力度,可以通过告示张贴、网络、短信、社交群落群等方式,以及社区居民人传人等形式保障公众的知情权;另一方面,通过一些主导的引导措施,如倾向性的建议、选择性的激励以及消退强化的措施,鼓励公众积极参与到公共服务的消费之中,并通过公共服务的消费增强公众参与公共服务的积极性。

(三)完善公共服务评估中的公众参与

公众是公共服务的供给起点和消费终点,因此公众参与公共服务的评估不仅是公共服务合法性的要求,更是公共服务有效性的支点。公众参与公共服务评估主要表现为公众的控制性参与,即公众通过参与实现对公共服务目标与效果的控制,实现公共服务供给通过封闭式循环而实现自身得不断优化。完善公众参与公共服务的评估机制,一是要完善公众参与公共服务的标准化机制,即将公众需求和建议纳入公共服务实现自我评估的标准化制定之中,实现公共服务自我控制中公民的间接参与;二是完善公众参与公共服务的结果评价机制,将公民满意度和获得感作为公共服务效果的考量标准,通过收集公众对于公共服务供给效果的评价并进行量化分析,以此作为公共服务改进和完善准则,实现公众参与对公共服务之间的直接外部控制;三是结合公共服务的内在评价和外在评估,完善公共服务的自我优化机制,以公众直接和间接参与的评估结果作为公共服务设计优化、决策优化和执行优化的参考,通过公共服务优化备案制度和公示制度,强化公共服务基于公共需求的不断完善。

(四)完善公共服务监督中的公众参与

"一切有权力的人都容易滥用权力","要防止权力的滥用就必须以权力制约权力"①,作为以公共权力为后盾的公共服务供给也必须由公民的监督权力予以制衡,即公众参与公共服务的监督应该是贯穿于整个公共服务供给过程的监督。公共服务中公众监督参与的实行,要通过以下制度的完善作为保障:一是完善公众监督参与的组织建设,可以实行常态化与分散化相结合的公民监督组织,建立社区公民监督委员会作为常态组织充分履行监督权力,形成社交平台、虚拟网络社区、电话投诉等多样化的分散式监督体系,通过常态化与分散化相结合最大限度地实现公众监督效力。二是完善公众监督效果的保

---

① [法]孟德斯鸠:《论法的精神》,张雁深译,商务印书馆1982年版,第156—160页。

障机制,即对于公众的监督效果,作为社区自治机构和公共服务供给主体必须实施及时回应,实现和监督主体之间的有效沟通,最后实施问题解决的备案机制,保障公众的监督结果能够被重视,能够成为公共服务供给改进的推动力。三是完善履行监督公众的权益保障机制,对于提出意见和实施监督的公众,政府和社区组织要切实保障他们的权益不被侵害,特别是保障他们正常享有或者优先享有某些公共服务,从根本上消除公众参与监督的局限性,提高公众参与监督的积极性。

最后,公众参与公共服务是一个整体性的参与过程,参与的每一个环节环环相扣,公共服务作用的发挥也正是建立在公众的全程参与之上。因此,当前公共服务中公众参与的制度设计,就是要在提高公众参与积极性的基础上,完善公众参与的整体性制度设计,从根本上保障公共服务真正由公民做主,公共服务真正为公民服务。

三、塑造具有公共参与能力的现代化公众

(一)要不断提高具有参与意识的公众公共服务动机

提升公众公共服务动机是公众参与的基础与前提,而其中的参与意识则是公共服务动机的核心组成部分,"没有形成公民参与意识或公民责任就没有真正意义上的公众参与。"①。因此提升公众的公共服务动机,关键就是形成公众具有参与意识的公共服务动机。一是要加强公众的权利意识,即公众参与公共服务是作为公民权利的体现,是公众通过主张权利实现自身利益和社区自治的过程,这种权利不主张就意味着放弃,公众不仅要对自己的行为负责,更要对社区未来发展负责,针对这些可以在社区经常开展一些社区维权活动,增强社区居民的权利意识;二是加强公众的责任意识,"公众参与的内在动力机制的最根本体现就是公众对社区的认同感和归属感,"②,强化公众对社区的认同感和归属感是培养公民责任意识的重要内容,社区可以针对不同群体有所侧重的开展个性化的增强社区认同感行动,如对于高收入和高学历

---

① 魏娜:《公众参与下的民主行政》,《国家行政学院学报》2002 年第 3 期。
② 姜晓萍、衡霞:《社区治理中的公众参与》,《湖南社会科学》2007 年第 1 期。

水平的一些文化活动、对老人的一些健康普及行动和对弱势群体的救助行动等,不断增强社区凝聚力的同时也强化了公众对于社区的责任意识。

（二）不断提高公众参与公共服务的能力

公众参与能力直接决定着公众的参与效果,公众参与所导致低效率、无效率甚至混乱问题在本质上就表现为其参与能力不足。提高公众参与能力,一是要提高公众参与的公共理性,即要提高公众参与公共服务过程中将个体理性转化为公共理性的能力,实现公众参与中个体需求的有效整合,避免各个利益主导下公众参与的无理性和高成本。对此,政府和社区可以多开展一些公众公共理性和公共精神的培训工作,可以通过社区互助和信任等价值观念的培养提高公民公共服务参与的公共性;二是要增强公众的信息获取和分析能力,提高公众参与的主动性和目的性,可以通过专门社会组织和网络平台为公众提供公共服务参与的咨询工作,在互动中提高公众参与公共服务的能力,避免之前公众参与的被动性和盲目性;三是要增强公众参与公共服务中合作能力,公众参与公共服务的过程在本质就是公民与公民、公民与政府之间通过合作来求同存异实现公共利益的过程,因此公众参与的重点就在于合作,对此政府和社区可以通过一些社区文娱活动,特别是合作类的活动,在娱乐中提升公民的合作能力。

（三）不断提高公众参与公共服务的组织化程度

组织化是推进公众参与发展和实现公众参与效果的重要手段,提高公众参与公共服务的组织化程度,一是要强化当前社会组织的群众基础,即社会组织在组织上要以社区居民作为核心,在行为上要切实代表社区居民的利益,要不断增强社会组织的公信力和权威性,培养社会组织作为公众参与渠道的特质;二是要强化社会组织业务能力,即社会组织要肩负起公众个体利益到公共利益、公民个体理性到公共理性的整合职责,同时社会组织还要将这种利益诉求有效地表达到公共服务的供给之中,实现公民个体利益诉求到公共利益整合再到个体利益实现的过程;三是要强化社会组织的协同能力,即社会组织要实现与政府行政职能互补的目标,要成为推进基层社会治理体制完善的重要力量,从而实现基层社会的整体性治理。

第二节　提升社区公共服务管理技术水平

技术转化因子对于社区公共服务治理系统绩效具有一定的影响作用。增强技术转化因子一方面要提升社区公共服务治理主体利用先进技术的动机，另一方面则是要强调有效利用现代管理技术的水平。对于提升动机而言，主要在于增强居民的公共责任意识和公共理性，前文已经有所论述。而对于提升社区公共服务治理的管理技术水平就是用充分利用现代化管理理论和管理技术不断丰富社区公共服务治理的方法和方式，降低治理成本、提升治理效率、扩展治理效益、增强治理主体之间的合作机制和协同监督机制，保障治理系统的有效、有序运行。在当前的社区公共服务治理之中，发挥治理的技术效益一方面是要通过新的公共服务治理理论优化治理模式，特别是当前的网络化治理以及由分享经济发展而来分享服务理论。另一方面则是不断创新管理技术方法，建立智慧社区，充分利用新的科学技术提升管理效益。

一、推进社区网格化管理向网络化治理的转变，重塑社区公共服务治理体系①

网格化是当前社会管理的重要举措，经历近些年的发展，我国的城市社区基本形成了以信息化和网格化为基础的社区治理格局，将网格建在院落、楼栋和单元的管理体系促成了当前社区治理的网络格局。但是当前的社区网格化管理仍然停留在网格化的社会管控阶段，网格化服务供给体系没有发挥作用；网格化管理强调的仍是基于网格的地域管理模块，没有形成真正网络化的管理体系，网络化治理的效用并没有发挥出来。因此，需要推进社区网格化管理向网络化治理的转型，进而提升社区公共服务治理效益。

"网络化治理"由美国著名学者斯蒂芬.戈德史密斯和威廉.埃格斯首先提出，他们认为"网络化治理是指政府的工作不再依赖传统意义上的雇员，而是

---

① 姜晓萍、田昭：《网络化治理在中国行政生态环境中存在的缺陷及其改善途径》，《四川大学学报（哲学社会科学版）》2017年第3期，新华文摘2017年18期转载。

更多地依赖各种伙伴关系、协议和同盟所组成的网络,它的主要特征是深深地依赖伙伴关系,平衡各种非政府组织以提高公共价值的哲学理念,以及种类繁多、创新的商业关系。"①与传统网格化管理实现区域分割的责任管理不同,网络化治理,就是为了实现公共利益,社会成员之间依托社会网络互动协同,共同参与公共事务的一种新型治理模式。其核心内涵在于主体多元、互动协同、资源共享和公共价值,其更为强调的是一种治理模式的转型。推进社区的网络化治理是实现社区治理转型创新,也是当前推进共建共治共享社区治理体系的必然要求。实现网格化管理到网络化治理的升级本就是社区公共服务治理水平的重要要求,也是提升社区公共服务治理水平的重要举措,在当前之前主要表现如下:

(一)强化社会资本,优化网络化治理生态

良好的社会资本能够有效促进网络主体参与的积极性、规范参与行为,提高参与效果,而异化的社会资本会成为合作制度障碍。要发挥社会资本的积累效应,通过实践进行自我强化,通过培育进行外在强化。一方面不断提高社会资本的存量,特别是塑造对网络主体参与社会治理具有积极意义的社会资本形态;另一方面应优化社会资本的效用,即针对社会资本的异化,通过制度创新构筑适应于现代社会的社会资本,为网络化治理打造一个优质社会资本的生态环境。

(二)完善参与体系,提升网络化治理能力。

网络化治理的绩效取决于治理主体的参与行为意向和能力。一是要完善参与治理的激励机制,将目标作为治理主体参与的核心要素,以柔性化管理方式推动治理主体的治理方式方法创新;探索市场模式在公共事务治理中的应用,提升网络治理主体的参与动力。二是完善网络治理主体的组织结构,通过完善相应法律规范促进治理主体的法制化和标准化建设、通过完善监管体系确保治理主体组织设计和行为的规范化、通过健全退出机制强化治理主体的竞争力。三是不断提升网络主体的参与能力,强化治理主体公共理性和公共

---

① ［美］斯蒂芬・戈德史密斯、威廉・埃格斯:《网络化治理:公共部门的新形态》,孙迎春译,北京大学出版社 2008 年版,第 6 页。

精神的培育,从思想上和组织上解决网络主体的组织利益和公共利益协调问题,提升参与的积极性;要提升网络主体参与的业务能力,包括参与的方式、参与的技巧、参与的规则,掌握现代民主的基本知识和技能,保障参与的有序性和有效性。

(三)构建合作体系,优化网络化治理结构

良好的合作制度体系是保障网络化治理有序推进的关键。首先要构建动静相宜的组织协同机制。包括静态的组织结构体系、人员岗位规范、主体责任与协同责任,动态的协作联动机制,包括主体的进入和退出机制,联席会议制度、超时缺席默认制度。另外要建立明确的责任共担和分担机制,既保障各个主体的工作投入,又确保共同目标的实现。三是建立基于任务导向的职责分工体系和工作流程设计,在分工优化的基础上建立协同体系,最大程度降低行政成本。

(四)建立评估机制,保障网络化治理效益

治理的效益不仅体现为治理本身是否具有合法性、民主性和科学性,还包括治理能否达到设计的目标,更包括治理在实现目标以外的外部效益。一是要建立科学的评价指标体系,治理过程指标主要考量治理过程是否具有民主性、合法性和科学性,结果指标主要考量目标实现程度,效果指标则是强调治理本身在推动政治、经济、社会、文化以及生态发展方面的贡献率。二是建立多元化的主体参与体系,鼓励治理主体、利益相关者以及独立的第三方机构参与,确保评估的客观性和全面性,实现对网络化治理效益的全方位把控。三是建立评估的动态调整机制,根据客观行政生态环境的变化,对治理评估进行动态调整,确保评估的准确性和可持续性

二、建立社区公共服务分享机制,实现社区公共服务的共建共治和共享①

所谓分享服务就是社会公众基于信息共享平台,通过资源筹集、分配和使

---

　　①　田昭:《从"公众俘获"到参与共治:分享服务的内涵、机制与价值》,《上海行政学院学报》2017年第3期。

月,获取并在一定范围内分享公共服务的全过程。相对于传统的公共服务供给模式,分享服务实现了公共服务治理模式与市场服务治理模式的结合,促成了共治服务模式的形成。分享服务运行的根本在于分享,关键在于参与,载体在于互联网平台,抓手体现为以目标管理实现服务的供给和质量保障。社区公共服务治理的一个重要方向就是建立和形成分享服务机制,充分利用社区资源、社会资源,基于分享服务的平台促成这些资源对社区公共服务供给的补充,促使所供给的公共服务更加满足社区的需求。具体而言,社区公共服务的分享机制主要表现在以下方面:

(一)服务资源的众筹机制

众筹机制主要解决资源从哪里来的问题。所谓众筹,就是指为一个特定的目的在指定的期限和设定的额度内,以网络作为平台,从普通公众筹集小额投资资金的行为。[①] 伴随着互联网金融的发展众筹已经成为当前解决资金问题的重要渠道,牛津词典也将众筹(Crowdfunding)收录,定义为:通过互联网向众人筹集小额资金为某个项目或企业融资的做法。[②] 众筹一般要经历项目设计、审核项目、创建项目、宣传项目、项目筹资和回报实现六个阶段。对于分享服务项目而言,众筹机制的运行包括以下方面:一是服务筹集的发起者的形成机制,不同于个体和企业融资的盈利特征,服务筹集需要共同服务需求者的发起机制;二是服务项目筹集的审核机制,即发起的服务项目必须经过相关行政管理部门或基层公共组织的认可;三是服务筹集的创建机制,即确定要筹集的服务策略设计;四是服务的宣传机制,以互联网和基层宣传平台推动服务方案宣传,吸引公众参与;五是服务回报确定机制,即服务方案筹集成功以后,明确服务的边界和参与者的利益。

(二)服务业务的众包机制

众包一词最早有由美国《连线》杂志的记者杰夫·豪提出,他认为众包就是公司或者机构把曾经由员工完成的任务以公开号召方式外包给不确定的大众网络的行为。当工作具有协同性时,众包或者以大众生产的方式出现;但众包

---

① 梁清华:《我国众筹的法律困境及解决思路》,《学术研究》2014 年第 9 期。
② 黄健青、辛乔利:《众筹——新型网络融资模式的概念、特点及启示》,《国际金融》2013 年第 9 期。

经常是由个人承担的。众包的重要前提是公开号召方式和潜在宽泛的劳动力网络。① 众包机制的产生在丰富企业行为的同时,也为公共服务治理机制提供了巨大的空间。美国在 2010 年 9 月就推出的政府挑战网,这一平台通过众包竞赛模式将负责的公共问题通过发布挑战和奖励竞赛的方式进行发包,充分利用公众才能和集体智慧寻求创造性的解决方案,实现政府的开放创新。② 服务的众包机制主要包括以下内容:一是服务的发布,主要将所要获取的公共服务进行对外发布,包括界定公共服务的边界和拆解。二是服务众包主体的分散锁定,即对参与众包服务的申请者进行审查并进行合同管理。三是众包服务的管理,以通过全过程的管理监控模式保障众包服务的质量。四是众包服务的评估,通过多元评估实现对众包服务的绩效考评。

(三)服务信息的共享机制

分享服务源于信息共享平台的信息资源交互,通过信息共享实现公共服务供给、需求和管理三方的有效互动,实现社会资源的整合和分散式服务的精准供给。信息共享机制的核心在于开放性服务分享平台的搭建,关键在于有效信息的获取、筛选和应用。因此信息共享机制就成为分享服务发展的重要内容,包括服务需求的聚集机制,即将社会的有效需求整合到服务分享平台;服务供给主体的分散锁定机制,即将拆分的服务分散锁定在服务的供给主体;服务供给的全过程监控机制,以服务需求为导向,以互联网手段全程监控服务的供给过程,评估服务供给结果。

三、充分利用现代科学技术,推动智慧社区公共服务体系建设

社区治理智慧化是当前社区治理的重要内容,也是实现社区治理适应当前社会发展的重要环节。当前的社区公共服务治理智慧化建设主要仍是体现在社区安全防控体系、社区政务服务线上运行体系和社区社交网络平台为主体的技术路径改革,距离当前智慧化所强调的互联网+、大数据和人工智能体

---

① Brabhamd.C., Crowdsourcing as a model for problem solving: an introduction and cases, Convergence: The International Journal of Research into New Media Technologies, 2008, 14 (1), pp. 75 - 90.

② 齐宁、李兆友:《美国政府管理中众包模式的应用及启示》,《领导科学》2016 年第 4 期。

系还有较大的差距,智慧化社区仍然未能发挥最大效用,未能真正体现对社区公共服务治理水平的贡献。因此,智慧化社区建设,应该注重智慧化本身这一焦点,充分发挥智慧来推进社区公共服务决策、执行、供需匹配和有效监督。

（一）推动建立社区公共服务治理的大数据平台。

有效的数据使用是社区治理的关键,而当前社区公共服务治理中,在社区层面缺乏数据的收集平台,社区的数据也分散于不同政府职能部门,数据的隔离问题间接造成了公共服务治理的碎片化,弱化了社区的公共服务治理合力。因此要推动建立社区公共服务治理的大数据平台,一是以社区为载体建立社区公共服务治理数据库,整合分散在各个政府职能部门的分割数据,形成统一的数据收集和处理平台。二是以公共服务治理数据库为基础,建立科学的社区公共服务决策体系,基于数据分析和数据挖掘建立需求导向的公共服务决策辅助机制,增强公共服务对于社区公共服务需求的回应性。三是以公共服务治理数据库为基础,建立社区公共服务的精准供给体系,通过数据研判和数据计算,推进社区公共服务供给精确化,提升社区公共服务效率

（二）推动建立互联网+的公共服务供给模式

互联网+公共服务是当前我国公共服务改革的重要路径,即通过互联网方式来提升公共服务的可及性。建立互联网+公共服务的运行机制就是要建立开放式的互联网+社区公共服务平台,一是要能够保证平台的开放性实现社区的政府主体、社会主体、市场主体和社区居民的有效互动,能够真正实现供需的对接和资源的共享;二是要保证平台的智能化,设置数据的运算方式,形成社区公共服务需求和社区供给主体的自动匹配机制,确保公共服务能够以低成本和高精确的方式供给。三是要保证平台的可及性,即平台要通过多样化的方式针对不同的社区治理主体开发,确保互联网+社区公共服务平台可以辐射到每一个社区居民。

（三）推动建立智能化的公共服务全面质量管理体系

建立社区公共服务的全面质量管理体系。全面质量管理源于企业管理产品管理,主要通过对产品的全过程管理和质量改进提升产品品质,增强产品竞争力,全面质量管理主要包括以下内容:组织成员的广泛参与、满足顾客的需要、不断改进组织管理和服务、高层管理者的认可与支持、团队精神

和策略性规划。① 社区公共服务的质量管理体系建设就是要破解公共服务的品质问题,通过闭合的过程管理来实现公共服务的质量改进,其中关键就在于:一是要不断推动和完善社区公共服务质量标准,建立适应社区发展需求和服务质量管理的双重指标体系;二是建立全过程的质量控制体系,依托互联网平台建立社区公共服务全过程的线上管理体系,做好公共服务的关键环节把控和责任管理,以公共服务的过程管理推动质量提升;三是建立及时反馈的评估机制,对于供给的社区公共服务依托智能化平台做出及时的评价,推动形成社区公共服务的质量持续改进机制。

第三节　提升社区公共服务管理水平

公共服务管理是实现公共服务有效性的重要保障,传统上的公共服务更多强调公共服务的资源问题,而对管理的关注较少,使得基层公共服务呈现出了粗放式的资源投入和结构失衡的资源闲置,有限的资源并未产生预期的后果,一定程度上削弱了社区公共服务治理系统的回应性,也弱化了社区公共服务主体的公共服务动机。提升社区公共服务管理的贡献率,核心就是要用科学的管理方式方法来提升公共服务的效率,推动社区公共服务治理体系和治理能力的现代化,形成现代化的社区治理体系、现代化的治理能力和现代化的治理方式。

一、推进城市社区公共服务治理体系现代化

在"党委领导、政府负责、社会协同、公民参与、法治保障"的社会治理格局基础上进一步挖掘社会资源、激发社会活力、吸纳社会主体,形成责任有落实、参与有层次、协同有效益、法治有保障的社区公共服务治理体系。

要推动形成网络化治理的社区公共服务治理责任体系,明确多元社区公共服务治理的责任,以责任清单将社区公共服务治理责任压实,形成政府是公共价值的促动者、企业是公共价值的创造者、非政府组织是公共价值的提供

---

① 　党秀云:《公共部门的全面质量管理》,《中国行政管理》2003 年第 8 期。

者、公民个人是公共价值的实践者①的社区公共服务治理责任格局,并建立与之责任相适应的资源管理机制和绩效考评机制,确保落实责任。

要构建具有层次的公共服务治理参与体系,形成公共服务治理的参与标准,明确公民的参与责任和公共服务质量全过程的参与标准,将参与纳入公共服务治理的核心要件,不断提升参与能力和参与水平,构建基于多元参与共治的社区公共服务治理体系。

要推动形成具有协同效益的治理体系,提升社区公共服务合作治理水平。通过构建社区公共服务治理的协同平台,集众智、获众力、聚众资实现社区公共服务的有效治理。协同平台采取开放式的治理体系,特别是借鉴众筹等平台,由市场主体、社会组织和公众建立基于共同需要的公共服务管理机制,促进多元主体的有效协同。

要推动形成法治保障的社区公共服务治理体系。一方面,要推动社区公共服务治理法治化,建立刚性的社区公共服务治理体系,建立规范的社区公共服务治理程序和标准,通过优化的程序设计保障社区公共服务治理科学性,通过标准的治理要件保障社区公共服务治理的可及性。另一方面,要促进社区公共服务治理公约化,以社区公约作为社区公共服务治理法治的互补性准则,形成柔性社区公共服务治理体系,以民主协商方式推动社区建立基于共同愿景、共同价值和一致行动的社区公约,推进社区公共服务治理在社区的落地,促进社区公共服务治理的社区化。

二、推动城市社区公共服务治理能力现代化

公共服务治理能力现代化的核心就是要建立一支能够实现社区公共服务有效治理的治理队伍,能够实现社区的进步发展、能够履行社区的公共服务治理、能够保证社区居民的根本利益。这就要求:

不断强化社区公共服务治理人员的公共服务动机。社区公共服务主体的动机决定了社区公共服务治理的根本动力和发展方向,也是社区公共服务治

---

① Khan J.,What role for network governance in urban low carbon transitions? Journal of Cleaner Production,Vol. 50,No. 1,2013,pp. 133–139.

理有效发展的根本。公共服务动机源于个人实践公共服务的心理倾向,反映的是个人履行公共服务治理职责的根本动力。对此,在当前的社区治理治理中就是要不断推动价值教育,让公共服务治理主体塑造和坚持良好的价值观,能够正确处理公共服务中个人合法利益和公共利益之间的关系,确保公共服务的公共属性。另外要不断强化治理主体的公共精神,促进形成理性基础上的公共服务动机,正确处理社区公共服务中的付出与回报的关系,切实保障和实现公共服务主体本身的利益,确保公共服务的合理属性。再次要进一步强化公共服务治理主体的政治导向,将社区公共服务治理与社区治理、社会治理和国家治理相结合,坚守社区公共服务治理的政治要求,正确处理社区公共服务中的具体实践与普遍政治要求的关系,推动社区公共服务治理的长远发展。强化公共服务动机,一方面在于大力推动社区教育,用教育来塑造美德、塑造价值,即要不断推动社区的学习型组织建设,激发社区发展的内生动力;另一方面在于规制,做好社区公共服务动机的监控机制,并以法律、社会公约和政治纪律的方式,规范社区公共服务治理主体的心理预期,提升公共服务动机。

不断提升社区公共服务治理人员的公共服务能力。社区公共服务人员的公共服务能力是社区公共服务治理的根本保障,是社区公共服务治理有效推进最重要的保障要素。提升社区公共服务能力,核心就是推进社区公共服务治理的专业化。一方面是要不断完善社区公共服务治理的人才引进机制,特别是当前的社工人才,要建立社区公共服务的人才落地平台,推动基于基本岗位+项目管理的双重社区公共服务治理人才引进体系,不断提升社区公共服务人才的激励机制,探索和形成社区公共服务人员与公务员队伍管理的对接机制以及社区公共服务人才职务级别和职称的晋升机制,让更多的专业人才进入社区、留在社区和治理社区。另一方面,要完善社区公共服务治理人才的提升机制,建立系统化、专业化的社区公共服务治理人员治理能力培训计划,实现社区公共服务治理人员社区通识能力+专业素养的能力体系,按照当前城市社区治理需要和社区发展规划不断完善能力体系内容和培养培训机制,让社区公共服务治理人才不断在成长中学习、在学习中成长。

不断提升社区公共服务治理人员的公共服务责任。公共服务责任是社区公共服务治理的关键环节,也是社区公共服务治理顺利开展的保障。社区公共服务责任管理的关键在于明确社区公共服务治理全过程的责任主体、责任内容和追责方式。当前的社区公共服务治理低品质和低效率的核心问题就在于社区公共服务治理责任的模糊化,并由此形成了社区公共服务治理中的"避责效应",影响了社区公共服务的治理水平。对此,要建立和形成法定责任+社会责任+自愿责任相结合的责任管理体系,对于法定责任严格监控责任履行、严格追究失责问题,对于社会责任开展信息披露、政策优惠和行业监管,对于自愿责任则要充分激励、合理引导、有效保障。要不断推动建立社区公共服务治理的责任管理机制,建立责任管理制度,明确责任主体、责任履行标准和追责方式,确保责任的有效履行。

三、推进社区公共服务治理方式的现代化

治理方式现代化是实现社区公共服务治理目标的重要支撑,治理方式的现代化依托于社区公共服务治理的价值属性,并以社区公共服务治理目标为宗旨,以社区公共服务治理的现实为依据。社区公共服务治理现代化主要是通过现代化的方式实现社区公共服务治理的专业化,降低治理成本、激发治理活力、提升治理效益,进一步化社区公共服务购买机制建设。对此,要建立社区公共服务购买清单制度,除特殊类型公共服务以外,原则上推行社区公共服务治理的全部购买制度,科学设计公共服务的购买流程和标准,最大化推进专业化治理主体进入社区提供高品质的公共服务。要扩大社区公共服务的购买范围,最大限度降低公共服务购买主体的门槛,推动形成以社会组织、市场主体、社区团体、自然人等组成的公共服务购买主体体系,推进公共服务购买的竞争机制建设,以竞争提升服务质量。要完善社区公共服务购买的评估机制,建立多元评估体系,形成包括成本-效益、过程-结果、供给-需求、标准-质量的多重评估标准,科学、有效、全面对社区公共服务进行评估。要建立社区公共服务购买的风险管理机制,形成包括风险预测、风险监控、风险预警和风险处置的管理体系,做到对公共服务购买全过程的有效监控。

第四节 提升社区公共服务资源利用率

社区公共服务治理有赖于公共服务资源的有效利用,资源贡献率对于高品质公共服务生产具有重要的价值。但从实践来看,资源利用率低已经成为制约公共服务水平、约束公共服务投入动力的主要因素,大量的公共服务资源闲置已经成为社区公共服务的普遍现象。因此,提高有限公共服务资源的效率已经成为当前社区公共服务治理的重要内容,也是建设高品质社区公共服务的重要路径。

一、完善城市社区公共服务预算机制

当前社区公共服务供给仍然以财政支持为主,财政预算在一定程度上就决定了社区公共服务品质。当前城市社区公共服务的财政预算主要表现为两种形式:基于社区户籍人口的基础性预算,如成都市的社区自治资金、社区公共服务资金等,还包括专项预算的社区公共服务项目资金。从资金预算主体来看,基础性预算由市政府核算划拨、区政府配套,专项预算资金由政府职能部门统一预算划拨。这种预算管理方式就决定了社区公共服务的资金供给在政府管理层面兼具了稳定性和灵活性,但对于社区而言却灵活性却不足,社区受制于预算管理机制并未有效使用到财政资金,资金结余、留存问题较为严重。因此,提升城市社区公共服务资源贡献率,首先就要解决城市社区公共服务的资金预算问题,建立总量控制、动态调整的资金预算管理体系。一是构建自下而上与自上而下相结合的预算管理机制,自下而上主要是解决社区公共服务需求问题,由社区基于民主决策而形成社区公共服务需求导向的预算体系,自上而下则是解决社区供给问题,由政府基于科学预算管理形成的供给侧预算体系,二者相互结合调试形成社区公共服务供给的资源配置资金预算。二是建立整体性社区公共服务预算管理体系,整合政府职能部门的社区公共服务职能,建立统一预算的管理体系,避免资金预算的交叉重复和遗漏。三是建立完善的社区公共服务预算监管机制,建立财政预算资金的使用标准管理手册,推进资金公开,引入第三方机构加强审计管理,形成社区公共服务预算

资金管理的预警监管机制,强化财政资金监管和责任追究。

二、健全社区公共服务的民主决策机制

社区公共服务资金的有效使用依赖于科学民主的社区决策机制,以民主决策来提升社区公共服务资金的有效使用。当前的社区公共服务民主决策往往陷入以下两种困境,一方面过度民主的参与导致决策低效化,"众议难平"现象一直是社区公共服务治理的桎梏;另一方面,精英决策又导致了决策的非公平性,社区的"被民主问题"突出。因此,社区公共服务治理是以社区公共服务民主机制为前提和基础的,并与社区民主法治相同步。建设和完善社区公共服务的民主决策机制,既要体现社区民主所代表的公民权利,又要体现资源高效使用的科学决策机制,即决策的过程是民主与科学相互博弈相互融合的过程。对此,一方面要进一步完善社区的居民代表大会制度,兼顾社区户籍居民和租住居民,明确居民代表性,采取多种现代化方式收集居民意见,畅达居民表达权。另一方面进一步完善社区公共服务决策的标准化管理体系,充分发挥社区议事会的作用,推动社区公共服务决策的过程标准、规则标准和内容标准,确保居民权利与决策科学化之间的平衡。再次,完善社区公共服务决策的制衡机制,完善社区居民代表大会、议事会、居委会、社区监事会、社区公共资源管理委员会之间的职责协同体系和监督管理体系,建立社区公共服务决策的合法化、合理化审查制度,确保社区民主决策的法治化与科学化。

三、建立公共服务效果评估机制

没有评估就没有管理,科学的评估是公共服务高效管理和有效治理的重要保障。受制于公共服务本身的成本来源多元化和成效外溢性,公共服务评估具有复杂性特征,也在当前的社区管理中疏于开展,基于评估而来的管理也失去了动力和方向。对此,要完善公共服务评估机制,以评促管、以评促建、以评促质。一是要建立社区公共服务评估标准,要建立基于高效、公平、品质、可及的社区公共服务评估标准体系,设计基础+动态的评估指标体系,真实反映社区公共服务特征和价值。二是要建立以第三方为核心的评估主体体系,通过第三方评估客观、真实反映社区公共服务的品质。三是建立基于全过程管

理的评估机制,全过程评估社区公共服务供给,建立过程的促改机制。四是建立资源供给与绩效相挂钩的评估管理体制,实现以评估促进资源有效利用和公共服务质量提升的目标。

第五节　促进社区公共服务供需匹配

社区公共服务需求转化因子是衡量社区公共服务供给与社区公共服务需求之间的指标,反映的是社区公共服务供给对需求的匹配程度。提升社区公共服务需求转化因子,在根本上体现为提升供需的匹配程度,这在当前的语境下主要表现为如何更好地满足社区的需求,即进行有效的需求管理。需求源于差距,这种差距表现为现实与心理预期的差距,即现实的供给无法满足自身的心理预期进而产生的心理诉求。对于需求的管理,首先要搞清楚需求是什么,这就要求建立需求分析机制;另外是如何把握需求,这就要建立需求的导向机制;再次是需求如何满足,即需求的适应机制。

一、健全社区公共服务需求获取机制

需求的有效获取问题一直以来都是经济学的所面临的困境,需求获取包括三个层面的问题,一是如何真实获取公众的真实需求,二是如何处理需求的排序问题,三是如何应对需求的变化问题。这三个层面的需求获取问题也是当前经济学、公共管理学和政治学所面临的重要问题,是治理回应性的客观要求。当前对于这三个问题的处理,仍主要依赖于调研+判断,用调研来获取民意,以判断来解决需求的排序和需求的发展问题。而这种解决路径因为更多依赖于调研和研判而存在决策的误区,一方面调研的需求未必是居民的真实需求,即无法解决居民对公共服务"获取更多利益和规避更多成本"的趋利心态。另一方面,公民的需求排序问题,这也是典型的"投票悖论"问题,难以解决公众需求的有效回应在此次基础上,社区公共服务的需求获取机制应该突破传统上的需求管理机制,强调基于大数据的管理决策体系,以数据来分析公众行为、预测公众选择,并做出相应的公共服务配置,这就要求建立一下系统。

（一）基于大数据的公众需求收集系统。"痕迹"是大数据时代的重要数据,收集居民行为的"痕迹"可以成为把握居民行为和预测居民行为的重要决策依据。社区公共服务治理系统是一个耗散结构的系统,居民社区内部行为和外部行为共同构成了社区居民的需求体系,因此智慧化的社区公共服务体系应该是获取居民内外行为的决策系统。对此,社区要建立形成居民社区内生行为的数据监测和收集体系,借助于当前的居民行为信息识别系统(如社区门禁系统、社区附近的公共设施使用记录等)信息数据,结合社区居民生活习惯的信息采集(定期网上问卷)收集社区居民的社区生活基本数据。另外,以层次分析法选取社区关键居民,定期开展民主恳谈和意见收集,获取关键居民公共服务的关键数据。最后,由专门的社区治理主体进行持续性的数据归类和分析,获取公众需求信息。

（二）基于大数据的公众需求分析系统。公众的需求是与公共服务密切相关的,公众需求产生于现实与期望之间的差距,这种差距有社区的因素也有其他的因素。因此,对于社区公众需求的分析要以社区公共服务作为分析的边界,基于收集的社区数据来分析社区公共服务需求。在这里,可以使用满意—可能模型来分析社区公共服务需求的缺口,预测社区公共服务需求发展,解决社区公共服务需求所面临的困境。所谓满意模型主要用以描述居民满意度和社区公共供给之间的关系,可以用以反映满足社区公共服务需求的公共服务供给情况。基于大数据的公众需求分析系统要求建立以下的机制:一是关键数据分析机制,即按照公众的核心社区公共服务需求选取关键性的模块和指标,建立模型并进行分析;关键数据的选取要具备长期跟踪性、关键性和可具分析的三重特征。二是需求分析的动态更新机制,要根据社会发展和居民的需求变化进行需求分析系统的调整。三是需求的预测机制,即要根据数据分析能够形成未来一定时间内的需求的有效预测,作为未来需求判断的依据。四是需求分析的决策辅助机制,建立自动化的需求分析报告制度,定期形成社区公共服务的需求分析报告,并提高智慧化的公共服务改革解决方案。

二、完善社区公共服务需求的引导机制

需求导向是社区公共服务治理的基本原则,对于需求的管理能够有效促

进供给侧的改革,进而更加适应需求,促使供需平衡。引导需求主要是将公众的个人需求引入到社区的公共需求,进而通过公共服务予以回应和满足。需求引导机制主要包括了以下的目标:开发公众的潜在需求,建立个体或部分群体诉求和公共诉求之间的联系;规范公众的异常诉求,将公众的诉求统一纳入社区的公共服务范畴之中,实现个体诉求与公共服务之间的联系;探索公众的未来诉求,并同社区力量和公共资源纳入统一的社区发展规划之中。因此需求的导向机制是具有公共性、规范性和前瞻性的导向机制,在工作方式体现为宣传、恳谈和动员,在目标上则是实现个体发展和社区集体发展的统一。主要表现在以下方面:

(一)要强化社区的宣传机制。特别是在当前的自媒体时代,社区需要拥有具有权威性的宣传平台,通过宣传平台来实现宣传的目标,宣传社区公共服务,塑造新的社区公共服务价值,影响社区居民需求。社区的宣传机制建设,一方面体现为宣传体系的建设,即社区的宣传应该是具有特定的宣传管理体系,包括宣传的设计、宣传的实施、宣传监控和修正以及宣传的评估,即要通过宣传管理形成具有标准化特征的宣传管理机制。另一方面则是要建立现代化的宣传平台,提升社区宣传的可及性,要建立立体化的宣传平台,包括现场式的信息宣传栏、社区主导的网络平台、社区社群内的专门宣传路径等,实现普遍宣传与个体推送相结合,让公众能够准确获取宣传信息。最后宣传产品的设计要具有时代特征,需要根据具体内容,结合公众特征设计更便于公众阅读、理解和记忆的宣传作品,提升宣传的效果。社区宣传机制主要在于通过宣传,让社区居民更加有效地理解社区,更加了解社区公共服务,更为有效表达自身的诉求。

(二)要强化社区的动员机制。社区动员体现的是社区公共服务治理系统的凝聚力,动员力一定程度上体现了社区治理的效度。强化社区的动员机制,就是要建立能够引导公众需求和创造公众需求的载体。社区动员是社区解决公共事务、应对公共问题以及统一社区利益的重要手段,也是实现社区公共服务需求整合、凝聚社区力量的重要路径。建立社区完善社区动员机制,一是要明确社区动员的要件设置,即社区动员必须在满足一定的条件才可以采取,即满足社区动员的公共需求必须具有公共性、大范围和具有一定影响力的需求,这时就需要通过社区动员来协调社区居民的诉求,统一社区的异议,实现社区公共服务需求的一致化,并以此来推动公共服务的供给变革。二是社区动员要可控,即要强化社区动员的可控性,社区动员必须在民主、法治、科学的规则之下进行,设置社区动员的负面要件清单,防止动员演化为群体性的事件。三是要建立社区动员的发动机制,可以以当前的网格化管理的网格员来发动,推进社区居民的诉求表达和需求的统一,以动员来提升社区居民解决社区公共问题的动力和能力。

(三)社区关键人士的恳谈机制。民主恳谈是解决获取社区公共服务需求,解决社区矛盾,优化社区互动的重要探索,属于协商民主的重要组成部分。民主恳谈机制主要包括以下方面:一是如何确定恳谈的关键人士,这就要求社区公共服务治理主体要选择具有影响力的居民,建立动态化的社区关键人士数据库,通过抽样恳谈获取这部分人的需求以及这些人对社区公共服务需求的判断。二是建立严格的民主恳谈机制,合理设置民主恳谈的程序,建立恳谈的环境要件和保障措施,确保恳谈有效进行。三是保障民主恳谈的效果,民主恳谈的结果一方面要成为社区决策的重要依据,另一方面要成为关键人士发挥社区影响力的动力,通过恳谈真正实现需求互动沟通的桥梁。

三、建立和完善社区公共服务需求的满足机制

满足社区公共服务需求是推进社区公共服务治理的最终目标,而因为各种原因现实中的社区公共服务治理往往舍本逐末,将公共服务治理本身作为了目标,这使得社区公共服务出现了供需断档的问题。因此,要建立和完善社区公共服务需求的满足机制,以需求为出发点和归宿点来重塑社区公共服务供给体系。

(一)要完善社区公共服务的回应机制。回应性是社区公共服务治理的重要评价指标,回应性的社区公共服务供给和治理机制才能够真正满足社区的需求。建立社区公共服务的回应机制,首先要建立基于回应需求的社区公共服务治理体系,要根据社区公共服务需求来分解公共服务治理任务、建构公共服务治理主体体系、配置公共服务治理资源。其次是要形成社区公共服务的回应标准,明确社区公共服务对于需求的回应时间标准、内容标准和形式标

准,确保需求得到有效满足。再次要建立社区公共服务回应的追责机制,明确公共服务回应的责任承担规则,提升社区公共服务治理主体回应需求的动力。

(二)要完善社区公共服务的精准服务机制。所谓精准服务就是在公共服务治理过程中要精准满足社区公共服务需求,体现社区公共服务的普遍性的同时确保具体化和个性化,让社区公共服务更具有效性。完善社区公共服务的精准服务机制,一方面要建立精准化的数据管理系统,以精准数据来制定精准服务方案,最大化的满足公众的需求。另一方面要形成社区公共服务的差异化供给方案,根据罗尔斯的"两个正义原则"和全面小康社会的要求,针对不同群体采取不同的服务供给,做到精确到户、精确到人,满足不同居民的差异化需求。

(三)要完善社区公共服务的人文关怀机制。社区公共服务治理是以社区人的权利和人的发展为宗旨的,对人的服务不仅要以科学化提升服务效率、以均等化推动社会公平,还需要以人文化实现有效关怀,通过关怀保障人的权利、促进人的发展。对于社区公共服务而言,一方面要主动发掘需求,特别是针对特殊群体不仅仅要努力获取需求,还要主动探寻需求、主动预测需求,提前做好公共服务供给部署。另外要建立持续性的关怀机制,针对特殊居民和群体建立具有持续性跟进的服务供给机制,通过服务监测和互动恳谈不断改进质量,确保这一群体的权利保障和进步发展。

社区公共服务治理系统是一个既有多元主体也有治理过程的复杂系统,各种因素的存在和多变使得社区公共服务治理具有多变性的倾向,系统的内驱力和外推力作用明显。但同时社区公共服务治理系统也是一个基于共同利益和愿景,有治理规则的稳定系统,系统具有稳定的韧性力。这些作用力使得社区公共服务治理系统是一个缓慢发展进步的过程,而改变其中的一些关键治理环节则能够使得这一发展加快与加速,这也是本书研究的价值和意义所在。

结语与展望

　　城市社区公共治理是城市治理和社会治理的重要组成部分,是当前我国共建共治共享治理格局的关键环节。通过本书的研究可以看出,当前城市社区公共服务治理已经不是传统上的政府和社区自治机构双轮驱动的管理模式,社区公共服务治理主体多元化、结构网络化、资源共享化和机制现代化使得社区公共服务治理已经从一个问题导向的回应性管理走向了需求导向的系统治理,城市社区公共服务治理的系统发展需要以系统的观点来解决这一问题。

　　城市社区公共服务治理系统是一个具有耗散结构的系统,系统具有开放性、远离平衡性、非线性以及具有涨落现象的特征,这些特征的产生源于系统内部所存在的内外互动的熵流机制,促使了系统的活力和系统的发展变迁。城市社区公共服务治理系统的系统动力模型是以优化城市社区公共服务系统动力机制和提升系统绩效为目标的,系统动力模型基于系统要素的因果关系而产生,并以社区公共服务满意度为状态变量而形成了自治机制、外部机制的反馈回路,包括了社区公共服务管理水平子系统、社区公共服务治理资金使用子系统和社区公共服务需求满足子系统,这些子系统能够用系统动力学的表函数进行表示。

　　城市社区公共服务治理是一个不断发展进步的过程,通过模型的检验和预测可以看出,城市社区公共服务治理系统都是一个不断进步发展的过程,这一方面是因为我国国家治理体系和职能能力现代化的结果,另一方面也是社区内部要素不断发展、完善,系统不断优化、管理技术水平不断提升的结果。而为了更好地满足社区公共服务的需求,社区公共服务治理需要通过不断的参与水平提升、先进技术应用、管理和资源效率提高以及供给需求更加匹配的策略来进一步提升系统的绩效,促进城市社区更加健康和有效的发展。

　　因此,对于城市社区公共服务治理系统而言,随着社会的进步和发展,系统也必然面临着外部环境变化和内部变革驱动的双重压力,这使得未来的社区公共服务治理系统从系统结构到系统行为都面临着变化,社区公共治理的系统模型也需要进一步的修正和完善,社区公共服务治理系统的优化策略也因参数的变化而必须进行调整和重新选择。

参考文献

中文文献

著作部分

陈伟东：《社区自治——自组织网络与制度建设》，中国社会科学出版社2004年版。

陈振明：《公共服务导论》，北京大学出版社2011年版。

丁煌：《行政学原理》，武汉大学出版社2007年版。

方明、王颖：《观察社会的新视角——社区新论》，世界知识出版社1991年版。

姜晓萍、田昭：《地方社会管理创新—突破和谐发展的行政障碍》，中国人民大学出版社2014年版。

姜晓萍、田昭：《基本公共服务均等化：知识图谱与研究述评》，中国人民大学出版社2016年版。

唐忠新：《社区服务的思想与方法》，机械工业出版社2003年版。

王浦劬：《政府向社会组织购买公共服务研究》，北京大学出版社2010年版。

杨瑞龙、周业安：《企业的利益相关者理论及其应用》，经济科学出版社2000年版。

杨团：《社区公共服务论析》，华夏出版社2002年版。

杨晓明等：《中国单位制度》，中国经济出版社1999年版。

俞可平：《国家治理评估——中国与世界》，中央编译出版社2009年版。

俞可平:《增量民主与善治》,社会科学文献出版社 2005 年版。

张波、袁永根:《系统思考和系统动力学的理论与实践》,中国环境科学出版社 2010 年版。

章人英:《普通社会学》,上海教育出版社 1990 年版。

[奥]贝塔朗菲:《一般系统理论》,秋同、袁嘉新译,北京社会科学文献出版社 1987 年版。

[澳]欧文·休斯:《公共管理导论(第三版)》,张成福译,中国人民大学出版社 2007 年版。

[法]莱昂·狄骥:《公法的变迁》,郑戈、冷静译,辽海出版社、春风文艺出版社 1999 年版。

[美]安东尼·M.奥勒姆:《政治社会学导论——对政治实体的社会剖析》,董云虎等译,浙江人民出版社 1989 年版。

[美]戴维·奥斯本、特德·盖布勒:《改革政府:企业家精神如何改革着公营部门》,周敦仁等译,上海译文出版社 2006 年版。

[美]道格拉斯·诺斯:《经济史上的结构与变革》,任剑涛、刘亚平译,商务印书馆 2005 年版。

[美]弗里曼:《战略管理——利益相关者的方法》,王彦华、梁毫译,上海译文出版社 2006 年版。

[美]罗伯特·帕特南:《使民主运转起来》,王列、赖海榕译,江西人民出版社 2001 年版。

[美]曼瑟尔·奥尔森:《集体行动的逻辑》,陈郁、郭宇峰、李崇新译,格致出版社、上海三联书店、上海人民出版社 2010 年版。

[美]萨瓦斯:《民营化与公私部门的伙伴关系》,周志忍译,中国人民大学出版社 2002 年版。

[美]塞缪尔·亨廷顿:《变化社会中的政治秩序》,王冠华、刘为译,上海世纪出版社 2008 年版。

[美]斯蒂芬·戈德史密斯、威廉·埃格斯:《网络化治理:公共部门的新形态》,孙迎春译,北京大学出版社 2008 年版。

[美]珍妮特·登哈特、罗伯特·登哈特:《新公共服务:服务而不是掌

舵》，丁煌译，中国人民大学出版社 2004 年版。

论文部分

包国宪、郎玫：《治理、政府治理概念的演变与发展》，《兰州大学学报（社会科学版）》2009 年第 2 期。

蔡飞、漆亮亮：《基于系统动力学的公务员队伍素质分析方法研究》，《电子科技大学学报（社科版）》2013 年第 5 期。

曾永泉：《转型期。中国社会风险预警指标体系研究》，华中师范大学 2011 年博士学位论文

陈宝胜：《公共管理模式嬗变的系统动力学分析》，《安徽大学学报（哲学社会科学版）》2009 年第 4 期。

陈海威：《中国基本公共服务体系研究》，《科学社会主义》2007 年第 3 期。

陈家喜：《反思中国城市社区治理结构——基于合作治理的理论视角》，《武汉大学学报（哲学社会科学版）》2015 年第 1 期。

陈剩勇、徐珣：《参与式治理：社会管理创新的一种可行性路径——基于杭州社区管理与服务创新经验的研究》，《浙江社会科学》2013 年第 2 期。

陈伟东：《城市基层社会管理体制变迁：单位管理模式转向社区治理模式——武汉市江汉区社区建设目标模式、制度创新及可行性研究》，《理论月刊》2000 年第 12 期。

陈云松：《从"行政社区"到"公民社区"——由中西比较分析看中国城市社区建设的走向》，《城市发展研究》2004 年第 4 期。

陈振明、刘祺、蔡辉明、邓剑伟、陈昱霖：《公共服务绩效评价的指标体系建构与应用分析——基于厦门市的实证研究》，《理论探讨》2009 年第 5 期。

崔正、王勇、魏中龙：《政府购买服务与社会组织发展的互动关系研究》，《中国行政管理》2012 年第 8 期。

党秀云：《公共部门的全面质量管理》，《中国行政管理》2003 年第 8 期。

邓金霞：《政府购买公共服务的"委托管理"模式——基于上海两个典范社区文化活动中心的经验》，《中国政府采购》2015 年第 9 期。

邓锁:《社区服务研究:近15年以来的发展与评析》,《甘肃社会科学》2000年第4期。

董彪:《权力结构变迁下的城市社区治理问题研究》,《城市观察》2016年第2期。

范斌、赵欣:《结构、组织与话语:社区动员的三维整合》,《学术界》2012年第8期。

费孝通:《关于当前城市社区建设的一些思考》,《上海改革》2000年第9期。

高鉴国:《社区公共服务的性质与供给——兼议JN市的社区服务中心为例》,《东南学术》2006年第6期。

耿云:《治理理论视角下的中国城市社区公共服务研究》,中国政法大学2008年博士学位论文

关信平、张丹:《论我国社区服务的福利性及其资源调动途径》,《中国社会工作》1997年第6期。

郭安:《关于社区服务的涵义、功能和现有问题及对策》,《中国劳动关系学院学报》2011年第2期。

何继新:《城市社区公共物品供给多重治理逻辑:现实困厄与模式重构》,《上海行政学院学报》2016年第5期。

胡慧:《社区自治视角下的居民参与有效性探析》,《社会主义研究》2006年第4期。

华伟:《单位制向社区制的回归:中国城市基层管理体制50年变迁》,《战略与管理》2000年第1期。

黄健青、辛乔利:《众筹——新型网络融资模式的概念、特点及启示》,《国际金融》2013年第9期。

黄新华:《从公共物品到公共服务——概念嬗变中学科研究视角的转变》,《学习论坛》2014年第12期。

黄宇:《社区自治组织"内卷化"及其功能变迁》,《湖北社会科学》2009年第1期。

纪茜、尹保华:《浅谈社区公共服务的概念》,《社会工作(学术版)》2011

年第 9 期。

姜德琪:《关于构建城市社区公共服务供给平台的思考》,《湖北社会科学》2009 年第 3 期。

姜晓萍、衡霞:《社区治理中的公民参与》,《湖南社会科学》2007 年第 1 期。

姜晓萍、田昭:《网络化治理在中国的行政生态环境缺陷与改善路径》,《四川大学学报》2017 年第 4 期。

李东泉:《中国社区发展历程的回顾与展望》,《中国行政管理》2013 年第 5 期。

李凤琴:《从权威控制到体制吸纳,中国城市社区公共服务模式转变研究》,南京大学 2012 年博士学位论文

李继宏:《基于耗散结构理论的生态产业链网结构运行机制研究》,天津大学 2010 年博士学位论文

李继宏:《基于耗散结构理论的生态产业链网结构运行机制研究》,天津大学 2013 年博士学位论文

李倩、张开云:《农村公共服务满意度现状与对策——基于广东省农村公共服务调查的分析》,《社会科学家》2010 年第 6 期。

李强:《社会组织建设的内在逻辑与未来方向》,《广州大学学报(社会科学版)》2015 年第 2 期。

李锐、毛寿龙:《公共服务动机文献综述研究》,《现代管理科学》2015 年第 2 期。

李延均:《公共服务及其相近概念辨析——基于公共事务体系的视角》,《复旦学报(社会科学版)》2016 年第 4 期。

李迎生:《现代城市社会运行与发展的特点和趋势》,《北京社会科学》1997 年第 1 期。

李友梅:《社区治理:公民社会的微观基础》,《社会》2007 年第 2 期。

李志刚、于涛方、魏立华、张敏:《快速城市化下"转型社区"的社区转型研究》,《城市发展研究》2007 年第 5 期。

梁清华:《我国众筹的法律困境及解决思路》,《学术研究》2014 年第

9 期。

　　林尚立：《社区：中国政治建设的战略性空间》，《毛泽东邓小平理论研究》2002 年第 2 期。

　　刘范一：《供应链宏观环境的复杂性》，《中外企业家》2006 年第 10 期。

　　刘武、刘钊、孙宇：《公共服务顾客满意度测评的结构方程模型方法》，《科技与管理》2009 年第 4 期。

　　马兆明、刘秀华：《社区党组织在社区治理中的功能定位》，《山东社会科学》2006 年第 7 期。

　　彭惠青：《城市社区自治中居民参与的时空变迁与内源性发展探索》，《当代世界与社会主义》2008 年第 3 期。

　　彭穗宁：《基层党组织如何引导社区社会组织建设》，《学会》2016 年第 9 期。

　　彭正波：《地方公共服务供给决策中的公众参与研究》，《经济体制改革》2009 年第 3 期。

　　钱学森、许国志、王寿云：《组织管理的技术——系统工程》，《文汇报》1978 年 9 月 27 日。

　　邱宗忠、周涛、赵敬华、李建臣：《城市社区体育公共服务体系动力机制构建要素分析》，《体育与科学》2011 年第 5 期。

　　宋煜：《社区治理视角下的智慧社区的理论与实践研究》，《电子政务》2015 年第 6 期。

　　孙柏瑛：《公民参与形式的类型及其适用性分析》，《中国人民大学学报》2005 年第 5 期。

　　孙彩红：《治理视角下的社区公共服务——基于深圳市南山区的案例分析》，《学习与探索》2015 年第 3 期。

　　孙晓莉：《公共服务中的公民参与》，《中国人民大学学报》2009 年第 4 期。

　　唐亚林、陈先书：《社区自治：城市基层民主的复归与张扬》，《学术界》2003 年第 6 期。

　　唐忠新：《当代中国城市基层社会治理主体结构变迁——以天津市滨海

新区为例》,《中国特色社会主义研究》2013 年第 5 期。

田华:《社区公共服务:政府社会管理的新载体》,《云南行政学院学报》2005 年第 6 期。

田伟、栗美娜、张鹭鹭、马玉琴:《我国公共卫生服务系统的系统动力学模型研究》,《中国初级卫生保健》2009 年第 11 期。

田志龙、程鹏璠、杨文、柳娟:《企业社区参与过程中的合法性形成与演化:百步亭与万科案例》,《管理世界》2014 年第 12 期。

万玲、何华兵:《公众参与基本公共服务均等化的制度设计》,《云南行政学院学报》2013 年第 3 期。

汪碧刚:《制度因素对社区治理影响的实证研究——基于 568 份问卷数据的分析》,《南京社会科学》2017 年第 11 期。

汪锦军:《公共服务中的公民参与模式分析》,《政治学研究》2011 年第 4 期。

王佃利、宋学增:《公共服务满意度调查实证研究——以济南市市政公用行业的调查为例》,《中国行政管理》2009 年第 6 期。

王立华:《基于系统动力学的农村电子政务公共服务研究》,《情报杂志》2011 年第 7 期。

王丽丽:《城市社区管理创新的动力及其作用——一个场域理论视角的分析》,《城市法治研究》2011 年第 2 期。

王名、乐园:《中国民间组织参与公共服务购买的模式分析》,《中国浙江省委党校学报》2008 年第 4 期。

王文彬:《社会资本视野中的社区建设:关系、参与和动力》,《吉林大学社会科学学报》2013 年第 5 期。

王艳丽:《城市社区协同治理动力机制研究》,吉林大学 2012 年博士学位论文

王颖:《扁平化社会治理:社区自治组织与社会协同服务》,《河北学刊》2014 年第 5 期。

王永红:《城市社区治理中政府的角色定位及其职能》,《城市问题》2011 年第 12 期。

魏娜:《公众参与下的民主行政》,《国家行政学院学报》2002 年第 3 期。

夏建中:《城市社区基层社会管理组织的变革及其主要原因——建造新的城市社会管理和控制的模式》,《江苏社会科学》2002 年第 1 期。

夏志强、王建军:《论社区公共服务的有效供给》,《社会科学研究》2012 年第 2 期。

徐永祥:《社区服务的本质属性与运行机制》,《华东理工大学学报(社会科学版)》2002 年第 4 期。

薛圣凡:《社区治理模式的选择及其影响因素》,浙江大学 2016 年博士学位论文。

杨宏山:《城市社区服务的多中心供给机制》,《理论与改革》2009 年第 3 期。

杨君、徐选国、徐永祥:《迈向服务型社区治理:整体性治理与社会再组织化》,《中国农业大学学报(社会科学版)》2015 年第 3 期。

杨敏:《公民参与:群众参与和社区参与》,《社会学研究》2005 年第 5 期。

杨团:《推进社区公共服务的经验研究——导入新制度因素的两种方式》,《管理世界》2001 年第 4 期。

杨雪冬:《公共权力、合法性与公共服务型政府建设》,《华中师范大学学报(人文社会科学版)》2007 年第 2 期。

杨玉宏、杨敏:《企业社会责任视角下的残疾人社区服务——以武汉市 G 街道社区为例》,《科学社会主义》2013 年第 2 期。

于燕燕:《社区公共服务模式的思考——百步亭社区公共服务的启示》,《学习与实践》2007 年第 7 期。

于燕燕:《政府在社区服务中的作用》,《北京社会科学》2006 年第 S1 期。

俞可平:《社会公平和善治是建设和谐社会的两大基石》,《中国特色社会主义研究》2005 年第 1 期。

俞可平:《治理和善治分析的比较优势》,《中国行政管理》2001 年第 9 期。

张成军:《加强和创新社会管理背景下提升社会组织建设水平的几点思考》,《社团管理研究》2011 年第 10 期。

张雷、张平:《提升社区治理中居民参与自治的动力研究》,《天津行政学院学报》2015 年第 3 期。

赵一红:《政府购买社会工作服务模式分析》,《社会工作》2012 年第 4 期。

郑杭生、黄家亮:《当前我国社会管理和社区治理的新趋势》,《甘肃社会科学》2012 年第 6 期。

中国(海南)改革发展研究院:《加快推进基本公共服务均等化》,《经济研究参考》2008 年第 3 期。

朱国玮:《公众满意度测评理论与实证研究》,《兰州大学学报(社会科学版)》2007 年第 3 期。

朱玉春、唐娟莉、郑英宁:《欠发达地区农村公共服务满意度及其影响因素分析——基于西北五省 1478 户农户的调查》,《中国人口科学》2010 年第 2 期。

[英]斯托克:《地方治理研究:范式、理论与启示》,楼苏萍译,《浙江大学学报(人文社会科学版)》2007 年第 2 期。

政策文件

《城乡社区服务体系建设规划(2016—2020)》,民政部网站,http://sgs.mca.gov.cn/article/gk/ghjh/201709/20170915006082.shtml。

《国家基本公共服务体系"十二五"规划》,《人民日报》2012 年 7 月 20 日。

《国务院关于加强和改进社区服务工作的意见》,《人民日报》2006 年 5 月 8 日。

《国务院印发〈"十三五"推进基本公共服务均等化规划〉》,《人民日报》2017 年 3 月 2 日。

《社区服务体系建设规划(2011—2015)》,中央人民政府网站,http://www.gov.cn/zwgk/2011-12/29/content_2032915.htm。

外文文献

A.O.Hirschman,Exit,Voice and Loyalty:Responses to decline in firms,organizations and states,Cambridge,MA:Harvard University Press,1970.

Brabham D C.,Crowdsourcing as a model for problem solving:an introduction and cases,Convergence:The International Journal of Research into New Media Technologies,2008.

Brewer G. A., et al., Individual conceptions of public service motivation, Public administration review,2000.

Campbell A.,Gurin G.& Miller W,The voter decides,Row Peterson:Evanstone,1954.

Chris Ansell,Alison Gash:"CollaboratIve Governance in Theory and Practice",Journal of Public Administration Research and Theory,Vol. 18,No. 4,2008.

Collins J C,Porras J I.Built to last:successful habits of visionary companies,New York:Harper Business,1994.

Crewson P.E.,Public-service motivation:Building empirical evidence of incidence and effect,Journal of Public Administration Research and Theory,1997.

Dill.W.,Public in Corporate Planning:Strategic Management in a Kibitzer's Word,Long Range Planning,1975.

Folke.C.,Resilience:the emergence of a perspective for social-ecological systems,Global Environmental Change,2006.

James H,Fowler,Laura A.Baker& Christopher T.Dawes,Genetic ariation in olitical articipation,American Political Science Review,2008.

Kooiman.J,Governing as Governmance,London:Sage. 2003.

Perry,J.L.& L.R.Wise,The motivational bases of public service,Public administration review,1990.

Rainey,H.G.& P.Steinbauer,Galloping elephants:Developing elements of a theory of effective government organizations. Journal of public administration research and theory, 1999.

Taehyon Choi, Information Sharing, Deliberation, and Collective Decision-Making: A Computational Model of Collaborative Governance, Doctoral Dissertation of University of Southern California, 2011.

Vandenabeele W., Toward a public administration theory of public service motivation: An institutional approach, Public management review, 2007.

论文表图索引

组稿编辑:姜　玮
责任编辑:李椒元
装帧设计:徐　晖
责任校对:吕　飞

图书在版编目(CIP)数据

城市社区公共服务治理的系统构建与优化策略:基于系统动力学的研究/
　田昭 著. —北京:人民出版社,2020.12
ISBN 978－7－01－021854－0

Ⅰ.①城…　Ⅱ.①田…　Ⅲ.①城市－社区服务－研究－中国　Ⅳ.①D669.3

中国版本图书馆 CIP 数据核字(2020)第 013609 号

城市社区公共服务治理的系统构建与优化策略

CHENGSHI SHEQU GONGGONG FUWU ZHILI DE XITONG GOUJIAN YU YOUHUA CELÜE

——基于系统动力学的研究

田　昭　著

人民出版社 出版发行

(100706　北京市东城区隆福寺街 99 号)

环球东方(北京)印务有限公司印刷　新华书店经销

2020 年 12 月第 1 版　2020 年 12 月北京第 1 次印刷
开本:710 毫米×1000 毫米 1/16　印张:16
字数:250 千字

ISBN 978－7－01－021854－0　定价:48.00 元

邮购地址 100706　北京市东城区隆福寺街 99 号
人民东方图书销售中心　电话 (010)65250042　65289539